SCHIFFBAUER (HRSG.)

Menschenrechte und Werte im Sport

Recht und Sport, Band 53

Herausgegeben von Deutsche Vereinigung für Sportrecht e. V. (DVSR)
– Konstanzer Arbeitskreis für deutsches und internationales Sportrecht –

für diese von
Dr. Thomas Summerer, Prof. Dr. Martin Schimke, LL. M. (Leuven),VRiLG
Prof. Dr. Jan F. Orth, LL. M. (UT), Maike Bremer, Prof. Dr. Martin Gutzeit,
Dr. Dirk Monheim, Marc Patrick Schneider, Dr. Franz Steinle

Menschenrechte und Werte im Sport

Jahrestagung 2024 der Deutschen Vereinigung für Sportrecht am 13. und 14. September 2024 in Tegernsee

herausgegeben von
Prof. Dr. Björn Schiffbauer

BOORBERG

Universität Rostock Traditio et Innovatio

Die Open-Access-Veröffentlichung dieser Publikation wurde durch die Universität Rostock gefördert.

Bibliografische Information der Deutschen Nationalbibliothek | Die Deutsche Nationalbibliothek verzeichnet diese Publikation in der Deutschen Nationalbibliografie; detaillierte bibliografische Daten sind im Internet über www.dnb.de abrufbar.

ISBN 978-3-415-07750-8
DOI: https://doi.org/10.69151/049153010
Prof. Dr. Björn Schiffbauer, ORCID: 0000-0003-4870-6662

Anfragen gemäß EU-Verordnung über die allgemeine Produktsicherheit (EU) 2023/988 (General Product Safety Regulation – GPSR) richten Sie bitte an: Richard Boorberg Verlag GmbH & Co KG, Produktsicherheit, Scharrstraße 2, 70563 Stuttgart; E-Mail: produktsicherheit@boorberg.de

Satz: abavo GmbH, Nebelhornstraße 8, 86807 Buchloe
Druck und Bindung: Laupp & Göbel GmbH, Robert-Bosch-Str. 42, 72810 Gomaringen

Richard Boorberg Verlag GmbH & Co KG | Scharrstraße 2 | 70563 Stuttgart
Stuttgart | München | Hannover | Berlin | Weimar | Dresden
www.boorberg.de

Inhalt

Vorwort

Am 13. und 14. September 2024 fand die Jahrestagung der Deutschen Vereinigung für Sportrecht (DVSR) in Tegernsee statt. Unter dem Generalthema „Menschenrechte und Werte im Sport" war es dem DVSR-Vorstand ein Anliegen, den Fair-Play-Grundsatz als oberste Handlungsmaxime des Sports verstärkt in den Fokus zu rücken. Denn er prägt auch das Sportrecht und bildet zugleich eine wesentliche Existenzgrundlage des Sports, wie wir alle ihn kennen und lieben. Im starken Kontrast dazu werden elementare ethische Werte und rechtliche Grundentscheidungen, wie sie sich im Fair-Play-Grundsatz vereinigen, in der gegenwärtigen Realität rücksichtslos herausgefordert. Nationale und internationale Sportverbände, zuweilen sogar ganze Staaten richten sich zunehmend – teils offen, teils subtil – gegen die Vorgaben wertebasierter Rechtsordnungen. Wenn das bestehende Recht weiterhin Geltung beanspruchen soll, ist die schweigende Mehrheit der rechtstreuen Menschen gefordert, solchen Tendenzen beherzt entgegenzuwirken. Erst recht ist ein aktives Bekenntnis zum fairen, freiheitlichen und nichtdiskriminierenden Sport gefordert, um das geltende Sportrecht nicht nur zu behaupten, sondern es moderner zu gestalten und ihm womöglich sogar einen sichtbaren Platz in den etablierten Rechtsordnungen der friedensbasierten Weltordnung zu verschaffen. Fairer sportlicher Wettkampf in der Welt fördert schließlich auch den Frieden durch Völkerverständigung – wenn und soweit seine Regeln befolgt werden.

Das Jahr 2024, in dem einerseits die fantastischen Olympischen Spiele von Paris stattfanden, das andererseits aber auch geprägt wurde von massiven kriegerischen Auseinandersetzungen in der Welt, war in zeitlicher Hinsicht wie geschaffen für ein anspruchsvolles und lebhaftes Forum über Menschenrechte und Werte im Sport. Der DVSR ist es mit überragendem und deutlich sichtbarem Erfolg gelungen, ihre Jahrestagung in diese komplizierte Gemengelage sportrechtlich einzubetten. In der inspirierenden Atmosphäre des friedlichen Tegernsees haben einige DVSR-Mitglieder sowie hochkarätige Gastreferenten thematisch anspruchsvolle und inhaltlich besonders ansprechende Vorträge zum Generalthema präsentiert. Diese Beiträge und die anschließenden spannenden Diskussionen im Austausch zwischen Theorie und Praxis trugen zu einer höchst ertragreichen Tagung bei, die den sportrechtlichen Diskurs – nicht nur in Deutschland – erkennbar bereichert hat und zahlreiche Anstöße zu weiteren wissenschaftlichen Arbeiten geliefert haben dürfte. Ermöglicht wurde dieser Erfolg auch dadurch, dass die mit 63 Teilnehmerinnen und Teilnehmern sehr gut besuchte Tagung von ihrer diversen Zusammensetzung aus Universitäten und Anwaltschaft, aus renommierten Spitzenpersönlichkeiten und ambitionierten wissenschaftlichen Nachwuchskräften enorm profitiert hat. Jede und jeder einzelne wird im eigenen Betätigungsbereich als Multiplikator dienen und sich sicher gern – inhaltlich wie persönlich – an eine äußerst gelungene Tegernseer Tagung zurückerinnern.

Der vorliegende Tagungsband trägt dazu bei, diesen wissenschaftlichen Ertrag zu sichern. Er soll außerdem als Grundlage dienen, ihn in Zukunft zu mehren. Eine wegweisende Entscheidung des DVSR-Vorstandes fördert dieses Anliegen: Damit dieses Buch eine möglichst breite Rezeption erfahren kann, wird es als erster DVSR-Tagungsband nicht nur in der klassischen Print-Version, sondern auch im frei verfügbaren Open-Access-Format veröffentlicht. Der wissenschaftliche – nicht nur spezifisch sportrechtliche – Diskurs wird davon zweifellos profitieren. Denn eines ist sicher: Menschenrechte und Werte im Sport werden auch in den kommenden Jahren und Jahrzehnten einen festen Platz im Sportrecht und in der Sportpolitik einnehmen. Auch dann noch werden die Beiträge in diesem Tagungsband eine hilfreiche Referenz bieten. Im Namen des DVSR-Vorstandes wünsche ich Ihnen viel Vergnügen bei der Lektüre!

Rostock, im April 2025

Björn Schiffbauer

Der Zustand der Menschenrechte im Sport: Semenya, Pechstein und Mutu – Menschenrechtslose Athlet:innen ohne Würde?

*Prof. Dr. Reinhard Klaushofer**

I. Einleitende Fragestellung

Die Fragestellung, ob Athlet:innen keinen Menschenrechtsschutz und (folglich) keine Würde genießen, offenbart eine fundamentale, um nicht zu sagen dogmatisch-ideologische, ethische Fallgrube des Sports. Der Sport als Botschafter des Friedens und der Völkerverständigung soll die Menschenrechte der Sportler:innen nicht achten?

* Der Vortragsstil wurde weitgehend beibehalten.

Interessant scheint mir in diesem Zusammenhang eine volkswirtschaftliche Studie meines Salzburger Kollegen *Hannes Winner*, der erforscht hat, ob infolge von sportlichen Großereignissen (z. B.: Olympische Winterspiele in Russland 2016 und China 2022, Fußball-Weltmeisterschaft in Katar 2022) die Menschenrechtssituation im Austragungsland nachhaltig verbessert wurde. Ohne auf Details einzugehen, ist das Ergebnis ernüchternd: Es kam zu keinen Verbesserungen, sondern eher zu Verschlechterungen der Menschenrechtslage in den Austragungsländern.[1]

II. Befund

1. Anspruch und Wirklichkeit

Zur Ausgangsfrage lässt sich aus rechtswissenschaftlicher Sicht einleitend festhalten, dass Sportler:innen freilich weder menschenrechts- noch würdelos sind. Wie für jeden Menschen auf dieser Welt gelten die universellen Menschenrechte auch für Sportler:innen.[2] Sie haben Anspruch auf einen menschrechtskonformen Umgang.

Hier sind wir aber bereits bei einer Bruchstelle im allgemeinen Menschenrechtsschutz, der für Sportler:innen gleichermaßen gilt, wie für Menschen, die der Sklaverei, erniedrigender Behandlung oder sonst jedweder Menschenrechtsverletzung ausgesetzt sind. Zwischen theoretischem Anspruch und den **realen Verhältnissen** klafft häufig eine Lücke. Darüber hinaus mangelt es oft an effektiven Durchsetzungsmechanismen, um eine menschenrechtskonforme Situation zu erreichen.[3]

2. Machtgefälle durch institutionelle Einschränkungen

Diese pauschalen Aussagen bedürfen eines genaueren Befundes für den von uns betrachteten Sportbereich.

1 *Winner,* Das Vermächtnis von Sport Mega Events, Vortrag im Rahmen der 26. Jahrestagung des Arbeitskreises Sportökonomie, 23.06.2023, 5 ff.

2 ZB. Art. 1, 2, 7 und 8 Allgemeine Erklärung der Menschenrechte, UN-Resolution 217 A (III)/1948. Besondere Bedeutung haben in diesem Zusammenhang die Europäische Menschenrechtskonvention (EMRK; ETS No. 005) und die Charta der Grundrechte der Europäischen Union (GRC), ABl. C 2012/326, S. 391.

3 Vgl. IV.3. sowie EGMR, Urt. v. 11.07.2023, 10934/21 (Semenya gg. die Schweiz), Rn. 111, NLMR 2023, 381.

Das in diesem Kreis hinlänglich bekannte **Ein-Platz-Prinzip** im Spitzensport führt zu einer pyramidenförmigen Struktur des Sportwesens und der rechtlichen Verknüpfungen von ganz unten bis ganz oben:[4]

Ganz unten sind die jeweiligen Sportler:innen, die in Vereinen organisiert sind. Die Vereine sind wiederum zusammengeschlossen in nationale Dachverbände, diese wiederum sind eingebettet in internationale Verbände. Häufig besteht nur ein internationaler Verband,[5] ausnahmsweise, z. B. im Boxen, im Tanz oder im Triathlon, bestehen mehrere Weltverbände bzw. internationale Organisationen.[6]

Die pyramidenförmige Struktur ist für sich genommen unproblematisch. Es ist erst die konkrete rechtliche und faktische Ausgestaltung, die sich tendenziell negativ auf die Menschenrechte der Sportler:innen auswirkt. Denn die Struktur ist von einem top-down-Ansatz geprägt. Die internationalen Verbände geben die Regeln vor und die darunter liegenden nationalen Verbände, Vereine und mit ihnen die Sportler:innen haben sich strikt daran zu halten und kaum Einflussmöglichkeiten.[7]

3. Machtgefälle durch Sanktionen

Die zwei zentralen Sanktionen im Sportrecht sind der Nichterhalt oder der Entzug von **Förderungen** oder der **Ausschluss** von der Teilnahme an **Wettkämpfen**.[8] Beides trifft Sportler:innen ins Mark:

Ohne Förderung können kompetitive Trainingsbedingungen weder von Vereinen noch von den einzelnen Sportler:innen hergestellt werden. Selbst in den hochkommerzialisierten Sportarten wie Fußball, Tennis oder Golf, die von derartigen Förderungen leben, ist der Nachwuchs von guten Strukturen im Kindes- und Schulbereich abhängig.

4 Zum „Ein-Platz-Prinzip" siehe etwa *Reissner/Salcher*, in: Schopper/Weilinger, VereinsG, Stand 01.10.2018, rdb.at, Nach § 1 Rn. 4; *Salcher*, ÖJZ 2017, 706.
Zur „pyramidenförmigen" Struktur des Sportwesens siehe *Heermann*, WRP 2019, 145; *Toth*, Vereinsrecht, in: König/Mitterecker (Hrsg.), Praxishandbuch des österreichischen Sportrechts, 2022, S. 133 ff.

5 Repräsentativ hier v. a. der Weltfußballverband FIFA (Fédération Internationale de Football Association). Erläuternd siehe *Altmann/Kubesch*, Fußballverbände, in: König/Mitterecker (Hrsg.), Praxishandbuch des österreichischen Sportrechts, 2022, S. 216 ff.; *Fechner/Arnhold/Brodführer*, Sportrecht, 2014, S. 32 f.

6 Vgl. dazu im Tanzsport die mittlerweile konkurrierenden Welttanzverbände WDSF (World DanceSport Federation) und WDC (World Dance Council); siehe *Heermann* (Fn. 4), Rn. 16.

7 *Fechner/Arnhold/Brodführer* (Fn. 5), S. 32 f.

8 So namentlich etwa Abs. 4 der Verbands- bzw. Disziplinarordnung des ÖTRV (Österreichischer Triathlonverband) (2011) <triathlon-austria.at/de/technik/verbandsordnungen> (14.10.2024); allgemein zum Sanktionensystem siehe *Fechner/Arnhold/Brodführer* (Fn. 5), S. 43 f.

Dass die Zulassung und Teilnahme an Wettkämpfen für Sportler:innen große Bedeutung hat, liegt auf der Hand. Allerdings ist in diesem Zusammenhang zu bemerken, dass Spitzensport ein Nischenprogramm ist. Das gilt für alle Sportarten. Im Zentrum der Frage, ob Athlet:innen menschenrechtslos und ohne Würde sind, steht nur die kleine Gruppe der Spitzensportler:innen. Dieser Umstand schmälert die Brisanz des Themas aber nicht: Denn zum einen ist jede Menschenrechtsverletzung – auch wenn sie eine noch so kleine Gruppe oder nur einen einzelnen Menschen betrifft – ein Verstoß gegen unsere universellen, weltumspannenden, fundamentalen Rechte. Zum anderen – und das hat in der Breitenwirkung noch viel mehr Bedeutung und sollte nicht unterschätzt werden – sind Spitzensportler:innen Identifikationsfiguren, Vorbilder und Ikonen. Wird mit ihnen auf eine menschrechtswidrige Weise verfahren, entsteht für die allgemeine Bevölkerung rasch das Bild, dass das „System" insgesamt (stellvertretend dafür ein Weltverband, z. B. die FIFA oder das Internationale Olympische Komitee) „ungerecht" sei. „System" wird unter dem Einfluss populistischer und mitunter antidemokratischer Bewegungen im Volksmund in Zeiten von *fake news* gleichgesetzt mit Regierung und staatlichen Strukturen.[9] Diese zwar falschen, aber immer mehr Platz greifenden Assoziationen und damit verbundenen Aversionen sollten im Hinterkopf behalten werden, wenn wir über den menschenrechtskonformen Umgang mit Spitzensportler:innen sprechen.

Das Ein-Platz-Prinzip und die pyramidenförmige Struktur des Sports bilden ein **in sich geschlossenes System**, dem der:die einzelne Sportler:in nicht entkommen kann. Im übertragenen Sinn haben wir es mit einer „totalen Institution" zu tun, also einem Zwangssystem mit großem Machtgefälle, wie dies die Sozialwissenschaft beschreibt.[10]

4. Machtgefälle durch Machtmissbrauch und Kommerzialisierung

Dieser Struktur möchte ich noch zwei hochproblematische Aspekte hinzustellen, die ich aber im Folgenden nicht vertiefen kann. Im Inneren ist die pyramidenförmige Struktur beherrscht – und hier stimmt der Wortstamm dieses Verbs perfekt – von **Männern**.[11] Darüber hinaus ist die **Kommerzialisierung**, also die Vermarktung sportlicher Leistungen, ein Kenn-

9 ZB. FBI greift in Olympia-Ticketskandal ein, ntv <n-tv.de/sport/FBI-greift-in-Olympia-Ticketskandal-ein-article19688459.html> (14.10.2024).

10 *Ayaß*, Totale Institutionen, in: Lenz/Hettlage (Hrsg.), Goffman-Handbuch, 2022, S. 201 ff.

11 *Werkmann*, Karriere – Sport – Geschlecht, 2021, S. 217 ff.

zeichen des modernen Sports.[12] Beide Aspekte potenzieren meiner Ansicht nach die beschriebene Zwangslage im pyramidenförmig organisierten Sportwesen.

Was die vorherrschende Rolle von **Männern** in Funktionärs-, Trainer- und Organisationsstrukturen anlangt, möchte ich auf einen markanten Umstand hinweisen: Verbrechen ist männlich. Rund 93 % der europaweiten Gefängnispopulation ist männlich,[13] die häusliche Gewalt ist männlich.[14] Das mag möglicherweise brutal und überzogen klingen, aber ich möchte pointiert darauf hinweisen, dass die Lebenswelten von Männern und von ihnen beherrschten Strukturen eine Neigung zu Machtmissbrauch und Gewalt haben.

Was die **Kommerzialisierung** anlangt, hat diese zwar positive Seiten, wie etwa die dadurch lukrierten Gelder, die (mittelbar) in den Gesundheits- und Breitensport fließen. Sie führt jedoch dazu, dass der sportliche Anspruch auf „Schneller, Höher, Weiter“[15] immer mehr von Geld getrieben und bestimmt wird, dem sich der Sport in der Folge zu unterwerfen hat.

Sportler:innen leiden unter Presseterminen, unter dem ewigen Sitzen im Kalten auf dem Platz des Führenden im Skirennen.[16] Das gäbe es freilich ohne Kommerz nicht und geht auf Kosten der Regeneration und somit letztlich zulasten der Leistung von Sportler:innen. Nicht zuletzt wird, konsequent und aus der Sicht einer/s Sportler:in zu Ende gedacht, ihr Verletzungsrisiko erhöht.

Die Organisationen treibt das Geld zu Kooperationen mit menschenrechtlich problematischen Austragungsorten (Stichwort: Russland, China, Katar) oder Unternehmen.[17]

---

12 *Karlsch/Kleinschmidt*, Sport und Gesellschaft, 2019, 302 ff.; ausführlich *Friedrich/Friedrich/Hierl*, Kommerzialisierung des Fußballs vom Amateursport bis zur Super League, 2023.

13 *Aebi/Tiago*, SPACE I – 2020 – Council of Europe Annual Penal Statistics: Prison populations. Strasbourg: Council of Europe, 2021 <coe.int/en/web/prison/space> (10.10.2024).

14 *Goldberg*, Ist Gewalt Männersache? <deutschlandfunkkultur.de/terror-und-aggression-ist-gewalt-maennersache-100.html> (11.10.2024).

15 *„Citius, altius, fortius“*. Das ursprüngliche Motto wurde jüngst um den Zusatz „gemeinsam“ ergänzt, siehe Olympisches Motto wird um „gemeinsam“ ergänzt, ORF Sport <https://sport.orf.at/stories/3081008/> (03.10.2024).

16 Keine Rücksicht auf mentale Verfassung – Osaka will Interviews verweigern, Spiegel <spiegel.de/sport/tennis/french-open-naomi-osaka-will-keine-interviews-geben-a-2e62ec44-4aa2-4ea0-ba11-a96f98c002c8> (03.10.2024).

17 ZB. Sport hat die Macht, Menschenrechte anzugehen, Deutschlandfunk <deutschlandfunk.de/sport-am-samstag-peking-katar-menschenrechte-100.html> (11.10.2024).

III. Rechtsrahmen der „lex sportiva"

1. Auswahl und Eingrenzung

Lassen Sie uns im Anschluss an diese allgemeinen strukturellen Beschreibungen tiefer in die vernetzte Rechtswelt des Sports eintauchen. Die komplexen Verknüpfungen aus zivilrechtlichen und öffentlich-rechtlichen Rechtsgrundlagen, nationalen und internationalen Rechtsquellen sowie staatlichen und nicht-staatlichen Akteur:innen sind im Sportrecht derart ausgeprägt, dass gerne von der sogenannten, allumfassenden „lex sportiva" gesprochen wird.[18] Wir wollen uns aber hier nicht mit dieser Begriffsbildung auseinandersetzen, sondern vielmehr mit den Inhalten und systemischen Bedingungen, die dieses verflochtene Konstrukt des Sportrechts bewirkt.

Meine Themenstellung erfordert hierzu mehrere Abgrenzungen: Ich werde nicht über die grundrechtliche Position der Vereine sprechen (Stichwort: Vereinigungsfreiheit/Vereinsfreiheit, z. B. Art. 11 EMRK, Art. 12 GRC); auch nicht über grundrechtliche Bedenken gegen die Ausübung bestimmter „Sportarten" wie den „Zwergenweitwurf", der kleinwüchsige Menschen zu Objekten degradiert und daher zutiefst in deren Würde eingreift.[19] Konfligierende Interessen zwischen Sportausübung und Obsorge – z. B. Eltern, die aus religiösen Gründen nicht wollen, dass ihre Kinder am Schwimmunterricht teilnehmen,[20] werden von mir ebenfalls nicht behandelt.

2. Rechtssphäre von Sportler:innen

Im Mittelpunkt stehen die Sportler:innen und die sie umgebenden rechtlichen Rahmenbedingungen, die mitunter die Gestalt eines erdrückenden Korsetts annehmen können. Ausgangspunkt ist die Rechtsposition der Sportler:innen zu ihren Vereinen bzw. Arbeitgeber:innen und die dadurch bewirkte Bindung an das Regelwerk von übergeordneten Fach- bzw. Dachverbänden und (internationalen) Organisationen.

Sportler:innen können grundsätzlich durch zwei Gestaltungsmodelle an das Regelwerk der übergeordneten Einrichtungen gebunden sein:

---

18 *Bechtel/Nolte,* Lex Sportiva. Private Regelgebung im Sport und Wechselwirkungen zum sportrelevanten (zwischen-)staatlichen Recht, in: Frank/Lendl/Lienbacher (Hrsg.), Sport im öffentlichen Recht, 2023, S. 1; *Hofstätter,* Lex sportiva, in: König/Mitterecker (Hrsg.), Praxishandbuch des österreichischen Sportrechts, 2022, S. 43 ff.

19 Zwergen-Werfen missachtet die Menschenwürde, Spiegel <spiegel.de/panorama/uno-beschluss-zwergen-werfen-missachtet-die-menschenwuerde-a-216062.html> (03.10.2024).

20 EGMR, Urt. v. 10.01.2017, 29086/12 (Osmanoğlu und Kocabaş gg. die Schweiz), NLMR 2017, 32.

- durch mittelbare Mitgliedschaft[21] über ihre Vereine hin zu den Dachverbänden (satzungsrechtliches Modell);
- durch individualrechtliche Beziehungen, wie Athletenvereinbarungen, Wettkampfverträge, Dienstverträge, Arbeitsverträge, oder Lizenzverträge (individualrechtliches Modell).[22]

Beide Gestaltungsformen, satzungsrechtliches und individualrechtliches Modell, führen dazu, dass Sportler:innen großteils fremdbestimmte Rechte und Pflichten haben. Das zuvor erwähnte Ein-Platz-Prinzip[23] und die von der internationalen Ebene ausgehenden Verpflichtungen werden über diese beiden Gestaltungsformen auf die einzelnen Sportler:innen übertragen; sie werden an diese gebunden. So entsteht ein geschlossenes System, das die Bindungswirkung des internationalen und nationalen Verbandsrechts sicherstellt.[24]

Aus grundrechtlicher Sicht ist die Differenzierung zwischen privatrechtlichen und öffentlich-rechtlichen Rechtsbeziehungen von entscheidender Bedeutung, weil ihre Bindungswirkung damit zusammenhängt.

Die für unsere Fragestellung wesentlichen Rechtsgrundlagen über die Ausübung des Sports, wie Trainings- und Wettbewerbsregelungen, sind privatrechtlicher Natur, die via privatautonomer Vereinbarung durch die Vereine bzw. Verbände und Sportler:innen entstehen. Das darauf bezogene Regelwerk der übergeordneten Fach- bzw. Dachverbände und (internationalen) Organisationen ist folglich der **zivilrechtlichen Sphäre** zuzuordnen. Das Modell der individualrechtlichen Beziehung ist ebenfalls privatrechtlicher Natur.

Allerdings ist denkbar, wie wir das aus dem Dopingrecht kennen, dass Regelungen über die Sportausübung gesetzlich verankert sind und dadurch auch öffentlich-rechtliche Rechtsbeziehungen bestehen.[25] Die Mitgliedschaft von Sportler:innen in ihrem Verein verleiht ihnen teils öffent-

21 Die unmittelbare Mitgliedschaft von Sportler:innen in einem Verein ist eine weitere Variante, allerdings besteht ihrerseits typischerweise keine unmittelbare Mitgliedschaft in den übergeordneten Fach- und Dachverbänden sowie internationalen Organisationen. Deren Regelwerk wird durch die Mitgliedschaft der jeweiligen Vereine der betroffenen Sportler:innen für diese verbindlich („mittelbare Mitgliedschaft"). Eine unmittelbare Mitgliedschaft von Sportler:innen in den erwähnten übergeordneten Einrichtungen ist jedoch unüblich, weshalb darauf nicht näher eingegangen wird. Dazu *Reissner/Salcher* (Fn. 4), Rn. 16 ff. m. w. N.

22 ZB. *Reissner/Salcher* (Fn. 4), Rn. 25 ff. m. w. N.

23 Siehe *Reissner/Salcher* (Fn. 4), Rn. 25 ff.

24 Zu den Details und notwendigen Voraussetzungen der Bindungswirkungen des internationalen und nationalen Regelwerkes u. a. *Möller,* Lex Sportiva, 2022, S. 49 ff. m. w. N.

25 *Klaushofer,* Anti-Doping Regelungen und Grundrechte, in: Frank/Lendl/Lienbacher (Hrsg.), Sport im öffentlichen Recht, 2023, S. 37, S. 51 ff.

lich-rechtliche Rechte und Pflichten, die im Vereinsrecht verankert sind, uns aber in der Folge nicht weiter beschäftigen.[26]

3. Grundrechtsschutz durch staatliche Gewährleistungspflichten

Wie gezeigt wurde, sind das satzungsrechtliche und das individualrechtliche Modell hinsichtlich der Sportausübung privatrechtliche Instrumentarien. Die Grundrechte können folglich nur mittelbare Wirkung entfalten (mittelbare Drittwirkung der Grundrechte).[27] Über zivilrechtliche Generalklauseln wie die guten Sitten (§ 879 ABGB; § 138 BGB) können Grundrechte im Wege der Auslegung in Zivilrechtsverhältnisse hineinwirken und bedingen im Sinne der Einheit und der Hierarchie der Rechtsordnung eine grundrechtskonforme Ausgestaltung der Rechtsbeziehungen.

Das mag vorderhand zahnlos klingen und den Eindruck erwecken, Sportler:innen genießen nur einen untergeordneten Grundrechtsschutz. Doch ist die Lage keine andere als in Bezug auf sämtliche sonstige Zivilrechtsbeziehungen wie z.B. in gewöhnlichen Anstellungsverhältnissen. Der grundrechtliche Anker dieser Beziehungen ist die privatautonome und selbstbestimmte Persönlichkeitsverwirklichung (insbesondere einschlägig ist hier Art. 8 EMRK/Art. 7 EMRK zum Recht auf Achtung des Privat- und Familienlebens).[28]

Allerdings hat es der Gesetzgeber jederzeit in der Hand, Ungleichgewichte auszugleichen bzw. ist mitunter grundrechtlich verpflichtet, einen solchen Ausgleich zu schaffen. Man spricht von Schutzpflichten (Gewährleistungspflichten) des Gesetzgebers, die aus Grundrechten folgen.[29] Angesichts der aufgezeigten, gravierenden Machtungleichgewichtslagen[30] im Sportrecht liegt es nahe, dass den Gesetzgeber Schutzpflichten treffen. Diese werden mitunter durch bereits bestehende Regelungen allgemeiner Natur erfüllt wie die Anwendung von arbeitsrechtlichen Vorschriften (z.B. Höchstarbeitszeit, Urlaub) bei Sportler:innen.[31] Dennoch können aufgrund der besonderen, nicht mit gewöhnlichen Arbeitsverhältnissen ver-

26 Dazu näher *Reissner/Salcher* (Fn. 4), Rn. 18.

27 *Berka/Binder/Kneihs,* Die Grundrechte, 2. Aufl. 2019, 145 ff.; *Grabenwarter/Pabel,* Europäische Menschenrechtskonvention, 7. Aufl. 2021, S. 166 f.

28 *Klaushofer/Kneihs,* in: Kneihs/Lienbacher, Rill-Schäffer-Kommentar Bundesverfassungsrecht, 27. Lfg. 2021, MRK, Art. 8 Rn. 26 ff.; *Pätzold,* in: Karpenstein/Mayer, EMRK, 3. Aufl. 2022, Art. 8 Rn 82 ff.

29 *Klaushofer/Kneihs* (Fn. 28), Rn. 8; ferner *Grabenwarter/Pabel* (Fn. 27), S. 164 ff.

30 Treffend *pars pro toto Reissner/Salcher* (Fn. 4), Rn. 14. So auch der EGMR, Semenya, Rn. 177.

31 Siehe dazu u.a. *Holzer*, ZAS 2015, 148 ff.; *Marhold/Ludvik,* Der Berufssportler im Arbeitsrecht, in: Marhold/Schneider (Hrsg.), Österreichisches Sportrecht, 2016, S. 90; *Nedjelik-Lischka,* Rechtliche Aspekte des Arbeitnehmerschutzes im Sport, in: Marhold/Schneider (Hrsg.), Österreichisches Sportrecht, 2016, S. 127.

gleichbaren, Abhängigkeit der Sportler:innen von den übergeordneten Organisationen Lücken bestehen, zu deren Illustration ich die im Beitragstitel genannten Fälle aufgreifen werde.

IV. Rechtsprechung des EGMR: Mutu und Pechstein, Semenya

1. Sachverhalte

Die Fälle *Mutu und Pechstein*[32] sowie *Semenya*[33] sind zuerst hinsichtlich ihres nationalen Rechtsweges bis hin zum EGMR interessant und in der Folge in ihrer inhaltlichen Dimension, wobei ich mich diesbezüglich näher mit dem Fall *Semenya* beschäftigen möchte, weil dieser bei Weitem schwierigere und schwerwiegendere menschenrechtliche Fragen aufwirft.

Kurz zur Rekapitulation: *Adrian Mutu*, der Fußballer, und *Claudia Pechstein*, die Eisschnellläuferin, sind in ihrem Ausgangspunkt Fälle der Dopingkontrolle; bei *Mutu* wurde Kokainkonsum nachgewiesen, bei *Pechstein* erhöhte Blutwerte. *Mutu* wurde aus diesem Grund vertragslos, *Pechstein* gesperrt.[34]

Gänzlich anders gelagert ist der Fall *Semenya. Caster Semenya* ist eine auf den Mittelstreckenlauf spezialisierte Leichtathletin, die im Zuge ihrer herausragenden Sporterfolge (u. a. Gold bei Leichtathletikweltmeisterschaft 2009 in Berlin, Gold bei Olympia 2016 in Rio) erhöhter Medienpräsenz ausgesetzt war/ist. Es handelt sich bei ihr um eine hyperandrogene Person, d. h. eine Frau mit erhöhten Testosteronwerten (46 XY-Chromosomen). Sie hätte ihre Werte durch medizinische Behandlungen senken sollen, um an Frauenbewerben teilnehmen zu dürfen, weil Grundsätze eines fairen Wettbewerbs dies verlang(t)en. [35]

---

32 EGMR, Urt. v. 02.10.2018, 40575/10, 67474/10 (Mutu und Pechstein gg die Schweiz), NLMR 2018, 418.

33 EGMR, Semenya.

34 In beiden Fällen wurden Beschwerden beim Schweizer Bundesgericht aufgrund fehlender Unabhängigkeit und Unparteilichkeit des CAS (internationaler Sportgerichtshof) erhoben. Bezüglich *Mutu* wurde dies aus der Doppelbesetzung des CAS mit ein und demselben deutschen Rechtsanwalt (fehlerhafte Schiedsformation) sowohl im Beschwerdeverfahren gegen die Entscheidung des FAPLAC (Football Association Premier League Appeals Committee) als auch des CAS als Schiedsgericht zur Beilegung der Schadenersatzforderung des Fußballclubs aus der behaupteten einseitigen Vertragsauflösung abgeleitet. Bei *Pechstein* wurde darüber hinaus die Nichtabhaltung einer öffentlichen Verhandlung durch den CAS gerügt und somit in beiden Fällen eine Verletzung von Art. 6 EMRK (Recht auf ein faires Verfahren) behauptet, weshalb die Rechtssachen gemeinsam verhandelt wurden.

35 Es ist die Hölle, du arbeitest in einem Tunnel ohne Licht <sportschau.de/leichtathletik/caster-semenya-interview-100.html?at_medium=sportschau&at_campaign=DeviceSharing&at_content=SiteSharing> (07.10.2024); EGMR, Semenya, Rn. 5 ff.

2. Prozedurale Ebene – Grenzen der Schiedsgerichtsbarkeit

Kommen wir zuerst zur prozeduralen Ebene und dem Rechtsweg bis hin zum EGMR, die bereits deutliche Antworten zu der von mir gestellten Frage der Menschenrechte und Würde von Athlet:innen liefern.

Wie im Spitzensport üblich und in engem Zusammenhang mit dem Ein-Platz-Prinzip[36] unausweichlich, müssen sich Sportler:innen Schiedsvertragsklauseln unterwerfen. Das hat zur Folge, dass zivilrechtliche Streitigkeiten (z.B. Wettbewerbssperre infolge Dopings bei *Pechstein*, Androhung einer Wettbewerbssperre bei Nichtbefolgung des Reglements des Internationalen Leichtathletikverbands, ILV) nicht vor staatlichen Gerichten ausgetragen werden, sondern vor privaten Foren, die eigens dafür eingerichtet sind. Die jeweiligen Sportarten haben mitunter gesondert eingerichtete Instanzen.[37] Letzten Endes führen alle Rechtswege nach Lausanne. Dort ist bekanntlich der Internationale Sportgerichtshof TAS/CAS beheimatet (folgend nur CAS; Tribunal Arbitral du Sport/Court of Arbitration for Sport). Der CAS entscheidet im Schiedsverfahren in letzter Instanz über die betreffenden Rechtssachen. Das führt zur ersten **grundlegenden Frage, inwieweit ein solches System der privaten Schiedsgerichtsbarkeit mit dem System der Menschenrechte und den Anforderungen der Menschenrechtskonvention vereinbar ist**.

In der Sache sind die Garantien eines fairen Verfahrens und unabhängiger sowie unparteilicher Gerichtsbarkeit gem. Art. 6 EMRK (Recht auf ein faires Verfahren vor einem unabhängigen und unparteiischen Gericht) angesprochen. Für seine Anwendbarkeit ist eine echte Streitigkeit über „civil rights" bzw. „criminal charges" nötig. Diese Begriffe werden vom EGMR autonom verstanden und selbstständig interpretiert.[38]

Grundsätzlich verstoßen Schiedsgerichte und die Vereinbarung von Schiedsklauseln, mit denen generell der Zugang zu einem nationalen Gericht unterbunden wird, nicht gegen die Garantien des Art. 6 Abs. 1 EMRK.[39] Das nimmt der Gerichtshof auch für die Sportschiedsgerichtsbarkeit an:[40] Er anerkennt, dass ein gewisses Interesse besteht, Streitigkeiten im Be-

36 Dazu oben II.2.

37 Im Fall Semenya ging es um die Einhaltung des Reglements des ILV („Kriterien für die Einstufung in die Frauenkategorie betreffend Athlet*innen mit Varianten der Geschlechtsentwicklung"), welches die BF mit einer Beschwerde vor dem ISG (CAS) und in weiterer Folge beim Schweizer Bundesgericht bekämpfte.

38 *Autengruber*, in: Kahl/Khakzadeh/Schmid, Bundesverfassungsrecht, 2021, EMRK, Art. 6, Rn. 15, 24; *Berka/Binder/Kneihs* (Fn. 27), S. 801 ff.; *Meyer*, in: Karpenstein/Mayer, EMRK, 3. Aufl. 2022, Art. 6, Rn. 14, 24.

39 EGMR, Urt. v. 03.04.2008, 773/03 (Regent Company gg. die Ukraine), Rn. 54.

40 EGMR, Mutu und Pechstein, Rn. 94; EGMR, Semenya, Rn. 111, 173, 177.

reich des Profisports – insbesondere jene, die eine internationale Dimension umfassen –, einer speziellen Gerichtsbarkeit zu unterwerfen, die in der Lage ist, rasch und ökonomisch zu entscheiden. Die Beschwerde an ein einziges und spezialisiertes internationales Schiedstribunal erleichtert eine gewisse Einheitlichkeit des Verfahrens und stärkt die Rechtssicherheit. Das gilt umso mehr, wenn die Urteile dieses Tribunals Gegenstand von Beschwerden an das Höchstgericht eines einzigen Landes sein können, im konkreten Fall das Schweizer Bundesgericht, das endgültig entscheidet. Diesbezüglich räumt der EGMR ein, dass ein nichtstaatlicher Konfliktbeilegungsmechanismus in erster und/oder zweiter Instanz mit einer (wenn auch eingeschränkten) Beschwerdemöglichkeit an ein staatliches Gericht in letzter Instanz für diesen Rechtsbereich eine angemessene Lösung darstellen kann.[41]

Allerdings hat der EGMR in *Mutu und Pechstein* interessante Weichenstellungen getroffen, die er in weiteren Sportrechtssachen fortführt. Er unterscheidet zwischen freiwilliger Schiedsgerichtsbarkeit und sogenannter „Zwangsschiedsgerichtsbarkeit" („compulsory arbitration"). Mit „Zwangsschiedsgerichtsbarkeit" bezeichnet der Gerichtshof in Straßburg Fälle, für die gesetzlich eine Schiedsgerichtsbarkeit vorgesehen ist und in denen die Parteien keine Möglichkeit haben, ihre Streitigkeit auf einem staatlichen Rechtsweg auszutragen.[42] Nun sind Schiedsgerichte in Sportsachen nicht gesetzlich vorgesehen und besteht keine „Zwangsschiedsgerichtsbarkeit" in diesem klassischen Sinn. Der EGMR beurteilt jedoch inhaltlich, ob Schiedsklauseln freiwillig, also frei von Irrtum, Unkenntnis und Zwang abgeschlossen wurden. Diesbezüglich hat er in *Mutu und Pechstein* zwischen Mannschaftssportler:innen (Fußballern) und Einzelsportler:innen unterschieden. Für Mannschaftssportler:innen nimmt er an, dass diese Verträge ohne Schiedsklauseln eingehen können, weil sie entweder mit anderen Mannschaften (Arbeitgeber:innen) kontrahieren oder die Schiedsklausel „wegverhandeln" können.[43]

Anders gestaltet sich die Situation bei Einzelsportler:innen, für die in der Regel der vorhin erklärte Beitritt zu einem monopolartigen internationalen Verband respektive die Anerkennung des betreffenden Regelwerks unausweichliche Voraussetzung ist, um an (internationalen) Wettkämp-

41 Z. B. EGMR, Mutu und Pechstein, Rn. 98.

42 Darauf Bezug nehmend EGMR, Semenya, Rn. 32; EGMR, Mutu und Pechstein, Rn. 95 und 114 f.; EGMR, Urt. v. 11.02.2020, 526/18 (Platini gg. die Schweiz), Rn. 63, NLMR 2020, 106. Dazu z. B. m. w. N. *Lienbacher,* Sportschiedsgerichtsbarkeit und Art. 6 EMRK, in: Frank/Lendl/Lienbacher (Hrsg.), Sport im öffentlichen Recht, 2023, S. 98 ff.

43 EGMR, Mutu und Pechstein, Rn. 111 ff. und 116 f.

fen teilnehmen zu dürfen. Abgesehen von der sportlichen Ebene ist dies wirtschaftlich nötig, um ihren Lebensunterhalt durch Sport – mehr oder minder – zu verdienen.

Die Sichtweise des EGMR ist einigermaßen schematisch und bekanntlich oft von den Umständen des Einzelfalles geprägt. Inwieweit man daher sagen kann, er würde generell eine Differenzierung zwischen Mannschaftssport und Einzelsport treffen, ist fraglich und sind m. E. die konkreten sachlichen wie rechtlichen Rahmenbedingungen zu würdigen.

Interessant sind die Konsequenzen, die der EGMR mit dieser Unterscheidung verbindet. Bei Vorliegen freiwilliger Schiedsgerichtsbarkeit muss ein Minimum an Garantien i. S. d. Art. 6 EMRK eingeräumt sein, die dem Schiedsstreit sachadäquat sind. Bei Zwangsschiedsgerichtsbarkeit müssen hingegen die Anforderungen aus Art. 6 EMRK im vollen Umfang erfüllt sein. Es wird also derselbe Prüfungsmaßstab angelegt wie bei Streitigkeiten vor staatlichen Gerichten.

Für meine Fragestellung kann ich damit ein erstes erfreuliches menschenrechtliches Zwischenergebnis festhalten: Sportler:innen sind der Schiedsgerichtsbarkeit nicht auf Gedeih und Verderb ausgeliefert. Je zwanghafter das System der jeweiligen Sportart wirkt und je geringer der Handlungsspielraum der Sportler:innen ist, umso mehr können sie sich auf die Garantien des Art. 6 EMRK stützen.

Mindestens so bedeutend wie diese individuelle Situation sind die Auswirkungen derartiger Entscheidungen auf System und Struktur des Sportrechts und der Schiedsgerichtsbarkeit im Sport. In der Sache müssen die involvierten Schiedsgerichte alle Garantien bieten und alle Voraussetzungen erfüllen, die auch staatliche Gerichte zu bieten haben. Kurz gesagt muss es sich um unabhängige, unparteiische Instanzen mit voller Kognitions- und Reformationsbefugnis handeln. Insbesondere sind die Parteirechte der betroffenen Sportler:innen zu wahren; sprich, es ist diesen rechtliches Gehör zu bieten und Beweise müssen vorgebracht werden können. Augenscheinliches Beispiel für diese Auswirkung auf die Sportgerichtsbarkeit sind die Reformen des CAS in der Vergangenheit.[44]

44 *Lungstras,* Das Berufungsverfahren vor dem CAS, 2019, S. 205 ff.; *Lienbacher* (Fn. 42), S. 105 ff.

3. Inhaltliche Ebene – menschenrechtliche Mindeststandards von Sportregularien

Kommen wir nun zu inhaltlichen Dimensionen, die vielfältig sein können. Beispielsweise können Fragen der Wahrung der Privatsphäre und des Eingriffs in die körperliche Integrität in Bezug auf Dopingkontrollen hinterfragt werden, wie in den Rechtssachen *FNASS u.a. gegen Frankreich*[45], oder sonstige das Privatleben betreffende Angelegenheiten, wie im Fall *Platini*.[46]

Bevor wir uns dem Fall *Semenya* zuwenden, ist daran zu erinnern, dass derartige inhaltliche Fragen deshalb vor dem EGMR – genau genommen lediglich mittelbar – releviert werden können, weil das letztinstanzliche Schweizer Bundesgericht in seinen Verfahren zu garantieren hat, dass die betreffenden Sportrechtssachen dem *ordre public* entsprechen. Das ist ein grober Prüfungsmaßstab und führt dazu, dass nicht jedwede Rechtsverletzung, selbst nicht jedwede Einschränkung der Grundrechte, vom Bundesgericht aufgegriffen wird. Grundlegende Werte allerdings fallen darunter und das Bundesgericht hat auf der nationalen Ebene darüber zu wachen, ob diese auch entsprechend zur Geltung kamen bzw. kommen. Aber nicht allein das Bundesgericht, sondern in letzter Konsequenz hat die Schweiz als beklagter Staat vor dem EGMR mit ihrer Gesetzgebung zu garantieren, dass die EMRK eingehalten wird, indem sie die Berücksichtigung ihrer Artikel durch Judikative (und Exekutive) sicherstellt.[47] Im Grunde ist die Rechtssituation noch tiefer gehender, denn wie der EGMR in Bezug auf die in der Rechtssache *Semenya* strittigen Regelungen des ILV festgehalten hat, hat die Schweiz bei der Annahme von besagtem Reglement durch den ILV, einer monegassischen privatrechtlichen Vereinigung, keinerlei Rolle gespielt.[48] Dennoch hat die Schweiz respektive das Bundesgericht die Einhaltung der EMRK bei der Anwendung der Regelungen des ILV zu garantieren.

4. Eingriffsebene

In der Rechtssache *Semenya* waren unter anderem das Verbot der Diskriminierung und nichts Geringeres als der Schutz der Menschenwürde die um-

45 EGMR, Urt. v. 18.01.2018, 48151/11, 77769/13 (FNASS u.a. gegen Frankreich); NLMR 2018, 42.

46 EGMR, Platini, Rn. 106. Gegen den ehemaligen hochrangigen Fußballfunktionär *Michel Platini* wurde aufgrund mehrerer Verstöße gegen den FIFA-Ehrenkodex ein langjähriges und umfassendes Berufsausübungsverbot im Fußball inklusive einer Geldstrafe verhängt, weshalb dieser eine Verletzung der Art. 6, 7 und 8 EMRK geltend machte.

47 Im Detail dazu EGMR, Semenya, Rn. 103ff.

48 EGMR, Semenya, Rn. 80.

kämpften Rechte. Die spannenden, aber doch weitwendigen Entwicklungen der Wettkampfregeln, insbesondere auch der Veränderungen des Reglements des ILV, sollen hier nicht rekapituliert werden. Ich konzentriere mich auf den Kern der von *Caster Semenya* vorgebrachten Beschwerde. Die Leichtathletin behauptete, dass das Reglement des ILV diskriminierenden Charakter hätte, weil es eine Unterscheidung aufgrund des Geschlechts und angeborener biologischer Charakteristiken vornehme.[49] Der strittige Teil des Reglements verlangte, dass (weibliche) Athletinnen des Chromosomentyps 46 XY ihren Testosteronspiegel auf ein bestimmtes Niveau senken müssen, um zu Wettkämpfen von Frauen zugelassen zu werden.[50]

In Bezug auf die Rechtssache *Semenya* hat der EGMR die strittige Regelung des ILV aus zahlreichen Richtungen untersucht. Sein Prüfungsmaßstab war dabei vorrangig Art. 8 i. V. m. 14 EMRK.[51] Da *Caster Semenya* verpflichtet war, eine medizinische Behandlung in Form der Einnahme einer Antibabypille mit zahlreichen weitgehend unerforschten Nebenwirkungen vorzunehmen, um nicht aus der Kategorie der Frauen ausgeschlossen zu werden, hatte dies nach Ansicht des EGMR direkte Auswirkungen auf ihre persönliche Identität sowie auch Selbstbestimmung.[52]

Das Schweizer Bundesgericht hob hervor, die Behandlung mit der Antibabypille sei nicht zwangsweise vorgeschrieben worden. Immerhin bestand die Möglichkeit, diese zu verweigern. Dem hielt der EGMR entgegen, dass diese Meinung das „Dilemma“ der Betroffenen geradezu offenbart: Sie konnte entweder eine medizinische Behandlung eingehen, die jedoch geeignet gewesen wäre, eine Verletzung ihrer physischen und psychischen Integrität hervorzurufen, oder dieser Bedingung nicht nachkommen, womit sie auf ihre Lieblingswettkämpfe und somit auf die Ausübung ihres Berufs hätte verzichten müssen.[53]

Da die Selbstbestimmung von Art. 8 EMRK geschützt wird und diese beschränkte Wahl notwendigerweise die Rechte auf Ausübung ihres Berufs

49 EGMR, Semenya, Rn 9f.
50 Dieselbe Thematik spielte gerade bei den Olympischen Spielen in Zusammenhang mit den Boxerinnen Imane Khelif (Algerien) und Lin Yu-ting (Taiwan) in Paris eine Rolle und hat zu massiver öffentlicher Aufmerksamkeit geführt. Wir sind also absolut am Puls der Zeit und den Veranstaltern ist zu ihren prognostischen Fähigkeiten zu gratulieren. *Bettiza,* What does science tell us about boxing's gender row? <bbc.com/news/articles/crlr8gp813ko> (08.10.2024).
51 Hierzu und zum Folgenden EGMR, Semenya, Rn. 114ff. Zur weitgehend deckungsgleichen Zusammenfassung der Entscheidung durch den Autor, *Auner/Klaushofer/Schöpfer,* ZÖR 2024 (im Druck).
52 EGMR, Semenya, Rn. 123.
53 EGMR, Semenya, Rn. 124.

und auf physische und psychische Unversehrtheit beeinträchtigte, fällt der Fall in den Anwendungsbereich von Art. 8 EMRK.[54]

5. Substantive Ebene (Prüfung in der Sache)

Da das Reglement in seiner inhärenten Logik sexuelle – vor allem aber genetische – Merkmale von Athletinnen betrifft, ist der EGMR der Ansicht, dass die „Motive“ hinter der Annahme des strittigen Reglements das Privatleben der Betroffenen erfassen. Überdies hat das Reglement beträchtliche „Konsequenzen“ für den Genuss des Rechts auf Achtung des Privatlebens, insbesondere hinsichtlich des guten Rufs, der Privatsphäre und Würde. Schließlich verweist der EGMR auf den Bericht des Hochkommissars für Menschenrechte der VN mit dem Titel „Gemeinsamkeiten der rassischen Diskriminierung und der auf dem Geschlecht beruhenden Diskriminierung im Sport“.[55] Darin wird dargelegt, dass das betreffende Reglement des ILV negative Auswirkungen unter anderem auf das Recht zu arbeiten und auf gleiche und zufriedenstellende Arbeitsbedingungen, auf das Recht, über den bestmöglichen physischen und mentalen Gesundheitszustand zu verfügen und keinen willkürlichen Einmischungen in sein Privatleben unterworfen zu sein wie auch auf das Recht auf Achtung seiner Würde, physischen Integrität und körperlichen Selbstbestimmung hat.[56]

In der **Sache** ging der EGMR im Gefolge von CAS und dem Schweizer Bundesgericht davon aus, dass die Situation von weiblichen Athletinnen und jener, in der sich die Betroffene als intersexuelle Athletin befand, gleich war und er keine Gründe sähe, eine andere Position einzunehmen.[57]

Da das strittige Reglement vom ILV stammte, prüfte der EGMR – mangels einer staatlichen Maßnahme –, ob die Schweiz ihren positiven Verpflichtungen gem. Art. 14 (i. V. m. Art. 8) EMRK nachgekommen ist. Diesbezüglich wurde vom EGMR geprüft, ob ausreichende formale und prozessuale Garantien in einem Gerichtssystem für die Betroffene bestanden, die ihr erlaubten, die unter Art. 14 (i. V. m. Art. 8) EMRK geltend gemachten Rügen vorzubringen und ob die nationalen Gerichte begründete Entscheidungen unter Berücksichtigung der einschlägigen Rechtsprechung des EGMR erließen.[58]

54 EGMR, Semenya, Rn. 124.

55 Human Rights Watch, World Report 2020, Chapter IV, Rn. 34 <hrw.org/world-report/2020> (10.10.20214).

56 EGMR, Semenya, Rn. 34.

57 EGMR, Semenya, Rn. 160 ff.

58 EGMR, Semenya, Rn. 163 ff.

Ausgangspunkt für den EGMR ist, dass die Betroffene keine andere Möglichkeit hatte, als den verpflichtenden Schiedsklauseln zuzustimmen, um ihren Spitzensport ausüben zu können. Sie konnte folglich auch nur den CAS und das Schweizer Bundesgericht befassen.[59]

Ausschließlich auf dem Geschlecht fußende Entscheidungen müssen zufolge des EGMR durch „sehr gewichtige Erwägungen", „zwingende Gründe" oder – anders formuliert – „besonders solide und überzeugende Gründe" gerechtfertigt werden. Vergleichbares gilt, wenn die unterschiedliche Behandlung auf den sexuellen Charakteristiken eines Individuums und seinem Status als intersexuelle Person gründet. Überdies ist der staatliche Ermessensspielraum eingeschränkt, wenn ein besonders bedeutender Aspekt der Existenz oder der Identität eines Individuums auf dem Spiel steht.[60]

Inwieweit die formalen und prozessualen Garantien in der Schweizer Rechtsordnung die Berücksichtigung dieser Inhalte erlaubten, prüfte der EGMR unter den folgenden Gesichtspunkten:[61]

- die Überprüfungsbefugnis des CAS und des Bundesgerichts;
- wissenschaftliche Zweifel dahin gehend, ob das fragliche Reglement gerechtfertigt ist;
- die Abwägung der auf dem Spiel stehenden Interessen und die Berücksichtigung von durch die verlangte medizinische Behandlung verursachten Nebeneffekten;
- Drittwirkungen der Diskriminierung und schließlich
- den Vergleich mit der Situation von transsexuellen Athlet:innen.

Zur Überprüfungsbefugnis des CAS und des Bundesgerichts führte der EGMR aus, dass der CAS weder ein staatliches Gericht noch eine Einrichtung des schweizerischen öffentlichen Rechts, sondern eine eigene Stelle sei, die vom ILV, einer privatrechtlichen Stiftung, ausgehe. Er agiere unabhängig und unparteilich als spezielle Instanz auf dem Gebiet des Sportrechts.

Der CAS hat volle Jurisdiktionsbefugnis in streitigen Angelegenheiten und entscheidet über Sach- und Rechtsfragen. Als nichtstaatliches Tribunal ist der CAS nicht direkt an staatlich abgeschlossene Verträge über Menschenrechte gebunden. Im betreffenden Fall stützte sich der CAS vor allem auf das vom ILV aufgestellte Regelwerk, die Olympische Charta und hilfsweise auf das monegassische Recht, welche die Konventionsgarantien übernom-

59 EGMR, Semenya, Rn. 167.
60 EGMR, Semenya, Rn. 201.
61 EGMR, Semenya, Rn. 170.

men haben.[62] Obschon der CAS ziemlich ähnliche Kriterien anwandte wie der EGMR bei Anwendung des Art. 14 (i. V. m. Art. 8) EMRK (Fragen der Notwendigkeit, Angemessenheit und Verhältnismäßigkeit), hat sich seine Analyse zu keiner Zeit auf diese Konventionsbestimmungen oder die einschlägige Rechtsprechung des EGMR dazu bezogen.[63] Was die Rolle des Schweizer Bundesgerichts anlangt, genoss dieses wegen des eigenen restriktiven Ansatzes zum Ordre-Public-Vorbehalt eine sehr begrenzte Überprüfungsbefugnis. Aufgrund der hierarchischen Verhältnisse im Spitzensport geht der EGMR davon aus, dass der Schutz für Betroffene jener sein sollte wie für Menschen, die einen eher konventionellen Beruf ausüben.[64]

Was die wissenschaftlichen Zweifel an der Rechtfertigung des strittigen Reglements anlangt, warf der EGMR dem CAS und dem Schweizer Bundesgericht vor, keine tiefgehenden Untersuchungen im Lichte der Konvention vorgenommen zu haben, um gegen substanzielle Einwände Gründe zur Unterstützung der objektiven und angemessenen Rechtfertigung des strittigen Reglements anzuführen.[65]

Hinsichtlich der Interessenabwägung und Berücksichtigung der durch die verlangte medizinische Behandlung verursachten Nebenwirkungen wäre das Schweizer Bundesgericht gefordert gewesen, eine Abwägung vorzunehmen, die die vom ILV geltend gemachten Interessen an der Herstellung fairer Wettkampfbedingungen und die individuellen Interessen der Betroffenen auf Würde, guten Ruf, physische Integrität, Privatsphäre inklusive sexueller Charakteristiken und auf Ausübung ihres Berufs würdigt. Das hat das Schweizer Bundesgericht unterlassen und sich vor allem auch nicht mit den erheblichen inhaltlichen Bedenken gegen die zwangsweise Behandlung auseinandergesetzt.[66]

Zur Drittwirkung einer Diskriminierung hielt der EGMR unter Verweis auf seine Rechtsprechung fest, dass die nationalen Gerichte verpflichtet sind, einen realen und effektiven Schutz vor durch Privatpersonen begangene Diskriminierungen zu gewährleisten. Dem kam das Schweizer Bundesgericht in der konkreten Sache nicht nach.[67]

Zum Vergleich mit der Situation transsexueller Athlet:innen verwies der EGMR grundlegend auf das Diskriminierungsgebot gem. Art. 14 EMRK, das vom Schweizer Bundesgericht nicht wahrgenommen wurde. Das staatliche

62 EGMR, Semenya, Rn. 172 f.
63 EGMR, Semenya, Rn. 174.
64 EGMR, Semenya, Rn. 175, 178.
65 EGMR, Semenya, Rn. 181 ff.
66 EGMR, Semenya. Rn. 188 ff.
67 EGMR, Semenya, Rn. 191 ff.

Gericht hat die gleiche Behandlung zwischen *Semenya* und transsexuellen Athlet:innen, die sich einem Wechsel des Geschlechts von männlich auf weiblich unterzogen hatten, ohne weitere Auseinandersetzung akzeptiert.[68]

Zusammengefasst kam der EGMR zum Ergebnis, dass die Betroffene in der Schweiz nicht über **ausreichende formale und prozessuale Garantien** verfügte, die es ihr gestattet hätten, ihre Rügen auf effektive Art und Weise geltend zu machen. Das Ergebnis kam zustande, obwohl sie gut untermauerte und glaubhafte Behauptungen vorbrachte, die eine Diskriminierung als Folge ihres von ihrer unterschiedlichen geschlechtlichen Entwicklung hervorgerufenen erhöhten Testosteronspiegels begründeten. Besonders unter Würdigung der bedeutenden persönlichen Interessen der Betroffenen, nämlich der Teilnahme an Leichtathletikwettkämpfen auf internationalem Niveau und folglich der Ausübung ihres Berufs, überschritt der belangte Staat seinen ohnehin reduzierten Ermessensspielraum in der Sache.

V. Ergebnis und Ausblick

Im Fall *Semenya* ist noch nicht das letzte Wort gesprochen und das Urteil der großen Kammer noch ausständig.[69] Dennoch können wir zu einer klaren Antwort auf die von mir gestellte Frage kommen, ob Athlet:innen menschenrechtslos und ohne Würde sind: Ganz offensichtlich nicht. Sie genießen den Schutz der EMRK und des EGMR, selbst im autonom privatrechtlich geprägten System des Sportrechts.

Damit aber nicht genug: Was bedeutet das nun? Welche Schlussfolgerungen im Umgang mit Personen, die das klassisch binäre System von Frauen und Männern durchbrechen, können wir für die Reglements der verschiedenen Sportarten und die Sportverbände ziehen? Diese Fragen möchte ich mit einigen – gezielt offen gehaltenen – Gedanken anstoßen, um die Fortentwicklung der Diskussionen in den Fachkreisen und Verbänden anzuregen:

Was Wettkämpfe anbelangt:

- Braucht es Regulierung, die bis in die Tiefen der DNA von Menschen reicht? Ist zwischen natürlichen Voraussetzungen und durch medizinische Eingriffe und Behandlungen erzielten Veränderungen zu differenzieren? Wo liegen die Grenzen? Wie sind derartige Differenzierungen zu sonstigen körperlichen (und psychischen) Vorteilen/Anomalien zu bewerten?

---

68 EGMR, Semenya, Rn. 196ff.

69 Semenya v. Switzerland (application no. 10934/21).

- Was sind die richtigen Vergleichspaare? Wie sind die in Rede stehenden Menschen im binären System von Frauen und Männern einzuordnen? Braucht es eigene Wettkampfklassen? Würden solche eigenen Klassen eine weitere Ausgrenzung bedeuten? Würden sie mit ausreichend Teilnehmer:innen stattfinden und kompetitiv sein?
- Ist zwischen verschiedenen Sportarten zu differenzieren, weil etwa im Turmsprung und Schach, im Vergleich zur Leichtathletik zum Beispiel, genetische Unterschiede und solche des Testosteronspiegels anders zu beurteilen sind? Spielt dabei auch der Schutz vor gravierenden Verletzungen von Wettkampfgegner:innen bei Kontaktsportarten eine Rolle?

Was die Organisationsstrukturen anbelangt:

- Sind Menschenrechte Leitbild von Sportorganisationen und von Mega-Sport-Events? Wird ein solches Leitbild auch tatsächlich gelebt?
- Sind die Mitsprachemöglichkeiten der Sportler:innen ausreichend? Sind darüber hinausgehend ausreichende Mitwirkungsmöglichkeiten von Sportler:innen gegeben?
- Sind wegen der kostspieligen Schiedsverfahren zur Effektuierung des Rechtsschutzes finanzielle Unterstützungen, Fonds oder spezifische Rechtschutzversicherungen nötig?[70]

Freilich ist das nur ein kleiner Ausschnitt von möglichen Fragen und steht die Welt des Sports am Anfang der Entwicklung zu einem menschenrechtsbasierten System, wie das eine Übersicht des CAS zu „sport and human rights" eindrücklich offenlegt.[71]

Die weitere Entwicklung ist mit Spannung zu erwarten und das Empowerment von Sporler:innen sollte jedenfalls eine Zielsetzung sein.

70 Zu den Kosten illustrativ *Cherkeh/Vieweg*, CAS-Appeal-Verfahren: Kostentragung und das Gebot des effektiven Rechtsschutzes, SpuRT 2021, 250.

71 https://www.tas-cas.org/fileadmin/user_upload/2022.06.20_Human_Rights_in_sport__20_June_2022_.pdf.

Nationale Verfassungswerte und Sportinternationalität – wie viel Berufsfreiheit, Meinungsfreiheit, Justizgewähr darf man aufgeben, um am internationalen Sportgeschehen teilzunehmen?

Prof. Dr. Christoph Degenhart

I. „Aufgabe“ von Verfassungswerten?

Sie fragen, wie viel an Grundrechten man „aufgeben“ darf – um etwas „aufzugeben“, müssen Sie zuerst einmal darüber verfügen können, und im internationalen Sportgeschehen ist die grundrechtliche Verfügungsmasse durchaus begrenzt – wir dürfen nicht von einer Universalgeltung unserer grundlegenden Verfassungsprinzipien und insbesondere der Grundrechte unseres Grundgesetzes ausgehen, auch wenn das Bundesverfassungsgericht gelegentlich dem zuzuneigen scheint.

1. Verfassungswerte – „Universalgeltung“ der Grundrechte?

Verfassungswerte und insbesondere Grundrechte im internationalen Sportgeschehen „aufzugeben“, bedeutet nicht, auf gesicherte Grundrechtsstandards zu verzichten, kann vielmehr nur bedeuten, darauf zu verzichten, vergleichbare Grundrechtsstandards wie auf nationaler Ebene einzufordern, Grundrechte also für das internationale Sportgeschehen geltend zu machen. Wir dürfen nicht von einer Universalgeltung der Grundrechte des Grundgesetzes ausgehen. Die Menschenrechte jedoch gelten universal, sie finden auch Erwähnung in der Olympischen Charta. Tatsächlich allerdings hatten in der Vergangenheit und haben wohl auch in der Gegenwart manche internationalen Organisationen, wie vor allem IOC und FIFA und deren Repräsentanten, eine gewisse Affinität zu autoritären Systemen und deren Protagonisten.[1]

Wir dürfen nun nicht der Vorstellung anhängen, unsere Wertvorstellungen, unsere Grundrechtsstandards und insbesondere unsere Konzeption der Geltung der Grundrechte als unmittelbar verbindliches Recht ließen sich unverkürzt auf die internationale Ebene übertragen – die Möglichkeit der Teilnahme am internationalen Sportgeschehen kann also den Verzicht auf nationale Verfassungswerte, genauer: den Verzicht auf deren Geltendmachung und Durchsetzung, bedeuten; umgekehrt müssen wir uns dann allerdings die Frage stellen, wann, wenn wir die Wertordnung des Grundgesetzes ernst nehmen, ein Verzicht auf die Teilnahme geboten sein kann – und aus wessen Sicht dies zu beurteilen ist.

2. Nähere Fragestellung – die maßgeblichen Perspektiven

Hier ist es zunächst die individuelle Perspektive des Athleten, dessen Interessenlage ambivalent ist. Einerseits hat er berechtigtes, grundrechtlich fundiertes Interesse daran, in seiner persönlichen wie beruflichen Entfaltungsfreiheit keinen Restriktionen ausgesetzt zu sein, die unserem Freiheitsverständnis widersprechen, und insbesondere auch gegenüber Sanktionen den rechtsstaatlichen Standards des Grundgesetzes gleichwertigen Rechtsschutz zu genießen. Er oder sie hat andererseits ein vitales Interesse an der Teilnahme am internationalen Sport,[2] an Veranstaltungen des professionellen Spitzensports auch dann, wenn politisches System und Lage der Menschenrechte am Veranstaltungsort unseren Wertvorstellungen

1 Friedrich-Naumann-Stiftung/*Brasseur*, https://www.freiheit.org/de/deutschland/zwischen-sport-und-politik-warum-ioc-und-fifa-auf-autokratien-setzen, vom 5.7.2024, abgerufen am 4.9.2024.

2 S. für Schiedsvereinbarungen *Steiner*, SpuRt 2014, 2, 4 f.

nicht entsprechen und auch unabhängig davon, wer sonst noch teilnimmt. Auch dieses individuelle Interesse ist zu beachten; der Wertordnung des Grundgesetzes entspricht es auch, die Autonomie des einzelnen zu achten. Daher sollten wir uns nicht allein fragen, wie viel an nationalen Verfassungswerten wir aufgeben dürfen, um am internationalen Sportgeschehen teilzunehmen, sondern auch, in welchem Maße wir individuelle Teilnahmechancen aufgeben dürfen, um unsere nationalen Verfassungswerte geltend zu machen – eine Frage, die sich etwa bei Boykottaufrufen stellt.

Nicht zuletzt ist die Thematik aber auch aus der Perspektive des jeweiligen nationalen Spitzenverbands zu betrachten, der ja ebenfalls ein ideell wie wirtschaftlich relevantes Interesse an der Teilnahme am internationalen Spitzensport hat, und dem hierfür auch eine gewisse Fürsorgepflicht gegenüber den einzelnen Athleten obliegt,[3] der aber andererseits auch als Repräsentant der Bundesrepublik Deutschland wahrgenommen wird. Ein Staatsziel „Sport" enthalten – mit einer Ausnahme – alle Landesverfassungen.[4] Der DOSB fordert darüber hinaus, Sport müsse „ins Grundgesetz".[5] Damit verbunden ist die Erwartung sportfreundlicher Gesetzgebung und großzügiger Förderung – dies rechtfertigt umgekehrt Erwartungen an den organisierten Sport, was das Einstehen für Verfassungswerte betrifft.

3. „Aufgabe" von Verfassungswerten?

Damit stellt sich auch die Frage nach der „Aufgabe" nationaler Verfassungswerte in unterschiedlicher Blickrichtung und in unterschiedlichen Konfliktsituationen, zum einen für die Teilnahme am internationalen Sportgeschehen zu Bedingungen, die die Sporttreibendenden in der Wahrnehmung ihrer grundrechtlichen Freiheiten beschränken, zum anderen für die Mitwirkung an internationalen Sportevents, ungeachtet der Lage der Menschenrechte, zu denen sich ja auch das Grundgesetz bekennt, und die angesichts der umfassenden Informationsmöglichkeiten auch nicht mehr mit der Naivität eines *Berti Vogts* oder eines *Franz Beckenbauer* ignoriert werden kann. Eine Aufgabe von Verfassungswerten kann sich also einerseits auf subjektive Grundrechtspositionen beziehen wie auch abs-

3 Teils gegenläufige Interessen: *Pfister/Fritzweiler*, in: Fritzweiler/Pfister/Summerer, Praxishandbuch Sportrecht, 4. Aufl. 2020. Einf. Rn. 20.

4 *Pfister/Fritzweiler*, in: Fritzweiler/Pfister/Summerer, Praxishandbuch Sportrecht, 4. Aufl. 2020, Einf. Rn. 13.

5 DOSB, https://cdn.dosb.de/user_upload/www.dosb.de/uber_uns/Grundsatzpapiere/Staatsziel-Sport.pdf; https://www.focus.de/kultur/kino_tv/focus-fernsehclub/tv-kolumne-kein-geld-keine-medaillen-doppel-olympia-sieger-ronald-rauhe-fordert-die-verankerung-des-sports-im-grundgesetz_id_259853766.html, jeweils abgerufen am 3.9.2024.

trakt auf Grundsätze einer rechtsstaatlich-demokratischen Ordnung. Für eine „Aufgabe“ von Verfassungswerten kann mithin keine festliegende Schwelle fixiert werden, abzustellen ist auf die jeweilige Konfliktsituation. Auch dürfen bloße Erwartungen nicht ohne Weiteres in Rechtspflichten umgedeutet werden – die Rolle als „Botschafter“ im Ausland bedeutet keine Zuschreibung einer Rechtspflicht.

II. Grundrechtsbindung

1. Internationalität als Hemmnis für Grundrechtsexport

Dem Export nationaler Grundrechte und allgemein nationaler Verfassungswerte auf internationaler Ebene, in internationale Organisationen sind faktische wie rechtliche Grenzen gesetzt. In internationalen Organisationen, gerade im Bereich des Leistungssports, ist die deutsche Stimme eine unter vielen, auch aus Staaten und Kulturkreisen, die ganz allgemein unsere westlichen und insbesondere unsere grundrechtlich fundierten Wertvorstellungen nicht teilen, andererseits aber bestimmenden Einfluss ausüben. Die Grundrechte des Grundgesetzes binden die deutsche staatliche Gewalt; auch soweit ihnen territorial unbegrenzte Geltung beigemessen wird,[6] sind sie doch im Kontakt mit anderen, ausländischen Rechtsordnungen allenfalls zurückhaltend zur Geltung zu bringen.

Dass die Grundrechte des Grundgesetzes aufgrund ihrer Ausstrahlungswirkung als objektive Wertentscheidungen die gesamte Rechtsordnung durchdringen,[7] gilt, wie *Udo Steiner* aufgezeigt hat,[8] insbesondere auch für die rechtliche Ordnung des Sportgeschehens, insbesondere auch des professionellen und Spitzensports. Ihre Ausstrahlungswirkung bleibt in diesen Sphären gleichwohl begrenzt, dringt nicht durch zu den internationalen Verbänden und Organisationen, die das Sportgeschehen auf der internationalen Ebene bestimmen und deren Ordnungen den Rahmen für die Teilnahme der Athletinnen und Athleten hieran bezeichnen.[9]

Insoweit sind der Übertragung grundrechtlicher Standards auf die internationale Ebene faktische Grenzen gesetzt aufgrund des begrenzten Einflusses deutscher Vertreter in internationalen Organisationen, wie auch

6 *Kingreen/Poscher*, Grundrechte Staatsrecht II, 40. Aufl. 2014, Rn. 269; s. auch BVerfG, Urt. v. 19.5.2020, BVerfGE 154, 152 Rn. 88 ff.

7 BVerfG, Urt. v. 15.1.1958, BVerfGE 7, 198, 208.

8 *Steiner*, SpuRt 2022, 79, 80 f.

9 Zur Frage einer Geltung des ne-bis-in-idem-Grundsatzes gegenüber internationalen Organisationen und von diesen verhängten Sanktionen s. *Franzenburg*, SpuRt 2022, 31.

rechtliche Grenzen auf Grund der auf die nationale Rechtsordnung bezogenen Ausstrahlungswirkung der Grundrechte.

Auf nationaler Ebene sind die Handlungsmöglichkeiten sowohl des organisierten Sports als auch der staatlichen Organe nicht gleichermaßen beschränkt – inwieweit diese dem Erpressungspotenzial von IOC, FIFA und UEFA nachgeben sollen, diesen rechtliche Privilegien bis hin zu einer Quasi-Immunität einzuräumen, ist eine Frage auch des demokratischen Rechtsstaats, zu dessen zentralen Verfassungswerten die Wahrung der Rechtsordnung zählt. Vorauseilender Gehorsam wie z. B. im Fall des Olympiaschutzgesetzes[10] ist seiner unwürdig.

2. Privatrechtliche Ordnung – mittelbare Drittwirkung

Dem unmittelbaren Geltungsanspruch der Grundrechte steht weiterhin auch entgegen, dass im Geltungsbereich des Grundgesetzes der Leistungssport, wenn auch staatlich gefördert, doch privatrechtlich organisiert ist. Die Rechtsbeziehungen zwischen Athleten und Verbänden sind in der Bundesrepublik privatrechtlicher Natur. Auf Grundlage privatrechtlicher Vereinbarungen erfolgt auch die Bindung an Regeln des IOC. Durch die sog. Athletenvereinbarung[11] unterwerfen sich die Sportler den Regularien des IOC. Zum anderen ist Bedingung des IOC für eine Teilnahme an den Olympischen Spielen, dass ein „Eligibility Conditions Form“ unterschrieben wird über die Anerkennung der Bestimmungen der Olympischen Charta.

Auch hier gelten, wie erwähnt, die Grundrechte nach Maßgabe ihrer Bedeutung als objektive Wertentscheidungen, dies freilich nach Maßgabe mittelbarer Drittwirkung. Um also Grundrechte des Grundgesetzes auf die Ebene des internationalen Sportgeschehens zu transferieren, müssen zwei Stufen überwunden werden – zunächst sind die Rechtsverhältnisse auf der nationalen Ebene, also vor allem die Rechtsbeziehungen zwischen dem einzelnen Athleten und den Verbänden in einer Grundrechte wahrenden Weise zu gestalten, auf einer zweiten Stufe ist es in erster Linie an den nationalen Verbänden, Grundrechte der Sporttreibenden auf der internationalen Ebene zu schützen – deren Interessen wiederum in unterschiedliche Richtungen gehen.

10 Zum OlympiaschutzG s. *Degenhart*, AfP 2006, 103.
11 S. *Andexer*, Die nationale Sportgerichtsbarkeit und ihre internationale Dimension, 2009, S. 101 ff.; *Monheim*, SpuRt 2014, 90, 91.

3. Staatliche Schutzpflichten – Schiedsgerichtsbarkeit

Der Schutz der Grund- und Menschenrechte obliegt primär allerdings dem Staat, wie denn auch die UEFA in der Menschenrechtserklärung für die Europameisterschaft 2024 klar formuliert: „Die Verantwortung zum Schutz der Menschenrechte liegt beim Staat“ und sich damit auf eine allenfalls subsidiäre Verantwortung zurückzieht.[12] In Wahrnehmung grundrechtlicher Schutzpflichten hat der Staat seinerseits die Autonomie der Sportverbände[13] und die Privatautonomie und die in ihr begründete Vertragsfreiheit[14] der Beteiligten zu beachten hat. Staatliche Schutzpflichten können hier in privatrechtlich geordnete Rechtsverhältnisse hineinwirken,[15] doch ist hier deutliche Zurückhaltung geboten, da aus staatlichen Schutzpflichten unversehens staatliche Bevormundung werden kann.

Unmittelbar gegen den Staat richten sich die Justizgrundrechte wie das Recht auf den gesetzlichen Richter aus Art. 101 Abs. 1 Satz 2 GG, das Recht auf faire Verfahren wie grundsätzlich auch das Recht auf Justizgewähr.[16] Ob und in welchem Maße Grundrechte aufgegeben werden dürfen, stellt sich für das unmittelbar grundrechtsgebundene Gericht in schärferer Akzentuierung als für die nicht unmittelbar, sondern nur nach Maßgabe mittelbarer Drittwirkung, grundrechtsverpflichteten Sportverbände.

Schiedsvereinbarungen zu treffen, liegt grundsätzlich in der Privatautonomie der Beteiligten. Wird deren Unwirksamkeit geltend gemacht, aufgrund strukturellen Übergewichts einer Seite, regelmäßig eines wirkmächtigen Sportverbands,[17] und rechtsstaatlich defizitärer Verfahrensstandards,[18] so ist vonseiten des Staates der Rechtsweg zu eröffnen.[19] Für das Gericht, das über die Rechtswirksamkeit der Schiedsvereinbarung zu

---

12 Vgl. Menschenrechtserklärung unter I.1. und 2.1., https://www.bmi.bund.de/SharedDocs/downloads/DE/veroeffentlichungen/2024/de-human-rights-declaration-uefa-euro2024.pdf;jsessionid=9FD23D680BF089C95FE897517854429F.live882?__blob=publicationFile&v=4, abgerufen am 3.9.2024.

13 *Pfister/Fritzweiler*, in: Fritzweiler/Pfister/Summerer, Praxishandbuch Sportrecht, 4. Aufl. 2020, Einf. Rn. 12.

14 BVerfG, Beschl. v. 3.6.2022, SpuRt 2022, 322 Rn. 34; zum Fall Pechstein s. etwa *Brüning*, ZG 2019, 386.

15 S. für die Berufsfreiheit des Art. 12 Abs. 1 GG s. *Rodi*, in: BonnK, Art. 12 Abs. 1 (2019) Rn. 346 ff.

16 Zum Justizgewährsanspruch s. *Degenhart*, in: Sachs, GG, 10. Aufl. 2024/2025, Art. 103 Rn. 1.

17 S. *Rodi*, in: BonnK, Art. 12 Abs. 1 (2019) Rn. 349; *Bleistein/Degenhart*, NJW 2015, 1353.

18 Zu Schiedsvereinbarungen *Degenhart*, in: Sachs, GG, 10. Aufl. 2024/2025, Art. 101 Rn. 8; sowie *Bleistein/Degenhart*, NJW 2015, 1353 ff.; *Otto*, JuS 2013, 21, 23; EGMR BeckRS 2018, 23523 – Mutu und Pechstein/Schweiz; *Blandfort*, SchiedsVZ 2019, 129; BVerfG, SpuRt 2022, 322 Rn. 36 ff.

19 S. *Bleistein/Degenhart*, NJW 2015, 1353, 1355.

entscheiden hat, stellt sich dann aber die Frage, in welchem Maße es seinerseits auf die Wahrung der Vorgaben der Justizgrundrechte bestehen will und welche Anforderungen an eine Schiedsvereinbarung es als unverzichtbar erachtet.

Im Fall von Sanktionen internationaler Verbände stellt sich für das deutsche Gericht, wenn es um die Prüfung einer Verbandsstrafe geht, die Frage der Geltung des ne-bis-in-idem-Grundsatzes für Vertrags- oder Verbandsstrafen.[20] Im gerichtlichen Verfahren sind materielle Grundrechte der Beteiligten wie Berufs- oder Meinungsfreiheit mittelbar nach Maßgabe grundrechtlicher Drittwirkung zu beachten, die Verfahrens- oder Justizgrundrechte gelten unmittelbar. In diesem Punkt zumindest stellt sich für die dem Grundgesetz verpflichteten Organe der Rechtsprechung die Frage, in welchem Maße Verfassungswerte aufgegeben werden dürfen, um Internationalität zu ermöglichen oder zu fördern.

III. Grundrechtsbetroffensein

1. Berufsfreiheit und Justizgewähr

Dass einschränkende Regularien der nationalen wie der internationalen Verbände die Freiheit der Berufsausübung tangieren, liegt auf der Hand. Das Ein-Platz-Prinzip[21] berührt intensiv das individuelle Freiheitsinteresse an der berufsmäßigen Ausübung des Sports.[22] Gleichwohl begegnet uns auch hier nicht die klassische Eingriffssituation: das Ein-Platz-Prinzip, bedingt durch die Notwendigkeit eines international einheitlichen Regelwerks,[23] beruht auf Festlegungen der Verbände im Rahmen ihrer Privatautonomie – die vom Europäischen Gerichtshof für den professionellen Sport durch die Grundfreiheit der Arbeitnehmerfreizügigkeit nach Art. 45 AEUV und das Verbot von Wettbewerbsbeschränkungen in Art. 101 AEUV,[24] für den Amateurbereich jedenfalls durch Art. 18 und Art. 21 AEUV – allgemeine Freizügigkeit und Diskriminierungsverbot – begrenzt wird.[25] Im Schutzbereich der Berufsfreiheit des Art. 12 Abs. 1 GG liegt

20 Zu weitgehend *Franzenburg*, SpuRt 2022, 31.

21 *Pfister/Fritzweiler*, in: Fritzweiler/Pfister/Summerer, Praxishandbuch Sportrecht, 4. Aufl. 2020, Einf. Rn. 16 ff.; *Zuck*, SpuRt 2014, 5; *Bleistein/Degenhart*, NJW 2015, 1353, 1355.

22 OLG Frankfurt a. M., NJW-RR 2000, 117.

23 BVerfG, Beschl. v. 3.6.2022, SpuRt 2022, 322 Rn. 5; unter Bezugnahme auf *Pfister/Fritzweiler*, in: Fritzweiler/Pfister/Summerer, Praxishandbuch Sportrecht, 4. Aufl. 2020, Einf. Rn. 19, 23: kartellmäßige Ausübung sportlicher Wettbewerbe.

24 S. etwa EuGH, Urt. v. 21.12.2023 – C 680/21 – Royal Antwerp Football Club, SpuRt 2023, 33.

25 EuGH, Urt. v, 13.6.2019 – C 22/18, SpuRt 2019, 169; vgl. *Jakob*, SpuRt 2019, 249.

auch das Bestreben der einzelnen Athleten, an internationalen Wettbewerben teilzunehmen.

Aus mehreren Störungsquellen können diese grundrechtlichen Entfaltungschancen beeinträchtigt sein, am unmittelbarsten und schwerwiegendsten durch einen Ausschluss von internationalen Wettbewerben, also durch Sperren, etwa wegen Dopingverdachts. Das Grundrecht der Berufsfreiheit des Art. 12 Abs. 1 GG fordert hier wirksamen justiziellen Schutz, der, wie das Bundesverfassungsgericht in der causa Pechstein klargestellt hat, auch im Wege von Schiedsvereinbarungen nicht ausgehebelt werden darf.[26] Dies kann bedeuten, dass grundlegende justizielle Garantien zum Schutz der beruflichen Freiheit der einzelnen Sporttreibenden[27] auch dann unverzichtbar sind, wenn damit die Teilnahme am internationalen Sportgeschehen gestört werden sollte. Grundsätzlich gilt freilich, dass die Beteiligten so an den Wettkämpfen teilnehmen, wie deren Ablauf von den Sportverbänden im Regelwerk festgesetzt wird.[28]

2. Freiheit der Meinungsäußerung, Berichterstattungsfreiheit

Fragen zu Schutzbereich und Grenzen der Freiheit der Meinungsäußerung aus Art. 5 Abs. 1 Satz 1 GG stellen sich auf nationaler Ebene vor allem für Meinungskundgaben vor Publikum bei Sportveranstaltungen, wie etwa die Sympathiebekundungen von Spielern der türkischen Nationalmannschaft für die extremistischen „Grauen Wölfe" oder auch salutierende türkischstämmige Spieler anlässlich einer völkerrechtswidrigen Militäraktion der Türkei.[29] Geradezu ikonische Qualität hat das Bild der mit erhobenen Fäusten und gesenkten Köpfen gegen Rassismus in den USA demonstrierende Sportler bei der Siegerehrung während der Olympischen Spiele 1968 in Mexico-City erlangt.[30]

Fragen der Meinungsfreiheit stellen sich auch für Meinungsäußerungen außerhalb des Sportgeschehens, für Äußerungen vor allem in den sozialen Netzwerken oder in den Medien.[31] Auch sind es wiederum offenbar von einem besonderen nationalen Sendungsbewusstsein durchdrungene türkischstämmige Spieler, die gern ihre Sympathie für Autokraten öffent-

26 BVerfG, Beschl. v. 3.6.2022, SpuRt 2022, 322.

27 BVerfG, Beschl. v. 3.6.2022, SpuRt 2022, 322 Rn. 43 zum Eingehen der Schiedsvereinbarung als Voraussetzung für Berufsausübung durch Teilnahme an internationalen Wettbewerben.

28 *Pfister/Fritzweiler*, in: Fritzweiler/Pfister/Summerer, Praxishandbuch Sportrecht, 4. Aufl. 2020, Einf. Rn. 24; zur Autonomie der Verbände BVerfG, SpuRt 2022, 322 Rn. 34f.

29 Zu salutierenden Fußballspielern s. *Thumm*, SpuRt 2020, 68.

30 Dazu und zu weiteren Beispielen *Thumm*, SpuRt 2020, 68; *Hestermann*, SpuRt 2023, 98.

31 Vgl. z.B. *Brugger/Hans*, SpuRt 2024, 288 zum Fall El Ghazi.

lich zeigen. Auf der internationalen Bühne sind wir mit der Entwicklung konfrontiert, dass gerade Staaten, die, wie Katar[32], Saudi-Arabien oder China, den Werten, die das Grundgesetz oder die EMRK verkörpern, vorsichtig ausgedrückt distanziert gegenüberstehen, sich um die Ausrichtung internationaler Großereignisse bemühen, und dies durchaus mit Erfolg. Gelegentlichen vorsichtigen Ansätzen von Teilnehmerseite, für Menschenrechte und gegen Diskriminierung einzutreten, sind hier enge Grenzen gesetzt. Die Veranstalter wollen sie verhindern, von internationalen Sportverbänden kommt keine oder allenfalls verbale Unterstützung. Vor allem IOC und FIFA setzen auf Autokratien.

Da zudem die Veranstalter auch die Kontrolle über die Berichterstattung beanspruchen, ist die Wirkung etwaiger Kundgaben ohnehin begrenzt. Hier müssen sich insbesondere die öffentlich-rechtlichen Rundfunkanstalten fragen lassen, in welchem Maße sie ihren verfassungsrechtlichen Auftrag zurückzunehmen bereit sind, um medial am internationalen Sportgeschehen in der Weise beteiligt zu sein, wie dies das Publikum erwartet. Da wirkt es kaum beruhigend, dass in der Menschenrechtserklärung der UEFA zur Europameisterschaft 2024 die Beteiligten „geloben, die Pressefreiheit bei der Berichterstattung über das Turnier zu wahren und zu unterstützen und es Journalistinnen und Journalisten zu ermöglichen, ihre Arbeit ungehindert auszuüben."[33]

3. Persönlichkeitsrechte

Teilnahme am internationalen Sportgeschehen eröffnet grundrechtliche Entfaltungschancen in beruflicher und persönlicher Hinsicht, bedingt aber auch vom Athleten hinzunehmende Eingriffe in seine Persönlichkeitsrechte. Dies bedingt andererseits erhebliche Eingriffe in die Persönlichkeitssphäre, vor allem beim Kampf gegen Doping. Um nochmals *Udo Steiner* zu zitieren: „Der Sport muss in der Lage sein, diejenigen, die Sport organisieren, und diejenigen, die Sport betreiben, stärker in die Pflicht zu nehmen, als dies dem Staat allgemein gegenüber seinen Bürgern nach geltendem Verfassungsrecht erlaubt ist. Dazu gehört die Möglichkeit, dem Berufssportler im Rahmen der Antidopingarbeit Einschränkungen seiner Privat- und Intimsphäre zuzumuten, die keinem anderen Beruf zugemutet werden können."[34] Neuerdings wird – im Zuge der neuen Prüderie – im

32 Zur WM in Katar s. *Hestermann*, SpuRt 2023, 98.

33 https://www.bmi.bund.de/SharedDocs/downloads/DE/veroeffentlichungen/2024/de-human-rights-declaration-uefa-euro2024.pdf;jsessionid=9FD23D680BF089C95FE897517854429F.live882?__blob=publicationFile&v=4 unter III.4.d; S. 14 (zuletzt abgerufen am 23.04.2025).

34 *Steiner*, SpuRt 2018, 186.

Zusammenhang mit Persönlichkeitsrechten „sexistische“ Sportbekleidung bei Frauen und Mädchen thematisiert.

IV. Wertungskriterien

Es sind vor allem die vorstehend ausgeführten subjektiven Grundrechtspositionen, die die maßgeblichen Direktiven bezeichnen, um die Grenzlinien zu ziehen für einen Verzicht auf nationale Grundrechtsstandards und Verfassungswerte. Dies erfordert regelmäßig Abwägungsentscheidungen, so im Fall von Schiedsvereinbarungen zwischen Justizgewähranspruch und der Vertragsfreiheit sowie der Verbandsautonomie.[35]

1. Justizgewähr und Schiedsvereinbarungen

Diese sind – insbesondere nach der bundesverfassungsgerichtlichen Klärung des Falles *Pechstein* – verhältnismäßig klar zu ziehen. Für Schiedsvereinbarungen sieht das Bundesverfassungsgericht für die Athleten, die ihren Sport berufsmäßig ausüben wollen, auf Grund des Ein-Platz-Prinzips, das es als sachgerecht bewertet, zu Recht einen faktischen Schiedszwang.[36] Das Grundrecht der Berufsfreiheit fordert hier wirksamen Rechtsschutz durch Justizgewähr.[37] Der BGH sah bekanntlich sowohl das Recht auf Justizgewähr und auf Zugang zu den staatlichen Gerichten als verzichtbar, wenn die Schiedsvereinbarung „freiwillig, erlaubt und eindeutig“ sei und das Verfahren den des Art. 6 EMRK entspreche. Er berücksichtigte jedoch nicht hinreichend, so das BVerfG, die Bedeutung des Justizgewährungsanspruchs aus Art. 2 Abs. 1 in Verbindung mit Art. 20 Abs. 3 GG, der bedingt, dass das schiedsgerichtliche Verfahren effektiven Rechtsschutz gewährleisten und rechtsstaatlichen Mindeststandards genügen muss.[38] Die Anforderungen des Art. 6 Abs. 1 EMRK in ihrer Ausgestaltung durch die Rechtsprechung des EGMR zählen damit zum unverzichtbaren Bestand an Verfassungsgarantien, die auch im Interesse der Wahrung eines einheitlichen Regelwerks für das internationale Sportgeschehen nicht preisgegeben werden dürfen. Dazu zählen auch die Anforderungen an Neutralität, Unvoreingenommenheit und Distanz des Ge-

35 BVerfG, SpuRt 2020, 68, SpuRt 2022, 322 Rn. 34.
36 BVerfG, SpuRt 2022, 322 Rn. 5, 39f.
37 Vgl. *Summerer*, in: Fritzweiler/Pfister/Summerer, Praxishandbuch Sportrecht, 4. Aufl. 2020, Kap. 7 Rn. 285.
38 BVerfG, SpuRt 2022, 322 Rn. 34, 36ff.; zum Justizgewährsanspruch s. *Sachs*, in: Sachs, GG, 9. Aufl. 2021, Art. 20 Rn. 162; *Degenhart*, in: Sachs, GG, 10. Aufl. 2024/25, Art. 103 Rn. 3f., 48.

richts, die für das Grundgesetz unter das Recht auf den gesetzlichen Richter aus Art. 101 Abs. 1 Satz 2 GG gefasst werden.[39]

Die Prüfung, ob diese verfahrensmäßigen Anforderungen des Grundgesetzes im Einklang mit Art. 6 EMRK gewahrt sind, ist ureigene Kompetenz der staatlichen Gerichte, zumal dann, wenn Grundrechte wie die Berufsfreiheit betroffen sind. Deutlich eingeschränkt ist die Kontrolldichte demgegenüber in inhaltlicher Hinsicht, etwa bei Sanktionen wegen Dopings, aber keinesfalls ausgeschaltet. Es handelt sich bei der Rechtsanwendung durch ein deutsches Gericht um die Ausübung deutscher Staatsgewalt.[40] „Einbruchstelle" für die Grundrechte des Grundgesetzes ist hier der Vorbehalt des *ordre public.*[41] Hier ist eine Abwägung mit dem Erfordernis einheitlicher Regelgeltung vorzunehmen, das ja auch im Interesse anderer Athleten liegt.[42] Gegenüber der Verhängung von Sanktionen dürfte jedenfalls der Schuldgrundsatz zum unverzichtbaren rechtsstaatlichen Bestand zählen, für den *ne-bis-in-idem* dürfte eine differenzierende Betrachtungsweise Platz greifen. Unterhalb dieser Schwelle wird aber das Gericht grundsätzlich das Interesse an einem einheitlichen Regelwerk und dessen rechtssicherer Anwendung maßgeblich zu berücksichtigen haben.

2. Meinungs- und Medienfreiheit, Art. 5 GG – „unpolitischer Sport"?

Meinungsäußerungen i. S. d. Art. 5 GG sind sowohl der – nicht verbotene – Wolfsgruß türkischstämmiger Fußballprofis und ihrer Anhänger als auch das regenbogenfarbige Armbändchen auf der Tribüne und auf dem Spielfeld („*aufm Platz*"). Obschon sich in den Grenzen der allgemeinen Gesetze des Art. 5 Abs. 2 GG bewegend – bekanntlich schützt das Grundgesetz in den Grenzen der allgemeinen Gesetze, insbesondere der Strafgesetze, jede noch so abstruse Meinungsäußerung[43] –, stehen erstere in eklatantem Gegensatz zu grundgesetzlichen Werten, auch wenn die Schwelle der Strafbarkeit nicht erreicht sein dürfte.

Durch Verhaltensregeln für Aktive, Offizielle und Zuschauer sind Verbände bestrebt, Meinungskundgaben im Umfeld von Verbandswettbewer-

---

39 *Degenhart*, in: Sachs, GG, 10. Aufl. 2024/25, Art. 101 Rn. 9ff.; zu den rechtsstaatlichen Anforderungen an Schiedsverfahren i. e. s. *Steiner*, SpuRt 2014, 2, 3ff.

40 BVerfGE 31, 58 Rn. 43 Juris.

41 *Steiner*, SpuRt 2014, 2, 4.

42 Dazu *Summerer*, in: Fritzweiler/Pfister/Summerer, Praxishandbuch Sportrecht, 4. Aufl. 2020, Kap. 7 Abschn. D – Internationale Schiedsgerichtsbarkeit.; *Bleistein/Degenhart*, NJW 2015, 1353.

43 Näher *Degenhart*, Verfassungsrecht vs. Verfassungswirklichkeit: zum Stand der Meinungsfreiheit in Staat und Gesellschaft, in: Ged.Schrift Sachs, 2024, S. 359ff.

ben zu hindern,[44] so etwa Regel 50 der Olympischen Charta: „No kind of demonstration or political, religious or racial propaganda is permitted in any Olympic sites, venues or other areas."[45] Auch das Reglement der FIFA will Meinungskundgaben im Stadion weitgehend beschränken und sieht ein ausdrückliches Diskriminierungsverbot vor.[46] In der Menschenrechtserklärung der UEFA anlässlich der Europameisterschaft 2024 in Deutschland wird die Thematik ausgespart. Zur Unterdrückung missliebiger, da latent auch gegen das Gastgeberland gerichteten oder jedenfalls so verstandenen, Meinungskundgaben kam es vor der WM in Katar.[47]

Derartige Reglements, zu deren Umsetzung die nationalen Sportverbände angehalten werden, beschränken fraglos die Meinungsfreiheit der Athletinnen und Athleten. Es greift gleichwohl zu kurz, wenn diese darauf verweisen, „Spitzensportler*innen sind Bürger*innen. Meinungsfreiheit steht ihnen wie allen anderen sowohl für die freie Entwicklung einer Meinung als auch für ihre Äußerung zu."[48] Dies ist zweifellos richtig – jeder hat das Recht auf freie Meinungsäußerung. Aus der Forderung, „Athlet*innen müssen ihre öffentliche Sichtbarkeit im Rückgriff auf die eigene Meinungsfreiheit für Äußerungen von gesellschaftlicher Relevanz nutzen können", spricht nun das Bewusstsein, als prominente Personen in hervorgehobener Weise zur öffentlichen Meinungsbildung in der Demokratie beitragen zu können. Dies bedingt ein erhöhtes Maß an Verantwortung – weshalb in dem erwähnten Positionspapier ein Kriterienkatalog für zulässige oder unzulässige Meinungsäußerungen erwogen wird – wenn hier allerdings differenziert werden soll zwischen „wertvollen" und „weniger wertvollen" Meinungen, so widerspricht eben dies der Wertung des Art. 5 GG.[49]

Die Veranstalter der Sportevents bzw. die Sportverbände sind im Verhältnis zu den Athleten nicht unmittelbar grundrechtsgebunden. Sie können sich ihrerseits auf ihre Vertragsfreiheit und Organisationsautonomie berufen, wenn sie ein Neutralitätsgebot festlegen.[50] Nach den Maßgaben grundrechtlicher Drittwirkung ist hier eine Abwägung vorzunehmen, deren Ergebnis i. d. R. verfassungsrechtlich nicht vorgegeben ist. Zur Intensi-

44 S. hierzu Athleten Deutschland e. V., Positionspapier 2020, zu Einschränkungen der Meinungsfreiheit im direkten Wettkampfumfeld, https://athleten-deutschland.org/wp-content/uploads/Position-zur-Meinungsfreiheit-von-AthletInnen-September-2020.pdf, abgerufen am 3.9.2024.

45 *Hestermann*, SpuRt 2023, 98, dort auch zu vergleichbaren Regeln der deutschen Verbände.

46 *Thumm*, SpuRt 2020, 68

47 *Hestermann*, SpuRt 2023, 98 – dort auch zu einer allgemeinen Neutralitätsmaxime.

48 Athleten Deutschland e. V., Positionspapier 2020, s. Fn. 44, unter XII. und XV.

49 Näher *Degenhart*, in: BonnK, Art. 5 I und II (2017) Rn. 109ff.

50 So auch *Hestermann*, SpuRt 2023, 98, 101.

tät der Grundrechtsbeeinträchtigung aufseiten der Athleten ist anzumerken, dass eine Beschränkung von Meinungskundgaben im unmittelbaren Umfeld des Wettkampfs die äußeren Umstände und nicht den Inhalt einer Meinungsäußerung betrifft, dass zudem das Einverständnis mit den Rahmenbedingungen für die berufliche Entfaltung auch auf damit verbundene Einschränkungen etwa der Äußerungsfreiheiten im unmittelbaren beruflichen Umfeld zu beziehen ist. Um nicht missverstanden zu werden: Bestimmungen wie die Regel 50 der Olympischen Charta wirken zweifellos wie aus der Zeit gefallen – doch werden damit Verfassungswerte nicht in einem Maße preisgegeben, dass ein Verzicht auf die Teilnahme am internationalen Sportgeschehen zwingend nahegelegt würde.

Wenn allerdings internationale Sportevents von Staaten wie Katar, Saudi-Arabien, VR China oder Aserbaidschan ausgerichtet werden, um ihr Image zu polieren, um die Weltöffentlichkeit über die Natur ihres Regimes zu täuschen, so sind jedenfalls mit einer akklamativen Teilnahme Verfassungswerte des Grundgesetzes in erheblichem Maße berührt. Hier ist es an den nationalen Verbänden, auf Abstand zu gehen und im äußersten Fall auf die Teilnahme zu verzichten. Zu wenig Beachtung gefunden hat m. E. bisher der umgekehrte Fall der Bemühungen um die Vergabe von internationalen Großveranstaltungen an das eigene Land, wo es nicht zuletzt die ihrerseits unmittelbar den Werten des Grundgesetzes verpflichteten Regierungen sind, die eben diese Werte durch faktischen Souveränitätsverzicht relativieren – der Souverän selbst sieht dies oft deutlich kritischer. In beiden Fällen sind die Verbände gefordert – doch verläuft hier, wie in anderen Politikbereichen auch, die Grenze zwischen Sportrecht und Sportpolitik.

Der Wettkampfausschluss von Nationen aus politischen Gründen – Grundzüge einer Ausschlussdogmatik in der Schnittmenge zwischen Völkerrecht und Sportrecht

*Prof. Dr. Björn Schiffbauer**

* Der vorgegebene Titel des auf der DVSR-Jahrestagung 2024 gehaltenen Vortrags, auf dem der vorliegende Beitrag basiert, lautete: „Ausschluss von Nationen (Nationalmannschaften, Teams, Athleten) aus politischen Gründen".
Sämtliche im Folgenden aufgeführten Internetquellen wurden zuletzt am 30.9.2024 abgerufen; auf demselben Stand befinden sich die für diesen Beitrag herangezogene Tatsachenlage sowie die ausgewertete Fachliteratur.
Der *Verfasser* dankt *Benjamin Gawlik* für seine hilfreichen Anmerkungen zum Text.

I. Einführung

Die Welt ist eine andere geworden seit dem Angriffskrieg, den die Russische Föderation unter Beihilfe von Belarus seit dem 24. Februar 2022 gegen die Ukraine führt. Die seit der Gründung der Vereinten Nationen bestehende friedensbasierte Völkerrechtsordnung steht gehörig unter Spannung.[1] Doch nicht nur das Völkerrecht und die internationale Politik, auch die Welt des Sports wird infolge dieser beispiellosen Aggression vor große Herausforderungen gestellt.[2] Als Reaktion hat das *Internationale Olympische Komitee* (IOC) Russland und Belarus als „Sportnationen“ von den Olympischen Spielen 2024 in Paris ausgeschlossen.[3] Konkret wurden Mannschaften russischer und belarussischer Verbände ausnahmslos nicht zugelassen. Einzelne Athletinnen und Athleten mit russischer oder belarussischer Staatsangehörigkeit waren nur als „Individuelle Neutrale Athleten“ („Athlètes Individuels Neutres“ – AIN) startberechtigt – und dies auch nur dann, wenn sie nach einer Einzelfallprüfung[4] nachweislich weder den Angriffskrieg unterstützen noch bei russischen oder belarussischen Militär- oder Sicherheitsbehörden tätig sind.[5] Außerdem durfte sämtliche Staatssymbolik mit Bezug zu Russland und Belarus (wie zum Beispiel Flaggen und Hymnen) während der Olympischen Spiele nicht gezeigt werden – übrigens auch nicht im Zuschauerbereich.[6] Eine gegen diese Ausschlussentschei-

1 Dazu näher zum Beispiel (mit jeweils unterschiedlicher Akzentuierung) *Herbert*, ZaöRV 83 (2023), 461; *Kreß*, Der Ukraine-Krieg und das völkerrechtliche Gewaltverbot, in: Juristische Studiengesellschaft Karlsruhe (Hrsg.), Jahresband 2021/22, S. 67 ff.; *Nußberger*, Osteuropa 72 (2022), 51; *Schiffbauer*, Der Ukraine-Konflikt und das Völkerrecht: Zwischenbilanz einer Zeitenwende, in: Marquardt/Thiel/Berster/Pietsch (Hrsg.), Krieg in der Ukraine: Perspektiven, 2024, S. 51 ff.; *Walter*, JZ 77 (2022), 473 – jeweils m. w. N.

2 Vgl. dazu zum Beispiel den Beschluss der 47. Sportministerkonferenz v. 11.5.2023 (47. SMK-BV02/2023), https://www.stmi.bayern.de/assets/stmi/med/aktuell/230512_beschluss_neu_top07_bv02_start_neutraler_athleten_bei_olympia_2024_he+hh.pdf.

3 Entsprechend reagierte das Internationale Paralympische Komitee (mit Sitz in Bonn) in Bezug auf die Paralympischen Spiele 2024 in Paris, siehe https://www.paralympic.org/news/ipc-publish-neutral-paralympic-athletes-regulations-paris-2024-paralympics.

4 Jede Einzelfallentscheidung wurde durch das sog. *AIN Eligibility Review Panel* getroffen: https://olympics.com/ioc/news/ain-eligibility-review-panel-established-by-ioc-eb-paris-games-time-protocol-elements-agreed-on.

5 Siehe näher die *Strict eligibility conditions* des IOC v. 8.12.2023 unter https://olympics.com/ioc/news/strict-eligibility-conditions-in-place-as-ioc-eb-approves-individual-neutral-athletes-ains-for-the-olympic-games-paris-2024; vgl. zum Themenkomplex auch *Wiater*, EJIL: Talk! v. 19.7.2024, https://www.ejiltalk.org/olympics-2024-the-litmus-test-for-the-future-role-of-international-sport-in-times-of-war/.

6 Vgl. Nr. 6.1 – Prohibited conduct – letzter Spiegelstrich (und wiederholt unter Nr. 6.2 als „prohibited items“) der *Ticketing Terms and Conditions of Sale of Tickets for the Paris 2024 Olympic and Paralympic Games* unter https://tickets.paris2024.org/en/sales-terms/: „... no one is allowed to: ... Bring flags (current and historical) of, and other items that may be associated with, countries whose athletes are allowed to participate exclusively as individual neutral athletes into any official Paris 2024 Venues“.

dung des IOC gerichtete Schiedsklage des Russischen Olympischen Komitees vor dem *Court of Arbitration for Sport* (CAS) blieb erfolglos.[7] Einige internationale Sportfachverbände reagierten zuvor schon ähnlich, so zum Beispiel die FIFA und die UEFA, die jeweils russische (nicht aber belarussische) Club- und Nationalmannschaften von ihren Wettkämpfen ausgeschlossen hatten.[8] Der CAS bestätigte auch diese Ausschlussentscheidungen in verschiedenen Schiedssprüchen.[9]

Diese und andere aktuelle Fälle betreffen kein neues Phänomen im internationalen Sport[10] – man erinnere sich nur an die Fußball-Europameisterschaft 1992. Die dänische Nationalmannschaft konnte damals nur deshalb Europameister werden, weil sie kurzfristig für die aus politischen Gründen ausgeschlossene jugoslawische Nationalmannschaft[11] nachrücken durfte.[12] Seither ist die Weltpolitik nicht einfacher geworden. Im Gaza-Krieg zwischen Israel und der Hamas etwa wird schon längst über massive Verletzungen des humanitären Völkerrechts mit völkerstrafrechtlicher Relevanz durch beide Konfliktparteien diskutiert.[13] Darauf und auf weitere Krisenherde in der Welt – zum Beispiel in Bezug auf den Iran, Venezuela oder eine ganz andere Region – könnte der internationale Sport bald reagieren. Ent-

---

7 CAS, Award 2022/A/10093 v. 23.2.2024 – Russian Olympic Committee (ROC) v. International Olympic Committee (IOC).

8 Vgl. zum Beispiel die Pressemitteilung der UEFA v. 28.2.2022, https://de.uefa.com/news-media/news/0272-148df89ea5e1-8fa63590fb30-1000--fifa-uefa-suspendieren-russische-vereine-und-nationalmanns/.

9 CAS, Award 2022/A/8708 v. 25.11.2022 – Football Union of Russia (FUR) v. Fédération Internationale de Football Association (FIFA) et al.; Award 2022/A/8709 v. 25.11.2022 – Football Union of Russia (FUR) v. Union of European Football Associations (UEFA) et al.; Awards 2022/A/8765, 8766, 8767, 8768 v. 25.11.2022 – FC Zenit JSC v. UEFA & FC Sochi v. UEFA & PFC CSKA Moscow v. UEFA & FC Dynamo Moscow v. UEFA; Award 2022/A/8871 v. 25.11.2022 – Football Union of Russia (FUR) v. Union of European Football Associations (UEFA) et al.

10 Vgl. dazu schon *Vieweg*, Ausschluss und Suspendierung nationaler durch internationale Sportverbände, in: Vieweg (Hrsg.), Erlanger Sportrechtstagungen 2018 und 2019, Berlin 2020, S. 85 ff.; *Vieweg*, Rechtsschutz der Athletinnen und Athleten bei der Suspendierung nationaler Sportverbände durch deren internationale Sportverbände, in: Vieweg (Hrsg.), Erlanger Sportrechtstagung 2022, Berlin 2020, S. 227 ff.

11 Zum Ausschluss der jugoslawischen „Sportnation" war die UEFA *de facto* verpflichtet, weil Resolution 757 des UN-Sicherheitsrats v. 30.5.1992 auf Grundlage von Kapitel VII UN-Charta von allen UN-Mitgliedstaaten verbindlich unter anderem forderte: „Take the necessary steps to prevent the participation in sporting events on their territory of persons or groups representing the Federal Republic of Yugoslavia (Serbia and Montenegro)" (S/RES/757 Nr. 8 lit. b).

12 Zur UEFA Euro 1992 https://www.uefa.com/uefaeuro/history/seasons/1992/.

13 Vgl. zum Beispiel die Anträge des Anklägers am Internationalen Strafgerichtshof v. 20.5.2024 auf Haftbefehle gegen Führungspersonen der Hamas sowie den israelischen Premierminister *Netanyahu* und den israelischen Verteidigungsminister *Gallant*, https://www.icc-cpi.int/news/statement-icc-prosecutor-karim-aa-khan-kc-applications-arrest-warrants-situation-state.

scheidungsträger sollten daher rechtssicher vorbereitet sein. Denn auch der internationale Sport bewegt sich nicht in einem rechtsfreien Raum, mit dem das Mantra seiner Autonomie gelegentlich verwechselt wird.[14] Auch im autonomen Sport dürfen Gruppen oder einzelne Menschen aufgrund ihrer Staatsangehörigkeit nicht willkürlich ungleich behandelt werden. Wenn Menschen zudem als „Sündenböcke“ für die Untaten ihrer Heimatstaaten herhalten müssen, werden deren international gewährleistete Grund- und Menschenrechte relevant. Umgekehrt könnten internationale Verbände zum Ausschluss von Nationen womöglich nicht nur berechtigt, sondern aus höherrangigem Recht sogar verpflichtet sein.

Angesichts dieser Gemengelage sollen die Probleme rund um Ausschluss von Nationen aus politischen Gründen in der Sphäre des Rechts systematisch aufgearbeitet und abstrakt-generellen Lösungen zugeführt werden. Bei der insoweit zu entwickelnden Dogmatik geht es ausschließlich um Ausschlussentscheidungen, die internationale Sportverbände selbst treffen. Parallel denkbare Maßnahmen durch Hoheitsträger – zum Beispiel mittelbar-faktisch wirkende Ausschlüsse von Sportlerinnen und Sportlern durch die Verweigerung von Aufenthaltstiteln an Wettkampforten[15] – werden hier nicht besprochen.

II. Grundlagen

1. Die Organisation des internationalen Sports

Ausschlussentscheidungen internationaler Verbände sind stets in die Organisation des internationalen Sports eingebettet. Diese ist daher zwingend zu berücksichtigen. An der Spitze der „Olympischen Bewegung“ steht nach dem Selbstverständnis des Sports (vgl. Regel 1.1 der Olympischen Charta[16]) das IOC.[17] Das IOC ist gemäß Regel 2 der Olympischen Charta[18] als Führungsorganisation der Olympischen Bewegung für die weltweite Verbreitung des Olympismus zuständig und gibt in dieser Funktion die rechtli-

14 Für eine realistische Betrachtung in der deutschen Rechtsordnung *Schiffbauer*, DVBl. 2022, 1132, insbesondere 1137.

15 Siehe dazu *Schiffbauer*, JZ 78 (2023), 738.

16 Wörtlich: „Under the supreme authority and leadership of the International Olympic Committee, the Olympic Movement encompasses organisations, athletes and other persons who agree to be guided by the Olympic Charter.“

17 *Summerer*, in: Fritzweiler/Pfister/Summerer (Hrsg.), Praxishandbuch Sportrecht, 4. Aufl. 2020, 3. Kap. Rn. 53 f.

18 Wörtlich: „The mission of the IOC is to promote Olympism throughout the world and to lead the Olympic Movement. …“ Im Anschluss daran werden die einzelnen Aufgaben des IOC aufgeführt.

chen Rahmenbedingungen auch für die Teilnahme an den Olympischen Spielen vor. Zu den wesentlichen Vorgaben des IOC gehört unter anderem das sogenannte „Ein-Platz-Prinzip“,[19] vgl. Regel 27.3 i. V. m. Regel 25 und Durchführungsbestimmung 1.2 zu den Regeln 27 und 28 der Olympischen Charta. Demnach wird in jedem Land nur ein Nationales Olympisches Komitee (NOK) als zuständige olympische Sportorganisation zur Repräsentation dieses Landes anerkannt und darf seinerseits für jede Sportart nur einen nationalen Fachverband, der Mitglied eines einzigen internationalen Fachverbandes ist, anerkennen.[20] Die internationalen Sportfachverbände regeln in ihren Satzungen Entsprechendes.[21] Unter diesen verbandsrechtlichen Rahmenbedingungen wird für das gesamte Sportrecht *de facto*, da nämlich sonst keine Teilnahme an den Olympischen Spielen möglich wäre, die Vorgabe „ein Land, ein Verband“ festgeschrieben.

Dementsprechend üben die nationalen Sportfachverbände für ihre Sportart eine staatsähnliche Macht aus, die sich auch als bereichsspezifische Quasi-Hoheitsgewalt beschreiben lässt.[22] Das IOC regelt die allgemeinen, bereichsübergreifend „vor die Klammer gezogenen“ Vorgaben für alle Verbände, die bereichsspezifisch von den internationalen Fachverbänden umgesetzt und durch eigene Regelungen ergänzt werden. Dieses internationale Sportfachverbandsrecht wird kaskadenartig über die nationalen Fachverbände verteilt, sodass weltweit für jede Sportart gemeinsame organisationsrechtliche Rahmenbedingungen herrschen.[23] Dieser Mecha-

19 *Pfister*, in: Fritzweiler/Pfister/Summerer (Fn. 17), Einf. Rn. 16 ff.; siehe zum Ganzen kritisch *Fischer*, Die Rolle des Ein-Platz-Prinzips in der Autonomie der Sportfachverbände, 2018, insbesondere S. 141 ff.

20 Regel 27.3 besagt: „The NOCs have the exclusive authority for the representation of their respective countries at the Olympic Games and at the regional, continental or world multi-sports competitions patronised by the IOC. In addition, each NOC is obliged to participate in the Games of the Olympiad by sending athletes.“
Zugehörige Durchführungsbestimmung 1.2: „Proof must be adduced that the national federations which are members of the NOC exercise a specific and real ongoing sports activity in their country and internationally, in particular by organising and participating in competitions and implementing training programmes for athletes. *An NOC shall not recognise more than one national federation for each sport governed by an IF.* Such national federations or the representatives chosen by them must constitute the voting majority of the NOC and of its executive organ. At least five national federations included in an NOC must be affiliated to the IFs governing sports included in the programme of the Olympic Games“ (Hervorhebung hinzugefügt).

21 Vgl. zum Beispiel Art. 11 Abs. 1 der FIFA-Statuten („... only one association shall be recognised as a member association in each country.“) oder Art. 7.3 der Verfassung von World Athletics („There shall only be one Member Federation from any one Country or Territory.“).

22 Vgl. *Schiffbauer*, DVBl. 2022, 1132, 1136; *Schiffbauer*, in: Cherkeh/Momsen/Orth (Hrsg.), Handbuch Sportstrafrecht, 2021, 3. Kap. Rn. 295.

23 Vgl. zur sog. „Verbandspyramide“ näher *Orth*, in: Cherkeh/Momsen/Orth (Fn. 22), 2. Kap. Rn. 129 ff.; *Summerer*, in: Fritzweiler/Pfister/Summerer (Fn. 17), 3. Kap. Rn. 41 ff.

nismus erinnert nicht zufällig an die internationalen Beziehungen der Staaten, die vom Völkerrecht geregelt werden. Internationale Organisationen wie – global – die Vereinten Nationen oder – regional – der Europarat oder die EU (diese mit der Besonderheit ihrer Supranationalität) binden ihre Mitgliedstaaten an spezielle völkerrechtliche Vorgaben, die innerstaatlich umgesetzt werden müssen (oder im Fall der EU teils sogar unmittelbar anwendbar sind). Nur handelt es sich im internationalen Sportrecht nicht um völkerrechtliche Vorgaben, sondern um (formal zivilrechtliches) Verbandsinnenrecht. Einen internationalen Regelungsanspruch verfolgen die Verbände allerdings durchaus. Dies lassen bereits die Statusregeln des IOC auf Grundlage von Regel 15.1 der Olympischen Charta erkennen; demnach versteht sich das IOC selbst als „international non-governmental not-for-profit organisation" (NGO).[24] Die von ihm anerkannten internationalen Fachverbände müssen gemäß Regel 25 Satz 1 der Olympischen Charta selbst einen Status als NGO vorweisen. Darauf wird noch näher einzugehen sein.[25]

2. Nationen im Sport

Die nationalen Sportfachverbände sind weder Staaten noch staatliche Stellen. Sie müssen sogar ihre „Unabhängigkeit und Autonomie" bei ihrer „Regierung des Sports" wahren, wie es Regel 25 (letzter Satz) der Olympischen Charta vorgibt.[26] Auf ähnliche Weise müssen auch die NOKs frei von staatlichen Einflüssen sein, wie sich insbesondere aus Regel 28.4 der Olympischen Charta ergibt.[27] Die so zum Ausdruck gebrachte und auch in den Satzungen anderer internationaler Verbände geforderte Staatsferne der nationalen Verbände[28] steht in einem gewissen Spannungsverhältnis mit dem Selbstverständnis der internationalen Verbände, dass in ihren Wettkämpfen „Länder" oder „Nationen" vertreten werden. Wie schon erwähnt verlangt und regelt das IOC, dass die NOKs ihre „Länder" repräsentieren (Regel 27.3). Es stellt entscheidend auf die Staatsangehörigkeit der teilnehmenden Athletinnen und Athleten ab, um sie als Vertretende

24 Völkerrechtlich wird der Status des IOC als NGO überwiegend auch so anerkannt, vgl. zum Beispiel *Epping*, in: Ipsen (Begr.), Völkerrecht, 8. Aufl. 2024, § 8 Rn. 20; *Schmahl*, in: Proelß (Hrsg.), Völkerrecht, 9. Aufl. 2024, 4. Abschn. Rn. 19.

25 Unter III. 3.

26 Wörtlich: „... each IF maintains its independence and autonomy in the governance of its sport."

27 Regel 28.4 besagt: „Governments or other public authorities shall not designate any members of an NOC. However, an NOC may decide, at its discretion, to elect as members representatives of such authorities."

28 Vgl. zum Beispiel Art. 15 und Art. 19 Abs. 1 der FIFA-Statuten.

eines Landes zu kennzeichnen (Regel 41 der Olympischen Charta[29]). Dabei wird „Land“ („country“) in Regel 30.1 der Olympischen Charta legaldefiniert als „unabhängiger Staat, der von der internationalen Gemeinschaft anerkannt ist.“ Regel 30.2 fordert zudem eine grundsätzliche Kongruenz in „territorialer und traditioneller“[30] Hinsicht zwischen jedem Namen eines NOK und „seinem Land“[31].[32] Damit wird satzungsrechtlich eine klare Verbindung zum Völkerrecht gezogen. Denn nur Gebiete, die zu Staaten oder vergleichbaren Subjekten im Sinne des Völkerrechts gehören, können als „Länder“ im Sport repräsentiert werden. Entsprechende Regelungen kennen auch die internationalen Sportfachverbände.[33] International und national determiniert somit die völkerrechtliche Vorfrage zum territorialen Status eine wesentliche sportrechtliche Grundlage.

In den Wettkämpfen selbst spitzt sich die Interaktion zwischen sportrechtlichen „Sportnationen“ und Staaten als Völkerrechtssubjekten sogar noch zu. Bei internationalen Sportveranstaltungen – nicht nur bei den Olympischen Spielen (zum Beispiel mit der Marke „Team Deutschland“[34]) – spielt nämlich staatliche Symbolik in Form von Nationalflaggen, -emblemen und -hymnen eine tragende Rolle. Vor jeder Begegnung von Nationalmannschaften werden die Nationalhymnen gespielt, bei jeder Siegerehrung einzelner Athletinnen und Athleten ebenfalls. Bei Olympischen Spielen werden außerdem von staatlichen Organen (oft durch das Militär) die Nationalflaggen aus den Herkunftsstaaten der drei Bestplatzierten gehisst, und zwar mit dem expliziten Hinweis darauf, welches Land sie repräsentie-

29 Wörtlich: „1 Any competitor in the Olympic Games must be a national of the country of the NOC which is entering such competitor.
2 All matters relating to the determination of the country which a competitor may represent in the Olympic Games shall be resolved by the IOC Executive Board.“

30 Mit „traditionell“ dürfte vor allem die Namensbezeichnung gemeint sein, damit eine Zuordnung zwischen NOK und Staat auf den ersten Blick gelingt.

31 Regel 30 besagt: „1 In the Olympic Charter, the expression ‘country’ means an independent State recognised by the international community.
2 The name of an NOC must reflect the territorial extent and tradition of its country and shall be subject to the approval of the IOC Executive Board.“

32 Die heutige Regel 30.2 gilt seit 1977 (damals eingeführt als Regel 24) und wurde (zumindest anfangs) aus völkerrechtlicher Perspektive kritisiert, weil dem IOC mangelnde völkerrechtliche Expertise attestiert wurde, so jedenfalls explizit *Simma*, Möglichkeiten der Aufwertung der Rechtsposition der Olympischen Organisation, in: Vedder (Hrsg.), Olympische Leistung. Ideal, Bedingungen, Grenzen, Baden-Baden 1981, S. 334 f., 336.

33 Vgl. zum Beispiel Definition Nr. 6 der FIFA-Statuten („Country: an independent state recognised by the international community.“) oder Art. 86.1 der Verfassung von World Athletics („‘Country’ means a self-governing geographical area of the world recognised as an independent state by international law and international governmental bodies. … ‘Territory’ means a geographical area of the world, which is not a Country, but which has aspects of self-government, at least to the extent of being autonomous in the control of its sport, and which is recognised as such by World Athletics.“).

34 Siehe https://www.teamdeutschland.de/.

ren.[35] Für das IOC handelt es sich zwar formal – nämlich gemäß Regel 31 der Olympischen Charta – bloß um Flaggen, Embleme und Hymnen, die von den NOKs „übernommen" („adopted") werden; doch besteht kein Zweifel daran, dass bei alldem nur der Einsatz staatlicher Symbolik erwünscht ist. In den offiziellen Medaillenspiegeln weist das IOC schließlich auch ganz offen eine Platzierung zwischen Staaten aus – mit den offiziellen Staatsnamen (und gerade nicht denjenigen der NOKs) und den offiziellen Staatsflaggen.[36]

Angesichts all dessen mutet es durchaus skurril an, wenn Regel 6.1 Satz 1 der Olympischen Charta kontrafaktisch festzustellen versucht: „Die Olympischen Spiele sind Wettbewerbe zwischen Athleten in Einzel- oder Mannschaftswettbewerben und nicht zwischen Ländern."[37] Nationen im Sport spiegeln die Nationalstaaten im Völkerrecht wider, die bei den Olympischen Spielen durch die NOKs und bei internationalen Wettkämpfen einzelner Sportarten durch die internationalen Sportfachverbände vertreten werden. Entscheidend für diese Vertretung ist der völkerrechtliche Status als Staat oder als staatsähnliches Territorium, das im Völkerrecht über Hilfskonstruktionen wie der des „stabilisierten De-facto-Regimes" gleichermaßen Subjektivität genießt.[38] Das Konzept der Nation verbindet Nationalstaaten als Völkerrechtssubjekte mit „Sportnationen", d.h. mit den internationalen Monopolverbänden als zivilrechtlich basierte Vereinigungen. In verbandlicher Hinsicht sind Nationen im Sport demnach die zu Staaten und ähnlichen Völkerrechtssubjekten akzessorischen Sportkörperschaften. In individueller Hinsicht setzen sich diese „Sportnationen" aus der Gesamtmenge der Angehörigen des jeweiligen Völkerrechtssubjektes zusammen, in der Regel also durch die Staatsangehörigen.

---

35 Grundlage dafür ist der jeweilige Vertrag zwischen dem IOC und der Ausrichterstadt (*Host City Contract* – HCC, für Paris 2024 abrufbar unter https://stillmed.olympics.com/media/Document%20Library/OlympicOrg/Documents/Host-City-Elections/XXXIII-Olympiad-2024/Host-City-Contract-2024-Principles.pdf) in Verbindung mit den *HCC Operational Requirements* (HCCOR, abrufbar unter https://stillmed.olympics.com/media/Document%20Library/OlympicOrg/Documents/Host-City-Elections/XXXIII-Olympiad-2024/Host-City-Contract-2024-Operational-Requirements-June-2018.pdf), konkret für Paris 2024 Abschnitt 19.7 HCC i.V.m. Abschnitt 28 und CER Annex 1–3 HCCOR; vgl. auch Regel 55 der Olympischen Charta.

36 Siehe für Paris 2024 https://olympics.com/en/paris-2024/medals sowie für alle vergangenen Olympischen Spiele https://olympics.com/en/olympic-games/olympic-results.

37 Im Original: „The Olympic Games are competitions between athletes in individual or team events and not between countries."

38 *Epping*, in: Ipsen (Fn. 24), § 11 Rn. 15; *Kämmerer*, in: Proelß (Fn. 24), 1. Abschn. Rn. 6; *von Arnauld*, Völkerrecht, 5. Aufl. 2023, Rn. 69.

3. Teilnahme an internationalen Sportwettkämpfen

Die Teilnahme an internationalen Sportwettkämpfen wird über die nationalen Verbände, d.h. die Fachverbände oder die NOKs vermittelt. Damit besteht ein enger grenzüberschreitender Zusammenhang mit dem Konzept von Nationen im Sport. Dies betrifft gleichermaßen Nationalmannschaften wie einzelne Athletinnen und Athleten, die einem nationalen Verband angehörig sind. Wenn außerdem mehrere einzelne Athletinnen und Athleten sowie ggf. auch Nationalmannschaften eines Verbandes bei einem internationalen Wettkampf unter einer gemeinsamen Organisationseinheit teilnehmen, wird üblicherweise von einem „Team" gesprochen – wie zum Beispiel das bereits erwähnte „Team Deutschland" bei Olympischen Spielen. Demnach kann bei internationalen Wettkämpfen zwischen bis zu drei unterschiedlichen Teilnahmeeinheiten differenziert werden: *Kollektive* (Nationalmannschaften, aber auch Clubmannschaften) und *individuelle* (Athletinnen und Athleten) Teilnahmeeinheiten sind jeweils unmittelbar wettkampfbezogen, *organisatorische* Teilnahmeeinheiten (Teams) bilden den gemeinsamen Rahmen für den Wettkampf im weiteren Sinne.

Selbstverständlich entscheiden in sportlicher Hinsicht bestimmte Qualifikationskriterien über das Teilnahmerecht an internationalen Wettkämpfen sowohl für kollektive als auch für individuelle Teilnahmeeinheiten. Hierauf soll an dieser Stelle nicht weiter eingegangen werden. Hervorzuheben ist aber, dass sich Teams selbst nicht sportlich für Wettkämpfe qualifizieren können. Vielmehr bilden sich Teams als organisatorische Teilnahmeeinheiten aus der Gesamtmenge der für einen Wettkampf qualifizierten individuellen und kollektiven Teilnahmeeinheiten unter dem gemeinsamen Band der Staatsangehörigkeit, wie es zum Beispiel Regel 41.1 der Olympischen Charta vorgibt.[39] Das Merkmal der Staatsangehörigkeit ist daher auch rechtlich relevant für die Teilnahme an internationalen Sportwettkämpfen. Es bildet zwar kein unmittelbares Qualifikationsmerkmal im sportlichen Sinne, wohl aber ein davon unabhängiges, zusätzliches wettkampfbezogenes Zulassungskriterium. Bei Nationalmannschaften hat dieses Kriterium eine doppelte Funktion: Zum einen vermittelt es die Zuordnung einzelner Mannschaftsmitglieder zu einer bestimmten Mannschaft, da sich Nationalmannschaften nur aus Angehörigen eines bestimmten Staates zusammensetzen können. Zum anderen gewährleistet es die Chancengleichheit und Diversität von Mannschaftswettkämpfen, weil typischerweise aus jedem nationalen Verband nur eine Nationalmannschaft (und

39 Siehe Fn. 29.

nicht etwa eine zusätzliche B- oder gar C-Mannschaft) antreten darf. Bei Individualsportarten dient das Kriterium der Staatsangehörigkeit ebenfalls der Wahrung von Wettkampfdiversität, indem zu jedem einzelnen Wettkampf aus jeder Nation nur eine bestimmte Höchstanzahl von Athletinnen und Athleten zugelassen wird.[40] Ähnliches lässt sich zu Clubmannschaften feststellen, deren Staatszugehörigkeit sich nach dem Sitz des sie tragenden Vereins bzw. der sie tragenden Kapitalgesellschaft richtet. Insgesamt relativiert das Merkmal der Staatsangehörigkeit (bzw. Staatszugehörigkeit[41]) die sportliche Bestenauslese als Zulassungskriterium zu internationalen Wettkämpfen, weil im Sinne eines international möglichst diversen Teilnehmerfeldes in Kauf genommen wird, sportlich eigentlich qualifizierte Personen aus besonders leistungsfähigen Nationen zugunsten weniger starker, in der Regel kleinerer Nationen auszuschließen.

Spätestens hier zeigt sich: Das Recht zur Teilnahme an internationalen Sportwettkämpfen hängt kumulativ von leistungsbezogenen (nämlich sportlichen Resultaten) und statusbezogenen (nämlich die Inhaberschaft einer bestimmten Staatsangehörigkeit als personenbezogener Rechtsstatus[42]) Kriterien ab. Daher kann ein entsprechendes Recht zur Teilnahme schon aufgrund eines dieser Kriterien verwehrt werden. Ein solcher Vorgang lässt sich auch als „Ausschluss" bezeichnen.

III. Der Ausschluss im Fokus

1. Aspekte und Konstellationen von Ausschlüssen

Im Mittelpunkt dieses Beitrags stehen Nationen, die von sportlichen Wettkämpfen ausgeschlossen werden – es geht also um die Verweigerung von Teilnahmerechten. Dagegen geht es nicht um die Verweigerung von Statusrechten in Organisationseinheiten, d. h. um Ausschlüsse von Personen oder nationalen Verbänden aus internationalen Verbänden, obwohl sich die meisten der nachfolgenden Erwägungen auch hierauf übertragen lassen dürften. Zudem liegt der Fokus auf dem Wettkampfausschluss aus politischen, d. h. sportexternen Gründen. Umgekehrt geht es nicht um den Aus-

40 Vgl. zum Beispiel die Qualifikationsregelungen für die Olympische Spiele 2024 in Paris unter https://olympics.com/ioc/documents/olympic-games/paris-2024-olympic-games.

41 Staatsangehörigkeit betrifft natürliche Personen, Staatszugehörigkeit betrifft juristische Personen, vgl. dazu nur *Epping*, in: Ipsen (Fn. 24), § 7 Rn. 105 ff.; *Kau*, in: Proelß (Fn. 24), 3. Abschn. Rn. 149; *von Arnauld* (Fn. 38), Rn. 604; im Folgenden soll der Einfachheit halber nur die Bezeichnung „Staatsangehörigkeit" für beide Varianten verwendet werden.

42 *Schiffbauer*, Formale Verfassungslehre – Grundlegung einer allgemeinen Theorie über Recht und Verfassung, 2021, S. 502.

schluss aus sportinternen Gründen, also zum Beispiel wegen Dopingverstößen oder anderer Wettkampfmanipulationen. Außerdem beziehen sich die hier relevanten Ausschlusskonstellationen auf ganze „Sportnationen" und damit nicht auf bestimmte Einzelpersonen.

Zu diesem Fokus ist zunächst festzustellen: Ein Ausschluss aus politischen Gründen kann kein Ausschluss aus sportlichen Gründen sein. Daher kommt insoweit nur das statusbezogene Kriterium der Staatsangehörigkeit als Anknüpfungspunkt für einen Ausschluss von „Sportnationen" aus politischen Gründen in Betracht. Dies ist jedoch sowohl aus der Perspektive der Verbände als auch aus der Perspektive betroffener Personen problematisch. Denn zum einen betrachten sich die internationalen Sportverbände als unpolitisch und verbitten sich jede politische Einflussnahme. Zum anderen sind von einem entsprechenden Ausschluss betroffene Personen – egal ob in individuellen oder kollektiven Teilnahmeeinheiten – als Menschen auch Grundrechtsberechtigte, jedenfalls aufgrund des internationalen menschenrechtlichen Mindeststandards. Darauf wird noch einzugehen sein.[43]

Zunächst jedoch sollen die einzelnen Aspekte des Oberbergriffs „Ausschluss" entfaltet werden. Ein Ausschluss bezogen auf sportliche Wettkämpfe bedeutet zunächst nichts anderes als eine Verweigerung der tatsächlichen Teilnahme aufgrund einer rechtlichen Entscheidung über die Nichtzulassung. Bei näherer Betrachtung kann ein Ausschluss das Resultat verschiedener tatsächlicher Vorgänge auf verschiedenen rechtlichen Grundlagen sein. Die Gemeinsamkeit eines jeden Ausschlusses aus politischen Gründen ist die Teilnahmeverweigerung in Anknüpfung an eine bestimmte Staatsangehörigkeit aufgrund sportexterner Sachverhalte. Doch lässt sich schon nach den bisherigen Erkenntnissen differenzieren zwischen verschiedenen Teilnahmeeinheiten, die jeweils für sich genommen mit einem Ausschluss belegt werden können: Ein Ausschluss von Mannschaften als kollektive Teilnahmeeinheit ist nicht zwangsläufig gleichzusetzen mit einem Ausschluss von Athletinnen und Athleten als individuelle Teilnahmeeinheiten einer Nation. Wiederum unabhängig davon können auch ausschließlich Teams als organisatorische Teilnahmeeinheit von Wettkämpfen ausgeschlossen werden, während unmittelbar wettkampfbezogene Teilnahmeeinheiten davon unberührt, dann aber auch unorganisiert, bleiben. Kurz gesagt: Ein Ausschluss aufgrund der Staatsangehörigkeit kann einzelne oder alle Teilnahmeeinheiten einer Nation betreffen und sich so gegen verschiedene Ausschlussobjekte richten.

Darüber hinaus kann ein solcher Ausschluss unterschiedlich ausgestaltet sein. Er kann absolut wirken, indem eine bestimmte Staatsangehörigkeit

43 Unter III. 3.

als zwingendes Ausschlusskriterium herangezogen wird. Er kann aber auch unter Vorbehalt wirken, indem die Staatsangehörigkeit zum Anlass genommen wird, die Erfüllung zusätzlicher, von Angehörigen anderer Staaten nicht geforderter Teilnahmebedingungen zu verlangen. Je nach Ausgestaltung des Ausschlusses unter Vorbehalt ließe sich dann – in Anlehnung an die Dogmatik im deutschen Verwaltungsrecht[44] – von einem Ausschluss unter Erlaubnisvorbehalt (d.h. mit grundsätzlichem Teilnahmeanspruch) oder einem Ausschluss unter Befreiungsvorbehalt (d.h. ohne grundsätzlichen Teilnahmeanspruch) sprechen.

2. Politische Gründe, Politik und Sport

Unabhängig davon, gegen wen ein Ausschluss unter welchen Voraussetzungen gerichtet ist, muss jede Ausschlussentscheidung sachlich begründet sein, darf also nicht willkürlich getroffen werden. Die im Ergebnis wohl unstreitige Anwendbarkeit des Willkürverbots auf monopolistische Vereinigungen soll hier als Prämisse unterstellt werden.[45] Daher unterliegt auch ein Ausschluss von Nationen aus politischen Gründen einem gewissen Rechtfertigungsdruck. Dieser allgemeine Rechtfertigungsdruck wird sogar durch die Verbände selbst erhöht, soweit sie für sich selbst politische Neutralität reklamieren und satzungsrechtlich statuieren.[46] Hinzu kommt, dass politische Gründe sportexterne Gründe sind und daher *prima facie* nicht zum Zuständigkeitsbereich des IOC oder internationaler Sportfachverbände zählen.

Zugleich wäre es jedoch naiv zu glauben, der internationale (oder auch nationale) Sport sei unpolitisch. Trotz ihrer grundsätzlichen politischen Neutralität bekennen sich die Verbände selbst zu bestimmten politischen Werten, teils sogar ausdrücklich zu völkerrechtlichen Verpflichtungen vor allem aus dem internationalen Menschenrechtsschutz.[47] Außerdem beweist die schon angesprochene Symbiose von „Sportnationen" und der selbstverständlichen Verwendung staatlicher Symbolik, dass der Sport nicht staatsfern sein kann und will. Vielmehr herrscht eine selektive Staatsnähe des Sports in all denjenigen Bereichen, die den internationalen Verbänden nützlich erscheinen.

44 Vgl. statt vieler *Barczak*, JuS 2018, 238, 239 m.w.N.

45 Siehe zum Beispiel BVerfG, Beschl. v. 11.4.2018 – 1 BvR 3080/09 = BVerfGE 148, 267 (Stadionverbot), Rn. 35 ff.; *Orth*, in: Cherkeh/Momsen/Orth (Fn. 22), 2. Kap. Rn. 51; *Schiffbauer*, in: Cherkeh/Momsen/Orth (Fn. 22), 3. Kap. Rn. 297; *Summerer*, in: Fritzweiler/Pfister/Summerer (Fn. 17), 3. Kap. Rn. 465 ff.

46 Vgl. zum Beispiel das fünfte Grundprinzip und Regel 2.5 der Olympischen Charta; Art. 4 Abs. 2 der FIFA-Statuten; mittelbar auch Art. 4.1 lit. k der Verfassung von World Athletics mit Verweis auf das Ziel von World Athletics, eine führende Rolle in der Olympischen Bewegung (und damit bei der Zielverwirklichung der Olympischen Charta) zu spielen.

47 Dazu sogleich unter III. 3.

Wegen dieser selbst erzeugten und satzungsrechtlich verankerten Staatsnähe ist jedoch auch die Politik der Staaten relevant, wenn und soweit sie dem Satzungsrecht der internationalen Verbände zuwiderläuft. Darüber hinaus kommt staatliche Politik als politischer Ausschlussgrund in Betracht, wenn sie gegen höherrangiges Recht verstößt. In Betracht kommt insbesondere das Völkerrecht, worauf noch näher einzugehen sein wird.[48]

Insgesamt erscheint daher ein Ausschluss von Nationen aus politischen Gründen unter den genannten Rahmenbedingungen als nicht von vornherein rechtswidrig. Es bleibt aber noch zu erörtern, welche Gründe genau zu welchen Ausschlusskonstellationen führen können. Dabei ist auch zu berücksichtigen, wer genau die jeweiligen Ausschlussgründe erfüllt. Zu differenzieren ist dabei insbesondere zwischen Athletinnen und Athleten sowie Mannschaftsmitgliedern als Teilnahmeeinheiten einerseits und nicht unmittelbar am Wettkampfgeschehen beteiligten staatlichen Stellen andererseits. Im ersteren Fall wären die betroffenen Sportlerinnen und Sportler unmittelbar wegen eigenen Verhaltens adressiert, im letzteren Fall lediglich mediatisiert wegen eines staatlichen Fehlverhaltens.

3. Menschenrechte im Sport

Auch wenn politische Gründe als Rechtfertigung für Ausschlüsse von „Sportnationen" grundsätzlich in Betracht kommen, sind die Individualinteressen der davon betroffenen Einzelpersonen zu berücksichtigen. Sie sind wie alle Menschen grundsätzlich durch die internationalen Menschenrechte geschützt. Völkerrechtlich ist zwar weiterhin unklar, wie weit der allgemeine Mindestschutz völkergewohnheitsrechtlich reicht und welche Subjekte genau an die zugehörigen Normen gebunden sind, doch ändert dies nichts an dem verbürgten Individualschutz als solchem. Staaten sind diesem uneingeschränkt verpflichtet, für internationale Sportverbände als NGOs[49] (oder ggf. als transnationale Unternehmen[50]) ist dies völkerrechtlich umstritten.[51] Aus völkerrechtlicher Perspektive

48 Insbesondere unter IV. 2. und 3.

49 Siehe oben unter II. 1. sowie Fn. 24.

50 Zur völkerrechtlichen Bedeutung zum Beispiel *Epping*, in: Ipsen (Fn. 24), § 11 Rn. 16ff.; *Kau*, in: Proelß (Fn. 24), 3. Abschn. Rn. 44f.; *von Arnauld* (Fn. 38), Rn. 637.

51 Dafür zum Beispiel jeweils m.w.N. *Epping*, in: Ipsen (Fn. 24), § 8 Rn. 19; *Hobe*, in: Max Planck Encyclopedia of Public International Law (online), Non-Governmental Organizations, Rn. 43 (mit ausdrücklichem Bezug auf das IOC); *Nafziger*, in: Max Planck Encyclopedia of Public International Law (online), International Sports Law, Rn. 22 (mit ausdrücklichem Bezug auf das IOC); *Walter*, in: Max Planck Encyclopedia of Public International Law (online), Subjects of International Law, Rn. 6; dagegen jedoch weiterhin zum Beispiel *Heintschel von Heinegg*, in: Ipsen (Fn. 24), § 12 Rn. 12; *Pfister/Summerer*, in: Fritzweiler/Pfister/Summerer (Fn. 17), 7. Kap. Rn. 3 m.w.N.; *von Arnauld* (Fn. 38), Rn. 65, 120.

ist entscheidend, ob das IOC und die internationalen Fachverbände partielle Völkerrechtssubjektivität haben.[52] Hierzu werden unterschiedliche Positionen vertreten; die Entwicklung verläuft weiterhin dynamisch. Jedenfalls sprechen gute Gründe dafür, zumindest denjenigen internationalen Verbänden, die nicht nur in politischen, sondern auch in rechtlichen Beziehungen mit Völkerrechtssubjekten stehen, insoweit selbst eine partielle Völkerrechtssubjektivität zukommen zu lassen. Für das IOC dürfte dies angesichts seiner besonderen, auf Gegenseitigkeit beruhenden Rechtsbeziehungen zu Staaten am ehesten anzunehmen sein.

Dessen ungeachtet kann eine menschenrechtliche Bindungswirkung auch mittelbar erzeugt werden, wenn internationale Verbände unter der Regelungsgewalt von Staaten stehen, die ihrerseits unstreitig an die Menschenrechte gebunden sind. Diese Staaten sind dann nämlich auch zugunsten von Individuen den Verbänden gegenüber zur Durchsetzung der Menschenrechte innerhalb ihrer Hoheitsgewalt verpflichtet.[53] Dies ist insbesondere für die Schweiz relevant, da sie als Sitzstaat zahlreicher Verbände nicht nur den allgemeinen völkergewohnheitsrechtlichen Besitzstand zu wahren hat, sondern vertraglich auch an die Europäische Menschenrechtskonvention (EMRK) gebunden ist.[54] Entsprechendes betrifft Verbände, die sich dem CAS als internationales Sportschiedsgericht mit Sitz in der Schweiz unterworfen haben.[55] Über das innerstaatliche Recht – hier das Recht der Schweiz – entfaltet die EMRK jedenfalls mittelbar ihre Wirkung auch auf das Verbandsrecht, weil die Schweiz zur Gewährleistung der EMRK-Menschenrechte gemäß Art. 1 EMRK jedenfalls innerhalb ihres Hoheitsgebiets verpflichtet ist. Dies wird durch den EGMR überwacht.[56] Im Ergebnis kann jedenfalls von einer völkerrechtsbasierten Verpflichtung der Verbände gegenüber den Menschenrechten dem Grunde nach ausgegangen werden, sei es unmittelbar als Völkerrechtssubjekte oder mittelbar über bestimmte Staaten.[57]

---

52 Darüber wurde schon vor Jahrzehnten in der Völkerrechtswissenschaft diskutiert, siehe näher zum Beispiel *Doehring*, Rechtsbeziehungen zwischen dem Internationalen Olympischen Komitee, den nationalen olympischen Komitees und den Staaten, in: Vedder (Hrsg.), Olympische Leistung. Ideal, Bedingungen, Grenzen, Baden-Baden 1981, S. 321 ff.

53 Vgl. zum Beispiel Art. 1 EMRK und Art. 2 des Internationalen Paktes über bürgerliche und politische Rechte.

54 Schweizerische Eidgenossenschaft, SR 0.101, https://www.fedlex.admin.ch/eli/cc/1974/2151_2151_2151/de.

55 Vgl. jüngst zum Beispiel EGMR, Appl. No. 10934/21, Urt. v. 11.7.2023 (Semenya v. Switzerland), Rn. 99 ff.

56 Zuletzt durch den EGMR im *Semenya*-Urteil (Fn. 55), Rn. 112 f.

57 Dazu im Einzelnen *Klaushofer*, Der Zustand der Menschenrechte im Sport: Semenya, Pechstein, Mutu – Menschenrechtlose Athlet:innen ohne Würde?, in diesem Band, S. 9.

Neben die genuin menschenrechtliche Verpflichtung aus dem Völkerrecht tritt bei vielen wichtigen internationalen Verbänden eine satzungsrechtliche Selbstbindung. So besagt zum Beispiel das erste „Grundprinzip“ der Olympischen Charta unter anderem, dass der Olympismus eine Lebensweise anstrebt, die auf „der Achtung der international anerkannten Menschenrechte beruht“.[58] Gemäß Art. 3 der FIFA-Statuten verpflichtet sich die FIFA, „alle international anerkannten Menschenrechte zu respektieren, und setzt sich für den Schutz dieser Rechte ein.“[59] Jedenfalls das IOC und die FIFA verweisen damit in ihren Satzungen dynamisch auf den jeweils geltenden menschenrechtlichen Mindeststandard aus dem Völkergewohnheitsrecht. Damit erzeugt das Verbandsinnenrecht neben dem Völkerrecht eine weitere Bindungswirkung.[60]

IV. Rechtliche Ausgangslage zum Ausschluss

1. Prämissen

Da ein Ausschluss von „Sportnationen“ aus politischen Gründen grundsätzlich möglich ist, ist weiter zu erörtern, unter welchen rechtlichen Voraussetzungen eine entsprechende Maßnahme wie genau ergriffen werden kann. Gegenstand einer rechtlichen Überprüfung ist daher – exakt gesprochen – die jeweilige Ausschlussentscheidung eines internationalen Verbandes, die gegenüber den Adressierten als konkret-individuelles Teilnahmeverbot wirkt oder als konkret-individuelle Teilnahmeerlaubnis mit Nebenbestimmungen ausgestaltet sein kann – ähnlich wie ein Verwaltungsakt im (nicht nur) deutschen öffentlichen Recht.[61] Zugleich können mit der Ausschlussentscheidung Pflichten Dritter begründet werden, um die Wirksamkeit der Entscheidung aufrechtzuerhalten und diese durchzusetzen. So sind an eine Ausschlussentscheidung zum Beispiel auch lokale Organisationskomitees von Wettkämpfen gebunden, um ausgeschlossene Personen tatsächlich von den Wettkämpfen fernzuhalten und Nebenpflichten (wie zum Beispiel das Verbot der Verwendung von Symbolen ausgeschlossener Nationen) durchzusetzen.

58 Fundamental Principle no. 1: „Olympism seeks to create a way of life based on [...] respect for internationally recognised human rights...“

59 Im englischen Wortlaut: „FIFA is committed to respecting all internationally recognised human rights and shall strive to promote the protection of these rights.“

60 So auch *Wiater*, Rechtsgutachten zum Thema „Menschenrechtliche Rahmenbedingungen des Ausschlusses russischer und belarussischer Athlet*innen von internationalen Sportwettkämpfen“ im Auftrag des DOSB, https://cdn.dosb.de/uploads/DOSB_Gutachten_Wiater_fin.pdf, S. 8 ff. (außerdem inhaltsgleich veröffentlicht in: Vieweg [Hrsg.], Erlanger Sportrechtstagung 2023, Berlin 2024, S. 153 ff.)

61 Vgl. *Barczak*, JuS 2018, 238, 241 f. m. w. N.

Willkürliche Ausschlüsse sind von vornherein unzulässig. Deshalb muss jede Ausschlussentscheidung nach allgemeinen und nachvollziehbaren Maßstäben getroffen werden. Solche Maßstäbe folgen – neben dem allgemeinen Willkürverbot – aus dem jeweils im Einzelfall anwendbaren Recht. Daher ist zunächst zu erörtern, welche Rechtsquellen auf Ausschlussentscheidungen internationaler Verbände konkret anwendbar sein können. Bei unterschiedlichen Rechtsquellen ist überdies eine mögliche vorrangige Anwendbarkeit einzelner Normen aus bestimmten Rechtsquellen zu untersuchen. Erst wenn diese Grundlagen geklärt sind, lassen sich daraus Grundzüge einer rechtlichen Dogmatik zum Ausschluss entwickeln.

2. Anwendbares Recht

Grundsätzlich ist für jede Ausschlussentscheidung dasjenige Recht anwendbar, das den handelnden Verband bindet. Damit ist jedenfalls das jeweilige interne Verbandsrecht – mit der Verbandssatzung an der Spitze – einschlägig.

Darüber hinaus können aber auch Rechtsnormen aus Quellen relevant werden, die außerhalb des Verbandsrechts liegen. Dies betrifft – wie schon gesehen – jedenfalls das Völkerrecht. Allerdings wurde ebenfalls schon verdeutlicht, dass eine unmittelbare Bindung der internationalen Sportverbände an das Völkerrecht deren (partielle) Völkerrechtssubjektivität voraussetzt.[62] Auch wenn gute Gründe zumindest in Bezug auf einige Verbände deren partielle Völkerrechtssubjektivität nahelegen, soll eine solche angesichts der fortbestehenden Rechtsunsicherheit hier nicht unterstellt werden. Diese eher konservative Prämisse schließt eine anderweitig erzeugte Anwendbarkeit des Völkerrechts allerdings nicht aus.

Wie bereits dargestellt wurde, ist in Bezug auf den internationalen Menschenrechtsschutz insbesondere die EMRK mittelbar auf all diejenigen Verbände anwendbar, die ihren Sitz in einem EMRK-Mitgliedstaat haben oder deren verbindliches Schiedsgericht der CAS mit Sitz in der Schweiz ist. Darüber hinaus sind all diejenigen völkerrechtlichen Normen zu befolgen, auf die das jeweilige Verbandsrecht durch seine Satzung (in der Regel dynamisch, dazu sogleich) selbst verweist – so in Bezug auf IOC und FIFA der jeweils geltende menschenrechtliche Mindeststandard. Formal betrachtet handelt es sich dabei allerdings weiterhin um Verbandsrecht, weil die mit diesen Verweisen einhergehenden Anwendbarkeitsbefehle ge-

62 Siehe oben unter III. 3.

nau darauf beruhen. Von einem Monismus[63] zwischen Verbandsrecht und Völkerrecht ist dagegen nicht auszugehen, sodass auch hier lediglich von einer mittelbaren Verpflichtung der Verbände gegenüber bereichsspezifischen völkerrechtlichen Normen gesprochen werden kann. Immerhin aber werden so mit verbandsrechtlichen Normen völkerrechtliche Vorgaben in das Verbandsrecht übernommen.[64]

Als Zwischenergebnis lässt sich somit eine doppelte mittelbare und bereichsspezifische Anwendbarkeit[65] des Völkerrechts auf Ausschlussentscheidungen durch internationale Sportverbände feststellen: eine *sitz*vermittelte und eine *satzungs*vermittelte. Insoweit also sind die internationalen Verbände gegenüber Teilen des Völkerrechts selbst verpflichtet, nämlich jedenfalls gegenüber dem internationalen Menschenrechtsschutz.

3. Permeabilitäten und Rangfragen

Darüber hinaus sind in Bezug auf eine satzungsvermittelte Anwendbarkeit weitere Normen des Völkerrechts (unabhängig vom Menschenrechtsschutz) zu berücksichtigen. Zwar befehlen, soweit ersichtlich, verbandsrechtliche Normen deren Anwendbarkeit nicht ausdrücklich. Allerdings knüpft das interne Recht der internationalen Verbände konsistent an Rechtsinstitute und Prinzipien an, die aus der Rechtsordnung des Völkerrechts stammen und diese prägen. Da es sich dabei um dynamische Verweisungen handelt,[66] könnten besondere Permeabilitäten zwischen Verbandsrecht und

63 Vgl. zur heute kaum mehr vertretenen völkerrechtlichen Theorie des Monismus weiterhin prägend *Kelsen*, Das Problem der Souveränität und die Theorie des Völkerrechts, 1920; zum gegenwärtigen Stand monistischer und dualistischer Theorien *Kempen/Schiffbauer*, in: Huber/Voßkuhle (Hrsg.), GG, 8. Aufl. 2024, Art. 59 Rn. 117 ff. m. w. N.

64 Der Sache nach handelt es sich dabei um einen verbandsrechtlichen Anwendbarkeitsbefehl gegenüber bestimmten völkerrechtlichen Normen, die infolgedessen zwar ihren völkerrechtlichen Charakter behalten, aber als Verbandsrecht angewendet und ggf. vollzogen werden. Der zugrunde liegende Mechanismus ist vergleichbar mit der Übernahme völkergewohnheitsrechtlicher Normen in die deutsche Rechtsordnung auf Grundlage von Art. 25 GG. Hier wird häufig von einer „Adoption", „Rezeption" oder auch „Vollzugsanordnung" gesprochen, was praktisch kaum einen Unterschied macht; vgl. dazu zum Beispiel *Aust*, in: von Münch/Kunig (Hrsg.), GG, 7. Aufl. 2021, Art. 25 Rn. 34 ff.; *König*, in: Huber/Voßkuhle (Fn. 63), Art. 25 Rn. 31 f.; zu den einzelnen Übernahmetheorien außerdem näher *Kempen/Schiffbauer*, in: Huber/Voßkuhle (Fn. 63), Art. 59 Rn. 122 ff.

65 Zur Korrelation zwischen den hier verwendeten Begriffen der (personenbezogenen) Verpflichtung und der (normbezogenen) Anwendbarkeit – auch differenzierend zwischen (abstrakter) Bindung und (konkreter) Verpflichtung – näher *Schiffbauer*, Formale Verfassungslehre (Fn. 42), S. 122 ff., 203.

66 Bei lediglich statischen Verweisungen wären die entsprechenden völkerrechtlichen Normen mit ihrem Besitzstand zu einem bestimmten Geltungszeitpunkt in das Verbandsrecht transformiert und ab dann von der Völkerrechtsordnung entkoppelt worden. Völkerrechtliche Entwicklungen könnten dann infolge der Transformation (anstelle einer Adoption bzw. Rezeption bei dynamischen Verweisungen, siehe Fn. 62) nicht mehr so klar auf das Verbandsrecht einwirken.

Völkerrecht entstanden sein. Eine solche sportrechtliche Schnittstelle betrifft insbesondere die von den Verbänden für unabdingbar gehaltene und satzungsrechtlich festgeschriebene Akzessorietät der erwähnten „Sportnationen" zu ihren Völkerrechtssubjekten – in der Regel also den Staaten. Die sportrechtlichen Normen über die Teilnahme an internationalen Sportwettkämpfen sind verbindlich verknüpft mit völkerrechtlichen Vorgaben in ihrer jeweils gegenwärtigen Ausgestaltung: in kollektiver Hinsicht mit den völkerrechtlich geltenden Gebietszuschnitten der mit den „Sportnationen" kongruenten Völkerrechtssubjekte und in individueller Hinsicht mit der Staatsangehörigkeit als völkerrechtliches Rechtsinstitut.[67] Das auf den Status von gebietlichen Völkerrechtssubjekten – in der Regel Staaten – bezogene Völkerrecht bestimmt demnach als völkerrechtliche Vorfrage die sportrechtlichen Wettkampfteilnahmevoraussetzungen. Den entsprechenden verbandsrechtlich angeordneten völkerrechtlichen Vorgaben kann sich aufgrund des Ein-Platz-Prinzips keine „Sportnation" entziehen.

Völkerrechtlich gewendet betrifft dies zwei der drei klassischen und zugleich konstitutiven Staatselemente,[68] nämlich das Staatsgebiet und das Staatsvolk. Beide sind aufgrund ihrer Übernahme durch das Recht der internationalen Sportverbände auch für sie konstitutiv. Umgekehrt unterstützen sogar die Staaten selbst die sportrechtlich geforderte Akzessorietät und Kongruenz zwischen „Sportnationen" und Völkerrechtssubjekten, wenn auch im Einzelnen auf unterschiedliche Weise.[69] Staaten sehen sich üblicherweise gern selbst in den Stadien repräsentiert. Jedenfalls stellen sie ihre hoheitsrechtlich gesicherte Symbolik bereitwillig zur Verfügung, um dem schon beschriebenen Schein Vorschub zu leisten, dass in Wahrheit nicht Verbände, sondern Staaten im sportlichen Wettkampf miteinander stünden. Es besteht insoweit ein jedenfalls informelles Austauschverhältnis zwischen den Staaten und den internationalen Verbänden auf der Geschäftsgrundlage des Völkerrechts. Bewiesen hat dies nicht zuletzt die harsche Reaktion der Russischen Föderation – als Staat – auf den Ausschluss „nur" des russischen NOK von den Olympischen Spielen 2024.[70]

67 Siehe oben unter II. 2.

68 Weiterhin aktuell gemäß der Drei-Elemente-Lehre nach *Jellinek*, Allgemeine Staatslehre, 3. Aufl. 1914, S. 394 ff.; deren weiterhin hohe völkerrechtliche Relevanz wird kaum bestritten, vgl. zum Beispiel *Epping*, in: Ipsen (Fn. 24), § 7 Rn. 1 ff.; *Kämmerer*, in: Proelß (Fn. 24), 1. Abschn. Rn. 30; *Kau*, in: Proelß (Fn. 24), 3. Abschn. Rn. 87 ff.; *von Arnauld* (Fn. 38), Rn. 73 ff.

69 Vgl. zur Sportförderung in Deutschland zum Beispiel *Fritzweiler*, in: Fritzweiler/Pfister/Summerer (Fn. 17), 2. Kap. Rn. 30 ff.

70 Der russische Präsident warf dem IOC „Rassismus" vor, bezeichnenderweise auf einer staatlichen Konferenz unter dem Titel „Russland – Sportmacht", siehe https://www.reuters.com/world/being-used-tool-political-pressure-discrimination-putin-says-2023-10-19/.

Wenn das alles dennoch nicht für genügend erachtet wird, den internationalen Verbänden eine partielle Völkerrechtssubjektivität zukommen zu lassen, so ist der implizite, konsistente und allseits konsentierte Rekurs des Sportverbandsrechts auf das staatenbezogene Völkerrecht im Austausch mit den Staaten selbst doch auch völkerrechtlich relevant. Grundlage dafür ist zum einen ein allgemeiner Rechtsgrundsatz, der nicht nur im Völkerrecht (vgl. Art. 38 Abs. 1 lit. c IGH-Statut[71]), sondern auch im innerstaatlichen (und damit in dem auf das Verbandsrecht durchschlagende) Recht durchgängig anerkannt ist: *venire contra factum proprium*,[72] das mitunter auch als Bestandteil des Grundsatzes von Treu und Glauben sowie des Estoppel-Prinzips verstanden wird.[73] Die internationalen Sportverbände verhielten sich von vornherein widersprüchlich, wenn sie einerseits Teile des staatenbezogenen Völkerrechts für sich selbst als konstituierend begreifen, sich zugleich aber an die entsprechenden Rechtsnormen nicht gebunden fühlten.

Zum anderen kommt hinzu: Wer Rechtsinstitute für sich selbst in Anspruch nimmt, kann dies nur vollständig, nicht einseitig selektiv. Denn ein Rechtsinstitut bündelt abstrakte Normwirkung als Ganzes,[74] solche Normwirkung kann deshalb nicht einseitig kanalisiert werden.[75] Dies betrifft sowohl das Staatsgebiet als auch die Staatsangehörigkeit als zwei der Kernbestandteile des staatenbezogenen Völkerrechts, das den Status als Staat definiert. Die Staatsangehörigkeit ist selbst ein Rechtsinstitut,[76] außerdem folgt die ausschließliche Verfügungsgewalt jedes Staates über sein Staatsgebiet aus dem Rechtsinstitut des Eigentums. Daher wäre ein einseitiger Rückgriff auf den Kernbestand geborener Völkerrechtssubjekte bei gleichzeitiger Ignoranz des Völkerrechts nicht nur ein unzulässiges *venire contra factum proprium*, sondern auch rechtslogisch falsch. Solange die internationalen Sportverbände das genannte staatenbezogene Sta-

---

71 Zur völkerrechtlichen Rechtsquellenlehre *Heintschel von Heinegg*, in: Ipsen (Fn. 24), vor § 12 Rn. 1 ff.; *Kämmerer*, in: Proelß (Fn. 24), 1. Abschn. Rn. 91 ff.; *von Arnauld* (Fn. 38), Rn. 186 ff.

72 *Dörr*, in: Ipsen (Fn. 24), § 20 Rn. 6; *von Arnauld* (Fn. 38), Rn. 269.

73 *Cottier/Müller*, in: Max Planck Encyclopedia of Public International Law (online), Estoppel, Rn. 9; *Kämmerer*, in: Proelß (Fn. 24), 1. Abschn. Rn. 141; *Kotzur*, in: Max Planck Encyclopedia of Public International Law (online), Good Faith (Bona fide), Rn. 24.

74 Zum Begriff des Rechtsinstituts *Schiffbauer*, Formale Verfassungslehre (Fn. 42), S. 162 ff.

75 Deutlich wird dies zum Beispiel am Rechtsinstitut des Eigentums: Wer Eigentum für sich selbst (berechtigt) reklamiert, nimmt damit zwingend nicht nur die eigentumsrechtlichen Vorteile (wie zum Beispiel ausschließliche Verfügungsbefugnis) in Anspruch, sondern kann sich zugleich den eigentumsrechtlichen Verpflichtungen gegenüber Dritten (vgl. Art. 14 Satz 2 GG) nicht entziehen; zu diesem Beispiel näher *Schiffbauer*, Formale Verfassungslehre (Fn. 42), S. 159 ff.

76 Vgl. *Schiffbauer*, Formale Verfassungslehre (Fn. 42), S. 162 f., 348 ff., 501 ff.

tus-Völkerrecht für sich selbst in Anspruch nehmen, sind sie daher auch verpflichtet, jedenfalls das Prinzip der souveränen Gleichheit der Staaten sowie das Gewalt- und das Interventionsverbot für sich selbst als verbindlich anzuerkennen.[77] Denn diese unabdingbaren völkerrechtlichen Kernbestandteile schützen sowohl das Staatsgebiet als auch – vermittelt über das Rechtsinstitut der Staatsangehörigkeit – das Staatsvolk. Diese beiden Elemente ermöglichen schließlich die Gebiets- und Personalhoheit[78] und sichern so den Status jedes Staates als Staat.[79] Das Prinzip der souveränen Gleichheit der Staaten, das Gewalt- und das Interventionsverbot können daher auch als „Kernbestandteile des staatenbezogenen Status-Völkerrechts" klassifiziert werden.

Im modernen Völkerrecht sind das Prinzip der souveränen Gleichheit der Staaten sowie das Gewalt- und das Interventionsverbot nicht nur vertragsrechtlich (vgl. Art. 2 Nr. 1, 4 und 7 UN-Charta), sondern auch gewohnheitsrechtlich verankert.[80] Darüber hinaus zählt jedenfalls das Gewaltverbot zu dem kleinen Kreis der völkerrechtlichen Normen, die dem *ius cogens* angehören[81] – dem zwingenden und zugleich normhierarchisch höchstrangigen Völkerrecht.[82] Damit geht zumindest das Gewaltverbot anderen völkerrechtlichen Normen vor. Zudem folgt aus dem *ius-cogens*-Status einer Völkerrechtsnorm die korrespondierende Verpflichtung, das Resultat eines schwerwiegenden *ius-cogens*-Verstoßes weder anzuerkennen noch einen solchen zu unterstützen. Dies regelt das Völkergewohnheitsrecht zur Staatenverantwortlichkeit, das in den Draft Articles on the Responsibility of States for Internationally Wrongful Acts" (DARS) der *International Law*

77 Dies verkennt der CAS vollständig und apodiktisch in Award 2022/A/10093 v. 23.2.2024 (Fn. 7), insbesondere in den Rn. 53, 120, 129.

78 *Epping*, in: Ipsen (Fn. 24), § 7 Rn. 59 ff., 78; *von Arnauld* (Fn. 38), Rn. 341 ff.

79 *von Arnauld* (Fn. 38), Rn. 305, spricht insoweit zutreffend von den „Verfassungsprinzipien der Staatengemeinschaft".

80 *Epping*, in: Ipsen (Fn. 24), § 7 Rn. 254 ff.; *Heintschel von Heinegg*, in: Ipsen (Fn. 24), § 55 Rn. 16 ff.; *Kämmerer*, in: Proelß (Fn. 24), 1. Abschn. Rn. 28 ff.; *von Arnauld* (Fn. 38), Rn. 318 ff., 1037 ff.

81 Die heute jedenfalls anerkannten Bestandteile des *ius cogens* sind (nicht abschließend) aufgelistet im inzwischen fünften Bericht des ILC-Sonderberichterstatters *Tladi* v. 24.1.2022, UN Doc. A/CN.4/747, Draft conclusion 23 und Rn. 215 ff., darunter auch das Aggressionsverbot (Annex lit. a); zudem werden in der Literatur noch weitere Normen mit möglichem *ius-cogens*-Charakter diskutiert, vgl. dazu *Heintschel von Heinegg*, in: Ipsen (Fn. 24), § 18 Rn. 60 m.w.N.

82 Zum Konzept des *ius cogens* monographisch näher zum Beispiel *Shelton*, Jus Cogens, 2021, passim; s.a. die aktuellen Arbeiten der ILC hierzu unter https://legal.un.org/ilc/guide/1_14.shtml; vgl. überdies *Heintschel von Heinegg*, in: Ipsen (Fn. 24), § 18 Rn. 51 ff.; *Kämmerer*, in: Proelß (Fn. 24), 1. Abschn. Rn. 120, 136 ff.; *von Arnauld* (Fn. 38), Rn. 290 ff.; kritisch jedoch *Theilen*, AVR 62 (2024), 113; zur spezifischen Relevanz von *ius cogens* im Angriffskrieg gegen die Ukraine dagegen *Herbert*, ZaöRV 83 (2023), 461.

Commission (ILC) aus dem Jahr 2001[83] niedergelegt ist,[84] hier explizit Art. 41 Abs. 2 DARS. Dazu zählt jedenfalls eine fortgesetzte Verletzung des Gewaltverbots, wie sie Russland weiterhin in qualifizierter Weise begeht.[85] Zugleich handelt es sich bei der Pflicht zur Beachtung des Gewaltverbots um eine sogenannte Verpflichtung *erga omnes*,[86] deren Einhaltung auf Grundlage des Völkergewohnheitsrechts auch nicht selbst betroffene Völkerrechtssubjekte geltend machen und durchsetzen dürfen, vgl. Art. 48 Abs. 1 lit. b DARS.[87] Dieser völkerrechtliche Besitzstand verpflichtet und berechtigt auch die internationalen Sportorganisationen, solange und soweit sie verbandsrechtlich ihre Übernahme des staatenbezogenen Status-Völkerrechts aufrechterhalten und für unabdingbar erklären.

Damit ist zugleich eine weitere Differenzierungsmöglichkeit angesprochen. Denn neben der verbindlichen Beachtung bestimmter Völkerrechtsnormen kann das Völkerrecht von den internationalen Verbänden auch als Ermächtigung herangezogen werden. Soweit nämlich *erga-omnes*-Verpflichtungen Dritter auch die Rechtskreise der Verbände berühren, verschafft das ohnehin übernommene Völkerrecht den Verbänden eine Argumentationsgrundlage für verbandsrechtlich basierte Entscheidungen mit völkerrechtlichem Einschlag. Konkret kann nämlich die Wahrung der Normen des *ius cogens*, deren Nichteinhaltung zugleich *erga-omnes*-Pflichten verletzt, eben deswegen auch von den Verbänden durchgesetzt werden. Das Völkerrecht kommt insoweit als Argument für Ausschlussentscheidungen in Betracht.

V. Tatbestandliche Aspekte von Ausschlussentscheidungen

1. Rechtsgrundlagen und Rechtmäßigkeit der Entscheidung

Ungeachtet der allgemeinen Anwendbarkeit bestimmter Völkerrechtsnormen müssen Ausschlussentscheidungen als konkret-individuelle verbandsrechtlich basierte Maßnahmen rechtmäßig sein. So erscheint zunächst ohne verbandsrechtliche Rechtsgrundlage jede Ausschlussentscheidung willkürlich, weil sie dann in ihrem Ursprung keinen Bezug zu einer

---

83 Yearbook of the ILC, 2001, vol. II (Part Two), abrufbar unter https://legal.un.org/ilc/texts/instruments/english/draft_articles/9_6_2001.pdf.

84 *Dörr*, in: Ipsen (Fn. 24), § 29 Rn. 2; *Schröder*, in: Proelß (Fn. 24), 7. Abschn. Rn. 6f.; *von Arnauld* (Fn. 38), Rn. 384.

85 *Herbert*, ZaöRV 83 (2023), 461, 472f.

86 So schon IGH, Barcelona Traction, Light and Power Company, Limited (Belgium v. Spain, 2nd phase), ICJ Rep. 1970, Rn. 34; *Herbert*, ZaöRV 83 (2023), 461, 470; grundlegend zum Thema *Tams*, Enforcing Obligations Erga Omnes in International Law, 2005, passim.

87 Siehe auch *Dörr*, in: Ipsen (Fn. 24), § 29 Rn. 15ff.

Rechtsordnung aufweist. Im Rechtsstaat ist ein entsprechender Vorbehalt des Gesetzes nach dem Legalitätsprinzip selbstverständlich,[88] doch auch für monopolistische Verbände kann kein anderer Maßstab angelegt werden.[89] Hinzu kommt, dass mit jeder Ausschlussentscheidung in individuelle Rechtspositionen der betroffenen Personen eingegriffen wird, die typischerweise auch menschenrechtlich relevant sind.[90] Jede Ausschlussentscheidung ist auch daher rechtfertigungsbedürftig, was ohnedies eine entsprechende rechtliche Eingriffsgrundlage erfordert.

Soweit ersichtlich, enthalten die Satzungen der internationalen Verbände (jedenfalls ganz überwiegend) keine speziellen Rechtsgrundlagen für den Wettkampfausschluss auf Grundlage der Staatsangehörigkeit (und damit auch aus politischen Gründen). Besondere Sanktionsmittel, zu denen auch verschiedene Ausschlussvarianten zählen, sind immerhin in Regel 59 der Olympischen Charta explizit genannt. Daneben sind in Generalklauseln allgemeine Entscheidungsbefugnisse auch über die Zulassung zu sportlichen Wettkämpfen geregelt. So bestimmt zum Beispiel Regel 44.1 der Olympischen Charta, dass das IOC die NOKs zu den Olympischen Spielen ein Jahr vor der Eröffnungsfeier förmlich einlädt. Daraus – und aus den einzelnen Zulassungsbedingungen, die teils in den Durchführungsbestimmungen zu Regel 44 niedergelegt sind – lässt sich im Umkehrschluss ableiten, dass Einladungen auch verweigert werden können. Eine entsprechende Einladungsverweigerung kommt einem Ausschluss gleich. Ebenfalls in Betracht kommt die Generalklausel in Regel 27.9, die das IOC Executive Board zu sämtlichen Maßnahmen zum Schutze der Olympischen Bewegung ermächtigt.[91] Eine noch weiter reichende Generalklausel findet sich in Regel 3.13, nach der das Executive Board sämtliche Befugnisse ausüben darf, die nicht der Versammlung oder dem Präsidenten zugewiesen sind.[92] Für die FIFA normiert Art. 34 Abs. 12 der FIFA-Statuten Entspre-

88 Vgl. statt vieler zum Beispiel *Sommermann*, in: Huber/Voßkuhle (Fn. 63), Art. 20 Rn. 270 ff.; *Kotzur*, in: von Münch/Kunig (Fn. 64), Art. 20 Rn. 153 ff.

89 Siehe oben unter III. 2.; vgl. zum Beispiel auch CAS, Award 2022/A/10093 v. 23.2.2024 (Fn. 7), Rn. 47 ff.

90 *Wiater*, Rechtsgutachten (Fn. 60), S. 9.

91 Wörtlich: „Apart from the measures and sanctions provided in the case of infringement of the Olympic Charter, the IOC Executive Board may take any appropriate decisions for the protection of the Olympic Movement in the country of an NOC, including suspension of or withdrawal of recognition from such NOC if the constitution, law or other regulations in force in the country concerned, or any act by any governmental or other body causes the activity of the NOC or the making or expression of its will to be hampered. The IOC Executive Board shall offer such NOC an opportunity to be heard before any such decision is taken."

92 Wörtlich: „... it exercises all powers and performs all duties not attributed by law or by the Olympic Charter to the Session or to the President."

chendes. Demnach hat der FIFA-Rat die Befugnis, sich mit allen Angelegenheiten zu befassen, die nicht in den Zuständigkeitsbereich einer anderen Stelle fallen.[93] Im Ergebnis hat der CAS diese Generalklausel als Befugnisnorm für eine Ausschlussentscheidung nicht beanstandet.[94]

Darüber hinaus kann wegen der sportspezifischen Allzuständigkeit der Verbände bei unvorhergesehenen Ereignissen eine Notstandsbefugnis angenommen werden, die auch einen Ausschluss aus wichtigem Grund rechtfertigen kann.[95] Derartige ungeschriebene Grundlagen und auch Rückgriffe auf verbandsrechtliche Generalklauseln dürfen jedoch nicht überstrapaziert werden. Notstandsbefugnisse sind spätestens dann nicht mehr einschlägig, wenn sich eine Notstandslage in eine beständig veränderte Tatsachenlage als „neue Normalität" gewandelt hat. Generalklauseln mit Eingriffscharakter büßen an befugnisrechtlicher Legitimationskraft ein, je häufiger die von ihnen erfassten Sachverhalte auftreten und diese schließlich mit einer näher bestimmten Norm geregelt werden können.[96] Angesichts dessen kann zwar derzeit noch von grundsätzlich tauglichen Rechtsgrundlagen für Ausschlussentscheidungen ausgegangen werden. Es könnte aber in Zukunft erforderlich werden, dass die Verbände dafür Befugnisnormen mit konkretem Regelungsinhalt schaffen. Der Rechtsklarheit wäre damit ohnehin gedient.[97]

Wenn eine taugliche Rechtsgrundlage im Einzelfall vorliegt, muss die darauf beruhende Entscheidung formell und materiell rechtmäßig sein. Für die formelle Rechtmäßigkeit sind typischerweise die jeweiligen verbandsrechtlichen Zuständigkeiten zu wahren, d.h. entsprechende Entscheidungen müssen von den richtigen Organen getroffen werden. Daneben sind Verfahrens- und ggf. Formvorschriften einzuhalten. All dies ergibt sich aus der jeweiligen Satzung und ggf. auch aus niederrangigen Normen innerhalb einer Verbandsrechtsordnung und lässt sich nicht verallgemeinern. Aus rechtsstaatlicher Sicht dürfte aber zumindest zu fordern sein, dass von einer Ausschlussentscheidung betroffene Personen zuvor angehört werden.[98] In materieller Hinsicht darf die Entscheidung gegen keine Sachnorm des jeweils anwendbaren Rechts verstoßen. Es wurde bereits deutlich, dass dafür neben dem jeweiligen Verbandsrecht auch Teile des

93 Wörtlich: „The Council shall deal with all matters relating to FIFA that do not fall within the sphere of responsibility of another body, in accordance with these Statutes."

94 CAS, Award 2022/A/8708 v. 25.11.2022 (Fn. 9), Rn. 117ff.

95 Vgl. *Summerer*, SpuRt 2022, 210.

96 BVerfG, Beschl. v. 8.11.2012 – 1 BvR 22/12 = BVerfGK 20, 128 (Dauerobservation), Rn. 25.

97 In diese Richtung auch *Wiater*, EJIL: Talk! v. 19.7.2024 (Fn. 5).

98 So auch *Wiater*, EJIL: Talk! v. 19.7.2024 (Fn. 5); vgl. für die deutsche Rechtsordnung unter anderem BVerfGE 148, 267 (Stadionverbot, Fn. 44), Leitsatz zu 3. und Rn. 46f.

Völkerrechts relevant sind, nämlich der allgemein anerkannte sowie in der Regel auch EMRK-basierte Menschenrechtsschutz sowie das staatenbezogene Status-Völkerrecht. Zudem können weitere völkerrechtliche Normen vor allem des *ius cogens* als Argumentationshilfe zur Rechtfertigung herangezogen werden und auch insoweit zur materiellen Rechtmäßigkeit einer Ausschlussentscheidung beitragen.

2. Insbesondere politische Gründe und sanktionswürdiges Verhalten

Ausschlussentscheidungen aus politischen Gründen werden jenseits sportlicher Leistung, diversitätsfördernder Kontingentierung oder sonstiger sportinterner Erwägungen (wie zum Beispiel dopingrechtlicher Art) getroffen. Stattdessen handelt es sich dabei um Sanktionen aus sportexternen Anlässen.[99] Solche Sanktionen sollen sicherstellen, dass der Sport nicht als Forum genutzt wird, um staatliche Propaganda – vermittelt über die „Sportnationen" – zu verbreiten.[100] Sie dienen außerdem als Beugemittel gegen unerwünschtes Verhalten, das zwar außerhalb des Sports verwirklicht worden, aber auch aus der Perspektive des Sports nicht geduldet werden kann und daher abzustellen ist.[101] Sanktionen müssen daher zwingend aufgrund von Verhaltensweisen erfolgen – und gerade nicht aufgrund eines bestimmten Status. Deshalb muss jeder Ausschluss aus politischen Gründen auf ein bestimmtes Verhalten einer natürlichen oder juristischen Person zurückzuführen sein. Die Inhaberschaft einer bestimmten Staatsangehörigkeit als personenbezogener Rechtsstatus[102] als solche bildet daher keinen tauglichen Ausschlussgrund. Sie kann aber als Anknüpfungspunkt für eine Ausschlussentscheidung dienen, weil Staatsangehörigkeiten von Staaten nicht zu trennen sind. Zu erörtern ist dann, ob ein bestimmtes Verhalten eines Staates (als juristische Person) seinen Staatsangehörigen auch individuell zugerechnet werden kann und muss; darauf wird sogleich noch einzugehen sein.[103]

Zuvor ist jedoch klarzustellen, welche Verhaltensweisen überhaupt in Betracht kommen können, um einen Ausschluss von „Sportnationen" aus politischen Gründen materiell rechtfertigen zu können. Angesichts der

---

99 Vgl. *Schiffbauer*, JZ 78 (2023), 738, 741; in Bezug auf die Olympischen Spiele 2024 die *Strict eligibility conditions* des IOC v. 8.12.2023 (Fn. 5) unter Nr. 6; von Sanktionen geht auch der CAS aus in Award 2022/A/10093 v. 23.2.2024 (Fn. 7).

100 *Schiffbauer*, JZ 78 (2023), 738, 740.

101 Vgl. Art. 49 Abs. 1 DARS: „... take countermeasures ... in order to induce that State to comply with its obligations..."; *Schiffbauer*, JZ 78 (2023), 738, 742; in diese Richtung auch die Pressemitteilung der UEFA v. 28.2.2022 (Fn. 8).

102 Siehe oben Fn. 42.

103 Unter V. 3.

politischen Neutralität des internationalen Sports können entsprechende Ausschlussentscheidungen nämlich von vornherein nur dann materiell rechtmäßig sein, wenn das ihnen zugrunde liegende Verhalten entweder dem jeweils anwendbaren Verbandsrecht oder aber einem Teil des anwendbaren Völkerrechts zuwiderläuft und daher auch sportrechtlich sanktionswürdig ist. In verbandsrechtlicher Hinsicht kommen insbesondere Verhaltensweisen in Betracht, die sich gegen die satzungsrechtlich festgelegten Werte des jeweiligen Verbandes oder gegen den satzungsrechtlich für verbindlich erklärten Menschenrechtsschutz richten. So kann vor allem diskriminierendes und gewaltförderndes Verhalten schon auf Grundlage des speziellen Verbandsrechts ohne Rückgriff auf das Völkerrecht als Ausschlussgrund herangezogen werden.

In Bezug auf das IOC kann zudem eine besondere Schnittstelle zwischen Verbandsrecht und Völkerrecht als Anknüpfungspunkt dienen, nämlich die allgemeine Friedensförderungspflicht nach dem zweiten Grundprinzip[104] und Regel 2.4[105] der Olympischen Charta verbunden mit dem von der UN-Generalversammlung seit 1993 vor jeden Olympischen Spielen erneut ausgerufenen „Olympischen Frieden" (*Olympic Truce*).[106] Dieser lässt sich als eine spezielle „Versportrechtlichung" des völkerrechtlichen Gewaltverbots verstehen und soll speziell die Austragung der Olympischen Spiele in einem international gewaltfreien Umfeld gewährleisten. Wer demgegenüber in einem sachlichen oder zeitlichen Zusammenhang mit den Olympischen Spielen ungerechtfertigte Gewalt ausübt, verstößt gegen die Olympische Charta und kann deshalb einen Ausschlussgrund erfüllen.

Überdies bilden Verhaltensweisen, die gegen das staatenbezogene Status-Völkerrecht verstoßen, angesichts der verbandsrechtlichen Anwendbarkeit der entsprechenden Völkerrechtsnormen taugliche politische Ausschlussgründe. Als Maßstab dient dabei das Völkerrecht selbst. Wenn demnach ein Staat gegen die souveräne Gleichheit der Staaten, gegen das Interventionsverbot oder sogar gegen das Gewaltverbot verstößt, liegt darin zugleich ein grundsätzlich tauglicher politischer Ausschlussgrund gegenüber seiner „Sportnation". Darüber hinaus können neben Verletzun-

104 Wörtlich: „The goal of Olympism is to place sport at the service of the harmonious development of humankind, with a view to promoting a peaceful society concerned with the preservation of human dignity."

105 Wörtlich: „The IOC's role is … to cooperate with the competent public or private organisations and authorities in the endeavour to place sport at the service of humanity and thereby to promote peace".

106 Zuletzt durch Resolution 78/10 v. 21.11.2023 („Building a peaceful and better world through sport and the Olympic ideal") unter Rückgriff auf Resolution 48/11 v. 25.10.1993; siehe dazu auch *Wax*, Internationales Sportrecht, 2009, S. 227 ff.

gen des Gewaltverbots auch Verstöße gegen andere Normen des *ius cogens* als Argumente für Ausschlussentscheidungen herangezogen werden.[107]

Bei derartigen Völkerrechtsverstößen ist offenkundig, dass diese von Völkerrechtssubjekten – in der Regel Staaten – begangen werden. Die angesprochenen „Sportnationen" entsprechen diesen Staaten jedoch nicht, sondern sind akzessorisch zu ihnen. Zugleich zielen Ausschlussentscheidungen aus politischen Gründen auf die Staatsangehörigkeit der Athletinnen und Athleten ab. Daher ist das Verhältnis zwischen einem Staat und den vom Ausschluss betroffenen Personen, die zu dessen Angehörigen zählen, besonders relevant. Als unproblematisch erweisen sich dabei Ausschlüsse von Personen, die sich selbst entsprechend verhalten haben, indem sie zum Beispiel an einem völkerrechtswidrigen Angriff teilgenommen haben oder ihn sich selbst zu eigen machen, indem sie zum Beispiel die Aggression ihres Heimatstaates öffentlich unterstützen.

Darum geht es aber eher nicht beim Ausschluss ganzer „Sportnationen" in Gestalt von Verbänden. Vielmehr soll völkerrechtswidriges Verhalten von Staaten (auch) im Sport sanktioniert werden. Aus der Perspektive des Sports sind entsprechende Ausschlussentscheidungen dem Grunde nach sportpolitische, die ihre Begründung jedoch in der Weltpolitik und dem sie rahmenden Völkerrecht finden. Die Kongruenz zwischen dem Sanktionsziel „Staat" und dem Sanktionsmedium „Sportnation" bildet den dafür erforderlichen sachlichen Zusammenhang. Der völkerrechtswidrig handelnde Staat soll mithilfe seiner „Sportnation" auf sportlichen Wettkämpfen weder für sich selbst noch für sein Verhalten werben dürfen. Außerdem soll über den Ausschluss seiner „Sportnation" auf ihn selbst Druck ausgeübt werden, um einen völkerrechtskonformen Zustand wiederherzustellen. Dies allein rechtfertigt jedoch noch keine verbandliche Ausschlussentscheidung aufgrund der Staatsangehörigkeit einzelner Personen, wenn sich diese Personen selbst nicht rechtswidrig verhalten haben.

3. Insbesondere abgestufte Zurechenbarkeiten im Staat-Verband-Verhältnis

Da Staaten und ihre „Sportnationen" trotz ihrer Akzessorietät und Kongruenz zumindest formal nicht personenidentisch sind, muss grundsätzlich ein Zurechnungszusammenhang zwischen dem außersportlichen (aber völkerrechtlichen) Sanktionsziel „Staat" und dem sportlichen (aber nicht völkerrechtlichen) Sanktionsmedium „Sportnation" bestehen. Je

107 Siehe oben unter IV. 3.

größer sich dabei die Schnittmenge zwischen Staat und „Sportnation" darstellt, desto stärker erweist sich auch der Zurechnungszusammenhang zwischen beiden. Zu berücksichtigen ist dabei, dass ein solcher Zusammenhang in einem konkreten Staat in Bezug auf einen bestimmten nationalen Verband durchaus unterschiedlich ausgestaltet sein kann. Denkbar wäre zum Beispiel, dass ein NOK oder ein größerer Fachverband einer politisch attraktiven Sportart von seinem Heimatstaat beherrscht wird, zugleich aber derselbe Staat an einem vermeintlich „unwichtigen" kleineren Fachverband einer Nischensportart kein Interesse zeigt und diesen daher nicht beeinflusst.

Dies alles hat Konsequenzen aufgrund des Verhältnisses zwischen dem Staat und seinen einzelnen Angehörigen. Wie gesehen verbindet das Merkmal der Staatsangehörigkeit einzelne Personen einerseits mit ihrem Staat und andererseits mit ihrer „Sportnation". Soweit aber Staat und „Sportnation" selbst miteinander verwoben sind, d.h. insbesondere die Autonomie eines bestimmten nationalen Verbandes im Verhältnis zum Staat relativiert wird, betrifft dies auch die individuelle Verbindung über die Staatsangehörigkeit. Dann sind auch die nationalen Verbände als „Sportnationen" unmittelbare Sanktionsziele mit der Folge, dass deren Angehörige eine Ausschlussentscheidung gegen diese Nation auch für sich selbst dulden müssen.[108] Sie sind dann notwendig mediatisiert, weil andernfalls eine wirksame Sanktion gegen ihre „Sportnation" nicht zustande kommen könnte.[109]

Um das Ausmaß der verbandlichen Autonomie im Staat-Verband-Verhältnis näher zu bestimmen, kann im Abgleich mit den jeweils tatsächlich vorherrschenden Verhältnissen in einem Staat zwischen insgesamt fünf Abstufungen differenziert werden.[110] So lassen sich verschiedene Grade eines für Ausschlussentscheidungen relevanten Zurechnungszusammenhangs zwischen einem Staat und dem jeweils als Sanktionsziel in Be-

108 Ähnlich schon in Bezug auf den fortgesetzten Olympia-Ausschluss der südafrikanischen „Sportnation" ab 1962 wegen des Apartheid-Regimes ihres Heimatstaates *Doehring* (Fn. 52), S. 329f. – *Doehring* fordert in diesem Zusammenhang außerdem, dass „freie Menschen sich auf der Grundlage des Selbstbestimmungsrechts Regierungen geben, deren oberstes Ziel es ist, die Freiheit ihrer Staatsbürger zu garantieren" (S. 330). Wenn Menschen dies unterlassen, so wird implizit argumentiert, müssen sie deshalb auch ihre sportrechtliche Mediatisierung dulden.

109 Eine solche Duldungspflicht besteht schon im zwischenstaatlichen Verhältnis bei der Sanktionierung von Völkerrechtsverstößen, dazu *Schiffbauer*, JZ 78 (2023), 738, 742f.; dieser Rechtsgedanke ist wegen der Permeabilitäten zwischen internationalem Sportrecht und Völkerrecht hier übertragbar.

110 Dieses fünfstufige Modell hat der *Verfasser* erstmalig am 27.6.2022 im Rahmen eines Gastvortrages am Max-Planck-Institut für ausländisches und internationales Privatrecht in Hamburg vorgestellt; vgl. dazu auch *Vieweg*, Rechtsschutz (Fn. 10), S. 239f.

tracht kommenden nationalen Verband (d.h. dem NOK oder dem jeweiligen Fachverband) darstellen:

- Die *erste Stufe* beschreibt dabei eine vollständige materielle Identität zwischen einem Sportverband und seinem Heimatstaat, die eine verbandliche Autonomie gänzlich unterdrückt. Eine solche kennzeichnet sich insbesondere dadurch, dass der betroffene nationale Verband mit dem Staat aufgrund öffentlich-rechtlicher Normen unmittelbar verflochten ist. Dies kann zum Beispiel durch eine (schon nach dem Satzungsrecht der meisten internationalen Verbände unzulässigen) öffentlich-rechtlichen Rechtsform oder durch andere Sportgesetzgebung mit operativen staatlichen Einflussnahmemöglichkeiten verwirklicht sein. Gleiches lässt sich faktisch erzielen, wenn sämtliche Positionen mit Entscheidungsmacht im Verband systematisch von staatlichen Funktionsträgern besetzt (oder ggf. über „Strohpersonen" unterwandert) werden.
- Davon lässt sich eine *zweite Stufe* abgrenzen, die zwar keine vollständige rechtliche oder tatsächliche Durchdringung durch den Staat, wohl aber eine umfassende rechtliche oder tatsächliche Abhängigkeit des jeweiligen Verbandes vom Staat zum Ausdruck bringt. Hierbei kann ein Verband zwar formal privatrechtlich organisiert sein und formale Autonomie genießen, die aber aufgrund anderer staatlicher Rechtsnormen faktisch ins Leere läuft. Dies kann zum Beispiel bei einer vollständigen Kontrolle des Staates über den Verbandshaushalt anzunehmen sein.
- Demgegenüber ist der Autonomiegrad auf einer *dritten Stufe* höher. Hier ist der privatautonome nationale Verband von seinem Staat rechtlich unabhängig, aber teilweise doch faktisch abhängig. Dies kann vor allem angenommen werden, wenn der jeweilige Verband ohne staatliche Fördermaßnahmen (insbesondere durch Bereitstellung von Finanzmitteln) auf Dauer nicht handlungsfähig wäre oder einzelne Leitungspositionen im Verband mit staatlichen Funktionsträgern besetzt sind oder anderweitig kontrolliert werden. Staatliche Maßnahmen oder staatliche Personalbesetzungen dienen hier als notwendige Bedingungen für die Funktionsfähigkeit des jeweiligen Verbandes.
- Auf einer *vierten Stufe* bestehen solche auch nur faktischen Abhängigkeiten zum Staat nicht mehr. Gleichwohl instrumentalisiert hier der Staat das Wirken des nationalen Verbandes zu seinen eigenen Zwecken, was vom Verband zumindest in Kauf genommen wird. Dies kann sich zum Beispiel darin zeigen, dass staatliche und verbandliche Funktionsträger miteinander kooperieren oder sich öffentlichkeitswirksam

gemeinsam positionieren und so den Schein des Gleichklangs zwischen „Sportnation“ und Staat aktiv fördern. Auch medial begleitete Begegnungen von Staatsoberhäuptern oder Regierungsmitgliedern in den Kabinen von Nationalmannschaften gehören dazu.

- Erst auf der *fünften Stufe* werden auch solche Instrumentalisierungen unterlassen, sodass es hier bei einer bloß faktischen Repräsentation des Staates durch den nationalen Verband (mit staatlicher Symbolik), wie dies auch international-verbandsrechtlich verlangt wird, bleibt.

Während auf der *ersten Stufe* die Zurechenbarkeit eines staatlichen Verhaltens zu seinem nationalen Verband unproblematisch erscheint, dürfte sie auf der *fünften Stufe* von vornherein ausgeschlossen sein. Dazwischen kommt es auf die herangezogenen Zurechenbarkeitsmaßstäbe an. Angesichts der bereits geschilderten bereichsspezifischen völkerrechtlichen Verflechtung mit dem Recht der internationalen Verbände bieten sich insoweit die anerkannten völkerrechtlichen Zurechnungskriterien aus dem schon erwähnten Recht der Staatenverantwortlichkeit an, die in Art. 4 ff. DARS wiedergegeben werden.[111] Darunter dient das völkerrechtliche Zurechnungskriterium gemäß Art. 8 DARS[112] dazu, das Verhalten privater Akteure unter bestimmten Voraussetzungen auf einen Staat zu übertragen, um infolgedessen diesen Staat dafür völkerrechtlich haftbar zu machen. Diese Richtung ist die einzige im Völkerrecht mögliche, weil nur Völkerrechtssubjekte auch völkerrechtlich haftbar gemacht werden können, Privatpersonen dagegen nicht. Im hier relevanten internationalen Sportrecht ist es genau umgekehrt: nur nationale Verbände als privatrechtliche Akteure werden von Ausschlussentscheidungen als Sanktion adressiert, nicht aber Staaten.

Der Grundgedanke hinter den völkerrechtlichen Zurechnungskriterien zielt auf eine wechselseitige Zurechenbarkeit – und letztlich Zurechnung – ab: das Verhalten privater Akteure wird gemäß Art. 8 DARS als staatliches Verhalten betrachtet, ohne dass dadurch das Verhalten dieser privaten Akteure als Subjekte ihrer eigenen Rechtsordnung entfiele. Zurechnung funktioniert dann auch *vice versa*, weil der abstrakte Rechtsgedanke von Art. 8 DARS darin besteht, das Verhalten von Akteuren, die Subjekte unterschiedlicher Rechtsordnungen[113] sind, für Rechtsfolgen in

111 Hierzu näher *Dörr*, in: Ipsen (Fn. 24), § 30 Rn. 5 ff.; *Schröder*, in: Proelß (Fn. 24), 7. Abschn. Rn. 22 ff.; *von Arnauld* (Fn. 38), Rn. 402 ff.

112 Wörtlich: „The conduct of a person or group of persons shall be considered an act of a State under international law if the person or group of persons is in fact acting on the instructions of, or under the direction or control of, that State in carrying out the conduct.“

113 Zum Begriff der Rechtsordnung und dem Verhältnis verschiedener Rechtsordnungen zueinander *Schiffbauer*, Formale Verfassungslehre (Fn. 42), S. 204 ff., 518 ff.

der jeweils einschlägigen dieser beiden Rechtsordnungen zu verwerten. Dies ist ein entscheidender Unterschied gegenüber Zurechnungsnormen innerhalb einer einzigen Rechtsordnung wie zum Beispiel dem innerstaatlichen Zivilrecht (in Deutschland etwa gemäß § 278 BGB). Im Staat-Verband-Verhältnis stehen sich einerseits die Völkerrechtsordnung und andererseits diejenigen Rechtsordnungen gegenüber, in der die jeweils in Rede stehenden Privatpersonen beheimatet sind, d.h. die zivilrechtlich basierten Verbandsrechtsordnungen. Zwischen diesen Rechtsordnungen bestehen – wie gesehen – bestimmte Permeabilitäten. Daher lassen sich die staatenbezogenen Kriterien der völkerrechtlichen Staatenverantwortlichkeit auf nationale Sportverbände übertragen, soweit sie über das Recht ihrer internationalen Verbände an das staatenbezogene Status-Völkerrecht gebunden sind. Unter diesen Umständen gilt analog: Wenn unter Art. 8 DARS ein bestimmtes Verhalten privater Akteure einem Staat zurechenbar ist, ist umgekehrt ein entsprechendes staatliches Verhalten auch privaten Akteuren zurechenbar.

Die Zurechenbarkeit entsprechenden Verhaltens gemäß Art. 8 DARS verlangt dann entweder eine rechtliche Weisungsgebundenheit bzw. tatsächliche Weisungsbefolgung des jeweiligen Verbandes gegenüber dem Staat („acting on the instructions") oder eine Leitung oder Kontrolle durch den Staat („under the direction or control"). Umstritten ist, welche konkreten Maßstäbe für die letztere Variante anzulegen sind. Der *Internationale Gerichtshof* (IGH) hat hierzu schon 1986 in seiner berühmten *Nicaragua*-Entscheidung den sog. „*effective-control*-Test" entwickelt, den er in weiteren Entscheidungen 2005 und 2007 bestätigte.[114] Nach diesen restriktiven Maßstäben wird eine Abhängigkeit privater Akteure vom Staat als „effektive Kontrolle" in dem Sinne verlangt, dass diese Privatpersonen ohne bestimmte staatliche Maßnahmen nicht in gleicher Weise hätten handeln können.[115] Demgegenüber vertrat die Berufungskammer des *Ad-hoc-Straftribunals für das ehemalige Jugoslawien* (International Criminal Tribunal for the former Yugoslavia – ICTY) im Verfahren gegen *Duško Tadić* den offeneren „*overall-control*-

114 IGH, Case concerning Military and Paramilitary Activities in and against Nicaragua, ICJ Rep. 1986, Rn. 105 ff.; Armed Activities on the Territory of the Congo, ICJ Rep. 2005, Rn. 160; Application of the Convention on Genocide, ICJ Rep. 2007, Rn. 391 ff.; dazu näher zum Beispiel *Cassese*, EJIL 18 (2007), 649.

115 Der IGH gibt keine positive Definition einer „effective control", grenzt aber negativ von ihr ab, vgl. insbesondere in Rn. 115 des *Nicaragua*-Urteils (Fn. 114): „Such acts could well be committed by members of the contras without the control of the United States. For this conduct to give rise to legal responsibility of the United States, it would in principle have to be proved that that State had effective control of the military or paramilitary operations in the course of which the alleged violations were committed."

Test".[116] Danach sei Zurechenbarkeit schon dann gegeben, wenn ein staatlicher Funktionsträger (oder der Staat selbst) das von einer privaten Gruppierung umgesetzte Verhalten plant, organisiert und koordiniert, ohne dabei notwendigerweise einzelne Anweisungen zu erteilen.[117]

Der IGH hat den Ansatz des ICTY ausdrücklich zurückgewiesen.[118] Doch auch mit der restriktiven IGH-Rechtsprechung kann immerhin der „*effective-control*-Test" heute als allgemein anerkannter Mindestmaßstab gelten. Übertragen auf die fünf Stufen im Staat-Verband-Verhältnis kann dann jedenfalls für die *erste bis dritte Stufe* von einer sicheren Zurechenbarkeit staatlichen Verhaltens zum Verband ausgegangen werden. Denn wenn mit Blick auf die *dritte Stufe* ein nationaler Verband ohne staatliche Unterstützung auf Dauer nicht handlungsfähig wäre oder aber staatliche Funktionsträger den Verband faktisch steuern, erfüllt dies noch den „*effective-control*-Test". Auf der *vierten Stufe* kann dagegen eine Instrumentalisierung durch den Staat ohne konkrete operative Einflussnahme nur noch nach dem „*overall-control*-Test" zugerechnet werden, was gewisse Rechtsunsicherheiten mit sich bringt.

Dessen ungeachtet ließe sich bei einem Staat-Verband-Verhältnis (auch) auf *vierter oder fünfter Stufe* in besonderen Situationen auf einen konkreten Zurechnungszusammenhang verzichten, wenn es um Ausschlüsse aufgrund von Verstößen gegen das *ius cogens* geht. Unter dem allgemeinen Rechtsgedanken der Aufopferung,[119] von dem auch die gefahrenabwehrrechtliche Nichtstörerhaftung umfasst ist,[120] lässt sich nämlich vertreten, dass betroffene „Sportnationen" und ihre Angehörigen einer Duldungspflicht gegenüber ihrem Ausschluss aus höherrangigem Recht unterliegen, um den Kernbestand des zwingenden Völkerrechts zu sichern. Insoweit sind allerdings Schadensersatzansprüche infolge der Aufopferung denkbar. Umgekehrt lässt sich – gänzlich ohne Aufopferungsgedanken – auf einen Zurechnungszusammenhang verzichten, wenn ein nationaler Verband die Völkerrechtsverletzung seines Staates (unabhängig von einem

116 ICTY, Prosecutor v. Duško Tadić, Case IT-94 –1-A, Urt. v. 15.7.1999, Rn. 115 ff.; dazu näher zum Beispiel *Cassese*, EJIL 18 (2007), 649.

117 Vgl. Rn. 122 des *Tadić*-Urteils (Fn. 116): „In the case of an organised group, the group normally engages in a series of activities. If it is under the overall control of a State, it must perforce engage the responsibility of that State for its activities, whether or not each of them was specifically imposed, requested or directed by the State."

118 Im *Völkermord*-Urteil aus 2007 (Fn. 114), Rn. 406.

119 Vgl. zum Beispiel *Depenheuer/Froese*, in: Huber/Voßkuhle (Fn. 63), Art. 14 Rn. 480 ff. m. w. N.

120 *Rachor/Buchberger*, in: Lisken/Denninger (Begr.), Handbuch des Polizeirechts, 7. Aufl. 2021, Kap. L Rn. 19 f.

normhierarchischen Rang) im Sinne von Art. 11 DARS[121] für sich selbst anerkennt.

VI. Rechtsfolgen und Rechtsschutz

1. Verhältnismäßige Varianten eines Ausschlusses

Wenn nach diesen Maßstäben eine „Sportnation" von einem internationalen Wettkampf grundsätzlich ausgeschlossen werden darf, kommen auf Rechtsfolgenseite unterschiedliche Varianten eines solchen Ausschlusses in Betracht. Zu berücksichtigen sind dabei auch die Menschenrechte, und zwar in doppelter Hinsicht: Zum einen sind die menschenrechtlichen Interessen der auszuschließenden Athletinnen und Athleten in der Rechtsfolgenabwägung zu berücksichtigen – jedenfalls dann, wie gerade dargestellt, wenn der Anlass für die Ausschlussentscheidung keine *ius-cogens*-Verletzung ist. Zum anderen haben die internationalen Verbände aber auch eine menschenrechtliche Schutzverantwortung gegenüber denjenigen Athletinnen und Athleten aus „Sportnationen", deren Heimatstaat Opfer einer Völkerrechtsverletzung geworden ist und die im Wettkampf befürchten müssen, auf Vertretende des Täterstaates zu treffen.[122] Diese Schutzverantwortung überwiegt bei *ius-cogens*-Verletzungen regelmäßig; im Übrigen ist sie in einen verhältnismäßigen Ausgleich mit den Individualrechten der Auszuschließenden zu bringen.

Allgemein muss eine Ausschlussentscheidung auf Rechtsfolgenseite verhältnismäßig ausfallen.[123] Sie darf daher nicht über den Zweck, der hinter der Ausschlussentscheidung steht, hinausreichen. Es wurde bereits dargestellt, dass ein Ausschluss einerseits verhindern soll, einem völkerrechtsbrüchigen Staat über seine „Sportnation" ein Forum zu bieten, und andererseits als Beugemittel zur Wiederherstellung eines völkerrechtskonformen Zustands dient.[124] Beides erfüllt den selbstgesetzten satzungs-

121 Wörtlich: „Conduct which is not attributable to a State under the preceding articles shall nevertheless be considered an act of that State under international law if and to the extent that the State acknowledges and adopts the conduct in question as its own." – vgl. zum Beispiel *von Arnauld*, Völkerrecht, 5. Aufl. 2023, Rn. 421.

122 *Wiater*, Rechtsgutachten (Fn. 60), S. 10, 17; *Wiater*, EJIL: Talk! v. 19.7.2024 (Fn. 5).

123 *Summerer*, in: Fritzweiler/Pfister/Summerer (Fn. 17), 3. Kap. Rn. 474 ff.; vgl. zum Beispiel auch CAS, Award 2022/A/10093 v. 23.2.2024 (Fn. 7), Rn. 113 ff. – Im internationalen Kontext ist zu beachten, dass der Verhältnismäßigkeitsgrundsatz zwar dem Grunde nach anerkannt ist, in seiner Ausgestaltung aber deutliche Unterschiede aufweisen kann, vgl. dazu zum Beispiel aus der Perspektive des EU-Rechts *von Danwitz*, EuZW 2024, 691, und aus der Perspektive des Völkerrechts *Vranes*, AVR 47 (2009), 1.

124 Siehe oben unter V. 2.

rechtlichen Anspruch der internationalen Verbände auf politische Neutralität. Ob diese beiden Zwecke jedoch alternativ oder kumulativ erfüllt werden sollen, können die Verbände selbst entscheiden, solange dies mit ihrem Satzungsrecht vereinbar ist. Allerdings wurde in Bezug auf *ius-cogens*-Verletzungen schon hervorgehoben, dass deren Resultate gemäß Art. 41 Abs. 2 DARS nicht unterstützt werden dürfen und dies im Rahmen des übernommenen staatenbezogenen Status-Völkerrechts auch die internationalen Verbände betrifft.[125] Daher sprechen die deutlich besseren Gründe dafür, zumindest bei *ius-cogens*-Verletzungen beide Ausschlusszwecke zu verfolgen.

Ausgehend von den jeweils definierten Zwecken muss jede dem Grunde nach geeignete Ausschlussentscheidung in ihrem Ausmaß auch erforderlich und angemessen ausfallen. Insbesondere ist zur Wahrung der Erforderlichkeit das mildeste zur Verfügung stehende Mittel bei gleicher Eignung zur Zweckerfüllung zu wählen. Insoweit kann zwischen einzelnen Teilnahmeeinheiten einer „Sportnation" differenziert werden.[126] Typischerweise vermitteln vor allem Teams und Nationalmannschaften angesichts ihrer kollektiven Emblematik eine besondere Nähe zu „ihrem" Staat, sodass insoweit besonders naheliegt, sie als Forum für staatliche Propaganda zu nutzen. Daher erscheint ein Ausschluss dieser Teilnahmeeinheiten jedenfalls geeignet und angemessen. Zugleich wäre mit einem Team-Ausschluss (und entsprechenden Nebenentscheidungen) schon jede Symbolik des betroffenen Staates aus einem Wettkampf entfernt. Bezüglich einzelner Athletinnen und Athleten ist dagegen genauer zu differenzieren, auch wenn sie nicht unter dem Team einer „Sportnation" auftreten. Ein pauschaler Ausschluss aufgrund ihrer Staatsangehörigkeit könnte ungeeignet oder zumindest unangemessen erscheinen, wenn die jeweils betroffene Person eine besondere persönliche Distanz zu ihrem Staat und dessen Politik erkennbar schafft bzw. aufrechterhält und so aktiv einer persönlichen Zurechnung des zu sanktionierenden staatlichen Verhaltens entgegenwirkt. Dies zu beurteilen hängt von den jeweiligen konkreten Umständen jeder Fallkonstellation ab. Daher könnte es in Betracht kommen, gegenüber Individualpersonen mit einer bestimmten Staatsangehörigkeit zunächst einen abstrakt-generellen Ausschluss unter Vorbehalt auszusprechen, auf dessen Grundlage – wie schon dargestellt[127] – nach näherer Überprüfung im Einzelfall eine konkret-individuelle Erlaubnis oder Befreiung ausgesprochen werden kann.

125 Siehe oben unter IV. 3.
126 Siehe oben unter II. 3.
127 Siehe oben unter III. 1.

2. Gebundene Entscheidung oder Ermessen

Auf Rechtsfolgenseite stellt sich außerdem die Frage, ob die internationalen Verbände bei Erfüllung der Tatbestandsvoraussetzungen durch einen Staat und seine „Sportnation" nicht nur berechtigt, sondern auch dazu verpflichtet sind, eine Ausschlussentscheidung zu treffen. Dies richtet sich in erster Linie nach den einschlägigen Rechtsgrundlagen, die allerdings als Generalklauseln, wie gesehen und jedenfalls bislang, hierzu regelmäßig nicht aussagekräftig sein dürften. Eine gebundene Entscheidung wird nach dem derzeit geltenden Satzungsrecht der internationalen Verbände daher grundsätzlich nicht vorgegeben, sodass angesichts der Verbandsautonomie auch grundsätzlich von einer Ermessensentscheidung auszugehen ist.

Unter bestimmten Voraussetzungen könnte sich aber wiederum aus dem verbandsrechtlich übernommenen Völkerrecht eine Ermessensreduktion auf null ergeben, sodass dann doch eine gebundene Entscheidung in Bezug auf die Rechtsfolge „Ausschluss" getroffen werden muss. Namentlich betrifft dies einmal mehr *ius-cogens*-Verletzungen innerhalb des verbandsrechtlich übernommenen Völkerrechts, d.h. im Wesentlichen bei evidenten Verletzungen des Gewaltverbots. Da die Verbände insoweit auch aus dem staatenbezogenen Status-Völkerrecht heraus allgemein zur Rechtstreue verpflichtet sind, folgt aus der völkerrechtlichen Nichtanerkennungspflicht gegenüber *ius-cogens*-Verstößen gemäß Art. 41 Abs. 2 DARS[128] auch eine verbandliche Reaktionspflicht, die in Bezug auf „Sportnationen" dem Grunde nach regelmäßig nur auf Ausschlüsse gerichtet sein kann. Von einer solchen Grundentscheidung bezüglich des „Ob" eines Ausschlusses zu trennen ist indes die konkrete Ausgestaltung im Einzelfall, also das „Wie".[129] Mit Blick auf die Art und Weise einer Ausschlussentscheidung kann durchaus noch ein Ermessensspielraum verbleiben, solange damit dem jeweiligen *ius-cogens*-Verstoß wirksam begegnet wird.

In allen anderen Konstellationen bleibt es schon in Bezug auf das „Ob" bei Ermessensentscheidungen, die aber, wenn sie getroffen werden, durch das Völkerrecht argumentativ getragen werden. Dies betrifft auch Ausschlussentscheidungen als Reaktion auf Verstöße gegen *ius-cogens*-Normen, die durch das Satzungsrecht zwar nicht übernommen worden sind, aber dennoch Ausschlussentscheidungen im Einzelfall stützen können. Hierunter fallen jedenfalls Verstöße gegen das Völkermordverbot, das Verbot von

128 Siehe oben unter IV. 3.

129 Insbesondere über unbedingte Ausschlüsse oder Ausschlüsse unter Vorbehalt siehe erneut oben unter III. 1.

Verbrechen gegen die Menschlichkeit, die Grundregeln des humanitären Völkerrechts, das Verbot von Rassendiskriminierung und Apartheid, das Sklavereiverbot, das Folterverbot und das Selbstbestimmungsrecht der Völker.[130]

3. Rechtsschutz

Gegen jede Ausschlussentscheidung steht im Recht der internationalen Verbände der übliche Rechtsweg zum CAS offen.[131] Dies ergibt sich zum Beispiel für das IOC aus Regel 61 der Olympischen Charta und für die FIFA aus Art. 56 ff. der FIFA-Statuten. Auf entsprechende Verfahren kommen die allgemeinen Verfahrensvorschriften des CAS zur Anwendung.[132] Über die Einhaltung des schweizerischen *ordre public* wacht das Schweizer Bundesgericht, dessen Entscheidungen im Hinblick auf die Menschenrechte vom EGMR überprüft werden können.[133] Sonderregelungen sind auf Ausschlussentscheidungen nicht anwendbar. Zu beachten ist allerdings, dass rechtsschutzbefugt nur die betroffenen Verbände und Einzelathletinnen und -athleten sind, nicht aber die Staaten selbst, deren Verhalten ihren „Sportnationen" zugerechnet wird.

Weithin ungeklärt ist demgegenüber bislang, ob und inwieweit Rechtsschutzmöglichkeiten bestehen können gegen Zulassungsentscheidungen im Einzelfall, die bei angeordneten Ausschlüssen unter Vorbehalt individuell zugunsten bestimmter Athletinnen und Athleten getroffen werden. Die generelle Unterwerfung der Verbände unter die Rechtsprechung des CAS spricht zumindest dafür. Klärungsbedürftig ist sodann, wer genau in solchen Fällen klagebefugt sein kann. In Betracht kommen dürften nach den zu *erga-omnes*-Pflichten dargelegten Rechtsgedanken[134] jedenfalls alle nationalen Verbände. Nicht von vornherein auszuschließen wären außerdem einzelne Athletinnen und Athleten aus denjenigen Verbänden, die von dem jeweils ursprünglichen Ausschlussgrund persönlich besonders betroffen sind – derzeit also vor allem ukrainische Staatsangehörige gegen die Zulassung einzelner russischer oder belarussischer Kontrahenten.

---

130 UN Doc. A/CN.4/747 (Fn. 81), Draft conclusion 23 und Rn. 215 ff. (Annex lit. b–h).
131 Dazu näher im Zusammenhang unter anderem mit Wettkampfausschlüssen *Vieweg*, Rechtsschutz (Fn. 10), S. 230 ff.
132 Abrufbar unter https://www.tas-cas.org/en/arbitration/code-procedural-rules.html.
133 Vgl. erneut als *pars pro toto* das *Semenya*-Urteil des EGMR (Fn. 55).
134 Siehe oben unter IV. 3. zu Art. 48 Abs. 1 lit. b DARS sowie Fn. 85.

VII. Ergebnis und Ausblick

Staaten lassen sich von „Sportnationen" faktisch kaum trennen. Bestehen außerdem rechtlich erhebliche Verbindungen, kann auch staatliches Fehlverhalten zu rechtssicheren Ausschlussentscheidungen zulasten nationaler Verbände und deren Angehöriger durch internationale Sportverbände führen. Dies ist insbesondere der Fall, wenn entweder das satzungsrechtlich übernommene Völkerrecht oder der zwingende Kernbestand der Völkerrechtsordnung in Rede stehen. Die hier in Grundzügen entwickelte Dogmatik zum Wettkampfausschluss von Nationen aus politischen Gründen lässt sich wie folgt kurz zusammenfassen:

- Ausschlussentscheidungen zulasten von „Sportnationen" treffen die für die jeweilige Wettkampforganisation zuständigen internationalen Verbände auf Grundlage ihres eigenen Verbandsrechts.
- Das Verbandsrecht enthält zumindest in den Generalklauseln derzeit noch ausreichende Rechtsgrundlagen für Ausschlussentscheidungen. *De lege ferenda* vorzugswürdig und perspektivisch erforderlich sind jedoch besondere, hinreichend konkrete Rechtsgrundlagen für Ausschlussentscheidungen aus politischen Gründen.
- Jede Ausschlussentscheidung muss formell und materiell rechtmäßig getroffen werden. Deren formelle Rechtmäßigkeit folgt im Wesentlichen aus dem jeweiligen Verbandsrecht. Die Bewertung der materiellen Rechtmäßigkeit ergibt sich zum einen direkt aus den Normen des Verbandsrechts und zum anderen aus den Normen des verbandsrechtlich übernommenen Völkerrechts, d. h. jedenfalls dem internationalen Menschenrechtsschutz und dem staatenbezogenen Status-Völkerrecht.
- Ausschlüsse von „Sportnationen" aus politischen Gründen haben jedenfalls zwei Funktionen: Sie sollen verhindern, dass Staaten den Sport über ihre „Sportnationen" als Forum in eigener Sache missbrauchen. Daneben dienen sie als Beugemaßnahme gegenüber dem Staat hinter einer „Sportnation", um diesen zu völkerrechtsmäßigem Verhalten zu bewegen.
- Ausschlussentscheidungen aus politischen Gründen knüpfen in der Regel an außersportrechtliche Verhaltensweisen von Staaten an, die gegen das Verbandsrecht oder das verbandsrechtlich übernommene Völkerrecht verstoßen. Außerdem können auch Verletzungen des nicht übernommenen Völkerrechts als Argument für eine Ausschlussentscheidung herangezogen werden, jedenfalls wenn Verstöße gegen Normen des *ius cogens* begangen wurden.

- Die entsprechenden staatlichen Verhaltensweisen können den staatlich akzessorischen „Sportnationen“ zugerechnet werden, entweder indem sich diese „Sportnationen“ das Verhalten des Staates zu eigen machen oder indem die völkerrechtlich anerkannten Zurechnungsmaßstäbe auf das Staat-Verband-Verhältnis übertragen werden.
- Die von Ausschlussentscheidungen betroffenen Athletinnen und Athleten, Mannschaften und Teams dürfen aufgrund ihrer Staatsangehörigkeit bzw. Staatszugehörigkeit nicht an internationalen Sportwettkämpfen teilnehmen und werden insoweit mediatisiert, um den mit ihnen verbundenen nationalen Verband als „Sportnation“ und dessen Heimatstaat zu treffen.
- Jede dem Grunde nach gerechtfertigte Ausschlussentscheidung muss auf Rechtsfolgenseite verhältnismäßig ausfallen. Hierzu kann es erforderlich sein, zwischen verschiedenen Teilnahmeeinheiten einer „Sportnation“ zu differenzieren und Ausschlüsse unter Erlaubnis- oder Befreiungsvorbehalte zu stellen.
- Verletzungen des verbandsrechtlich übernommenen völkerrechtlichen *ius cogens* haben zur Folge, dass Ausschlussentscheidungen unter Umständen zwingend zu treffen sind.

Nach diesen Maßgaben ist der Ausschluss der russischen und belarussischen „Sportnationen“ von den Olympischen Spielen 2024 gerechtfertigt. Angesichts des Angriffskrieges der Russischen Föderation, zu dem Belarus Beihilfe leistet, liegt der Ausschlussentscheidung eine Verletzung des völkerrechtlich zwingenden Gewaltverbots zugrunde, das unter anderem in das Verbandsrecht des IOC übernommen worden ist. Deshalb hatte das IOC dem Grunde nach keine andere Entscheidungsmöglichkeit. Abgesehen davon hat sich das Russische Olympische Komitee die Folgen des Angriffskrieges der Russischen Föderation teils selbst zu eigen gemacht.[135] Die auf Rechtsfolgenseite gefundene Lösung, Teams und Mannschaften aus Russland und Belarus mit sämtlicher staatlicher Symbolik vollständig auszuschließen, einzelne Athletinnen und Athleten jedoch als AIN nach Einzelfallprüfung zuzulassen, lag dabei im noch vertretbaren Rahmen[136] – unabhängig davon, dass bei der Umsetzung wohl einzelne Perso-

135 Die von Russland völkerrechtswidrig annektierten Gebiete der Ukraine hat das Russische Olympische Komitee in sportlicher Hinsicht für sich selbst beansprucht, vgl. CAS, Award 2022/A/10093 v. 23.2.2024 (Fn. 7), Rn. 13 ff., 49 ff.

136 Kritisieren lässt sich allerdings die wenig transparente Durchführung der Einzelfallprüfungen, vgl. *Wiater*, EJIL: Talk! v. 19.7.2024 (Fn. 5).

nen letztlich zu Unrecht zugelassen worden sind.[137] Doch auch ein vollständiger Ausschluss aller russischen und belarussischen Teilnehmenden wäre angesichts der fortdauernden, massiven und evidenten *ius-cogens*-Verletzung durch Russland und Belarus rechtmäßig gewesen.

Demgegenüber sind die eingangs erwähnten Ausschlussentscheidungen der FIFA und der UEFA nicht nur politisch, sondern auch rechtlich unzureichend. Mit ihnen wird die fortgesetzte *ius-cogens*-Verletzung auch durch Belarus verkannt. Ein Ausschluss nicht nur russischer, sondern auch aller belarussischen Mannschaften von allen Wettbewerben der FIFA und der UEFA ist zwingend, solange der Angriffskrieg gegen die Ukraine fortdauert.

Mit Spannung dürften außerdem die zukünftigen Diskussionen über den Ausschluss weiterer „Sportnationen" von kommenden internationalen Wettbewerben zu erwarten sein. Erst kürzlich hat der IGH in einem Rechtsgutachten zutreffend festgestellt, dass Israel vor allem durch seine Siedlungspolitik in den besetzten palästinensischen Gebieten und die Modalitäten seiner Besatzung unter anderem gegen das Selbstbestimmungsrecht der Völker verstößt.[138] Auch dabei handelt es sich um eine *ius-cogens*-Verletzung,[139] deren zugrunde liegende Normen jedoch nicht zum verbandsrechtlich übernommenen Völkerrecht zählen. Daher erweist sich ein Ausschluss der israelischen „Sportnation" von zukünftigen Wettkämpfen zwar nicht als zwingend. Ein solcher wäre aber mit eben dieser völkerrechtlichen Argumentation verbandsrechtlich immerhin möglich, wenn der politische Wille für eine entsprechende Ermessensentscheidung vorliegt. Gleiches betrifft die „Sportnationen" sowohl aus Israel als auch Palästina wegen möglicher Verletzungen des humanitären Völkerrechts im Gaza-Krieg.[140] Entsprechende Erwägungen aus der Perspektive des Sports über das politisch und rechtlich Mögliche, aber eben nicht Zwingende, dürften nicht leichtfallen. So bleibt zu bedenken: Trotz des hier in Grundzügen offengelegten Rechtsrahmens wird Sportpolitik bei Wettkampfausschlüssen von Nationen auch in Zukunft eine bedeutende Rolle spielen.

---

137 Siehe dazu die Untersuchung der NGO *Global Rights Compliance* v. 18.7.2024, abrufbar unter https://globalrightscompliance.com/2024/07/18/guardian-of-the-olympic-games-ignores-dossier-showing-over-two-thirds-of-russian-athletes-set-to-compete-at-paris-olympics-have-violated-participating-ukraine-war-neutrality-rules/.

138 IGH, Legal Consequences arising from the Policies and Practices of Israel in the Occupied Palestinian Territory, including East Jerusalem, Advisory Opinion v. 19.7.2024, https://www.icj-cij.org/sites/default/files/case-related/186/186-20240719-adv-01-00-en.pdf, insbesondere Rn. 230ff.; dazu zum Beispiel *Milanovic*, EJIL: Talk! v. 23.7.2024, https://www.ejiltalk.org/the-occupation-of-gaza-in-the-icj-palestine-advisory-opinion/; instruktiv außerdem *Payandeh*, JZ 79 (2024), 789, insbesondere 797ff.

139 UN Doc. A/CN.4/747 (Fn. 81), Draft conclusion 23 und Rn. 215ff. (Annex lit. h).

140 Siehe oben Fn. 13.

Freie Meinungsäußerung im Sport als Verbandsthema

Dr. Friedrich Hestermann

I. Einführung

In regelmäßigen Abständen wiederholt sich eine medial geführte Debatte darüber, wie viel Politik der Sport verträgt und in welchem Verhältnis beide Felder stehen. Aufhänger sind in aller Regel größere und kleinere Ereignisse, bei denen Sportler die Bühne des Wettkampfs nutzen, um auf eine politische Botschaft aufmerksam zu machen und in diesem Rahmen ihre Meinung kundtun. Dieser Entwicklung versuchen Sportverbände mit Blick auf den Schutz der Integrität des Wettbewerbs und der Konzentration auf den Sport selbst durch Verbandsregelungen entgegenzuwirken. Bekannte Beispiele aus der Sportgeschichte sind die Athleten *John Carlos* und *Tommie Smith*, die die Siegerehrung des 200-Meter-Laufs bei den Olympischen Spielen 1968 dazu nutzten, die Faust in einen schwarzen Handschuh gehüllt nach oben zu strecken und sich auf diese Weise mit der Black-Power-Bewegung – einer amerikanischen Bürgerrechtsbewegung, die sich gegen Rassendiskriminierung einsetzte – solidarisierten.[1] Solidarität übten auch

1 *Gebauer*, Olympische Spiele, S. 41; *Jacob*, Sport im 20. Jahrhundert, S. 61; *Thumm*, SpuRt 2020, 68, 69.

die Bundesligaspieler *Jadon Sancho* und *Weston McKennie* mit dem im Rahmen einer Polizeikontrolle getöteten Afroamerikaner *George Floyd*, zu dessen Gunsten sie mittels Shirt und entsprechender Aufschriften „Justice“ forderten. Der DFB leitete daraufhin ein Disziplinarverfahren ein, das aber letztlich ohne Sanktionen für die Spieler endete.[2] In diesem Kontext äußerte sich auch Formel 1-Rennfahrer *Lewis Hamilton*, als er im Rahmen eines Rennens ein Shirt mit einer „Black lives matter“-Aufschrift trug. Das hatte ebenfalls keine direkten Konsequenzen für *Hamilton*, der Automobil-Weltverband FIA nahm den Vorfall aber zum Anlass, Verbotsregelungen für politische Botschaften von Fahrern einzuführen.[3] Weiteres Beispiel für das Konfliktfeld ist die Diskussion rund um die „One Love“- bzw. Regenbogenarmbinde, die verschiedene Kapitäne ihrer Mannschaften bei der Fußball-WM 2022 in Katar tragen wollten.[4] Nachdem die FIFA ein Verbot aussprach und empfindliche Strafen androhte, verzichteten der DFB und andere Verbände schließlich darauf.[5] Auch die Fußball-EM 2024 in Deutschland bot Anlass für Kontroversen: nach einem erzielten Tor zeigte der türkische Nationalspieler *Merih Demiral* den sog. „Wolfsgruß“, was sich zu einem Politikum inklusive Einbestellung des Botschafters entwickelte. Die Geste wird als Erkennungszeichen der türkischen „Ülkücü-Bewegung“, einer rechtsextremen Organisation, die in Deutschland vom Verfassungsschutz beobachtet wird, verstanden.[6] Von der UEFA wurde er dafür gesperrt, sodass die EM damit für ihn endete.[7] Entsprechende Vorfälle waren auch bei den Olympischen Spielen 2024 zu beobachten: die Breakerin *Manizha Talash* trug bei ihrer Choreo einen hellblauen Umhang mit der Aufschrift „Free Afghan Women“. Dafür wurde sie mit Verweis auf das „Zeigen eines politischen Slogans“ disqualifiziert.[8]

Die hier keinesfalls erschöpfend aufgezeigte Breite politischer Äußerungen rückt die Frage der Zulässigkeit verbandsrechterlicher Verbote in den Fokus. Hierzu beleuchtet der Beitrag zunächst schaubildhaft Regelungen

---

2 *Fuss*, Geisterball, 2020, S. 82; *Hestermann*, Das Verbot politischen Verhaltens im Sport, 2023, S. 48.

3 https://www.spiegel.de/sport/formel1/formel-1-schraenkt-politische-botschaften-von-fahrern-ein-protest-nur-noch-mit-genehmigung-a-bdf79694-2416-4341-9dad-9942cd71bcb3 (zuletzt abgerufen am 27.10.2024).

4 Der Regenbogen steht dabei als Zeichen für Vielfalt und Toleranz und gilt als Solidaritätsbekundung mit der LGBTQI-Szene; vgl. *Kruschke*, NJOZ 2023, 417.

5 *Scheuch*, npoR 2023, 169.

6 https://www.lto.de/recht/nachrichten/n/wolfsgruss-demiral-sperre-uefa-tuerkei-europameisterschaft-fussball-rechtsextremismus (zuletzt abgerufen am 27.10.2024).

7 https://www.zeit.de/sport/2024-07/uefa-sperrt-tuerkischen-nationalspieler-demiral-fuer-zwei-spiele (zuletzt abgerufen am 27.10.2024).

8 https://www.sportschau.de/olympia/afghanische-olympia-breakerin-talash-disqualifiziert,olympia-paris-breaking-talash-100.html (zuletzt abgerufen am 27.10.2024).

hervorgehobener Verbände (II). Sodann wird deren Sinn und Zweck untersucht (III) und geprüft, ob die Regelungen aus vertrags- und kartellrechtlicher Sicht zulässig sind (IV).

II. Regelungen

1. Rechts- und Verfahrensordnung des Deutschen Fußball-Bunds (DFB-RuVo)

Die DFB-RuVo regelt das materielle Fußball-Strafrecht in ihren §§ 6 ff.[9] Für die gegenständliche Thematik besondere Relevanz entfaltet § 9 Nr. 1, der „Diskriminierung und ähnliche Tatbestände" als Überschrift trägt:

> *Eines unsportlichen Verhaltens gemäß § 1 Nr. 4. macht sich insbesondere schuldig, wer sich politisch, extremistisch, obszön anstößig oder provokativ beleidigend verhält.*

Benannter § 1 Nr. 4 DFB-RuVo verweist dann wiederum bezüglich des Strafmaßes auf § 44 DFB-Satzung, der einen weiten Strafenkatalog darstellt: Mögliche Sanktionen reichen von einer bloßen Verwarnung (Nr. 2 lit. a) bis zu einem Ausschluss auf Dauer (Nr. 2 lit. g).

Bei Lektüre des § 9 Nr. 1 DFB-RuVo fällt auf, dass rein „politisches" Verhalten bereits eine Unsportlichkeit darstellt. Das ist zum einen deshalb bemerkenswert, weil unter Politik dem allgemeinen Sprachgebrauch nach jedes auf die Durchsetzung bestimmter Ziele – besonders im staatlichen Bereich – und auf die Gestaltung des öffentlichen Lebens gerichtetes Handeln zu verstehen ist.[10] Jede Äußerung, die ein gesellschaftlich relevantes Thema tangiert, gelte danach schon als Unsportlichkeit. Eine so weitreichende Sanktionierung erscheint sehr zweifelhaft. Vor diesem Hintergrund bewirkt gerade die Systematik ein gewisses Störgefühl: rein politische Äußerungen stehen als gleichwertige Variante neben extremistischem, obszön anstößigem oder provokativ beleidigendem Verhalten. Angesichts des Umstands, dass die übrigen Varianten durchweg negativ konnotiert sind, die letzte Variante nach § 185 StGB sogar strafrechtlich relevantes Verhalten darstellt, stellt sich die Frage, ob „politisch" im Sinne der Norm wirklich so weit verstanden werden soll. Die Modalitätenäquivalenz spricht jedenfalls dagegen. Die Frage scheint der DFB jedoch zu bejahen, denn bereits die

9 *Hilpert*, Das Fußballstrafrecht des DFB, 2. Aufl. 2018, S. 142; vgl. zu § 9 Nr. 2 auch *Orth*, in: Cherkeh/Momsen/Orth, Handbuch Sportstrafrecht, 2021, Kap. 3 Rn. 154 ff.
10 https://www.duden.de/rechtschreibung/Politik (zuletzt abgerufen am 27.10.2024).

oben beschriebenen Solidaritätsbekundungen mit *George Floyd* stellten aus Sicht des Verbands einen ausreichenden Anfangsverdacht für die Einleitung eines Disziplinarverfahrens dar.[11] Gleichwohl fand sodann eine Neubewertung im Verfahren selbst statt, welches letztlich eingestellt wurde. Der großzügigen Subsumtion unter den Tatbestand begegnet die Einstellung somit als Korrektiv. [12]

2. UEFA-Rechtspflegeordnung

Die Parallelnorm auf UEFA-Ebene ist Art. 11 der UEFA-Rechtspflegeordnung, der „allgemeine Verfahrensgrundsätze" regelt:

> *Abs. 1*
> *Alle dem vorliegenden Reglement unterliegenden Organisationen und Personen haben die Spielregeln sowie die Statuten, Reglemente, Weisungen und Beschlüsse der UEFA zu befolgen und sich ethisch korrekt, loyal, integer und sportlich zu verhalten.*
>
> *Abs. 2*
> *Gegen diese Grundsätze verstößt insbesondere, wer:*
> *(…)*
> *b. sich beleidigend verhält oder in anderer Weise elementare Anstandsregeln verletzt;*
> *c. Sportveranstaltungen für sportfremde Kundgebungen benutzt;*
> *(…)*
>
> *Abs. 3*
> *Verstöße gegen die oben genannten Grundsätze und Vorschriften werden disziplinarrechtlich geahndet.*

Der Regelungszweck deckt sich mit dem in § 9 Nr. 1 DFB-RuVo. Auffallend wird gerade nicht explizit auf eine „politische" Äußerung und auch nicht auf Meinungen Bezug genommen. Aber auch die UEFA möchte mit der Norm jegliche sportfremde Meinungsäußerung unterbinden – und zwar unabhängig von ihrem Inhalt.[13] Der eingangs skizzierte „Wolfsgruß" des Fußballers Demiral wurde mit Verweis auf Art. 11 lit. b, c sanktioniert. Die Äußerung wurde also zum einen als sportfremd verstanden und verletzte nach Ansicht der UEFA zum anderen offenbar auch elementare Anstandsregeln.

11 *Orth* im FAZ-Interview: *Becker*, FAZ v. 05.06.2020, S. 27; vgl. auch *Thumm*, SpuRt 2020, 68, 71.
12 *Becker*, FAZ v. 05.06.2020, S. 27.
13 https://www.lto.de/recht/nachrichten/n/wolfsgruss-demiral-sperre-uefa-tuerkei-europameisterschaft-fussball-rechtsextremismus (zuletzt abgerufen am 27.10.2024).

3. Regel 50 der Olympischen Charta

Prominentestes Beispiel für einen normierten Einschnitt in die Möglichkeit, seine Meinung im sportlichen Umfeld zu äußern, ist Regel 50.2 der Olympischen Charta. Auf ihrer Grundlage erfuhren die Athleten *John Carlos* und *Tommie Smith* 1968 und die Breakerin *Manizha Talash* 2024 für ihre Gesten die Sanktionen. Die Norm regelt in ihrer deutschen Übersetzung:

> *„Demonstrationen jeglicher Art sowie politische, religiöse oder rassistische Propaganda sind in olympischen Stätten, Veranstaltungsorten oder anderen Bereichen nicht gestattet."*

Die Variante der „Demonstration" stellt dabei die *lex generalis* dar, während „Propaganda" als speziellere Form der Demonstration verstanden wird und somit als *lex specialis* gilt.[14] Mit der Norm wird grundsätzlich ein Verbot jeglicher politischer Äußerungen statuiert.

Auf Initiative verschiedener Athleten – auch der Athleten Deutschland e. V. veröffentlichte ein entsprechendes Positionspapier[15] – erlässt das IOC seit den Olympischen Spielen in Tokio 2021 jedoch Richtlinien, die das Verbot wiederum einschränken.[16] Darin wird zunächst erneut der Grundsatz betont, dass politische Äußerungen grundsätzlich untersagt sind. Davon werden allerdings eine Reihe von Ausnahmen zugelassen: so sind außerhalb der Wettkampforte – etwa in der Mixed Zone, auf Pressekonferenzen, in Interviews oder in sozialen Medien – politische Äußerungen gestattet. Die bemerkenswerteste Ausnahme ist die letzte Modalität. Danach sind politische Äußerungen in folgendem Rahmen erlaubt:

> *„Auf dem Spielfeld vor Beginn des Wettkampfs (d. h. nach Verlassen des ‚Call Rooms' (oder eines ähnlichen Bereichs) oder während der Vorstellung des einzelnen Athleten oder der Mannschaft), sofern die Äußerung (z. B. die Geste):*
>
> *(i) im Einklang mit den Grundprinzipien des Olympismus steht;*
> *(ii) sich weder direkt noch indirekt gegen Personen, Länder, Organisationen und/oder deren Würde richtet;*
> *(iii) nicht störend ist (…) und*

---

14 *Hestermann* (Fn. 2), S. 23 ff. m. w. N.

15 https://olympics.com/athlete365/app/uploads/2021/02/DOSB-AC_ADEV_Letter-and-Position-Review-Rule-50.2-Freedom-of-Expression_Sep20.pdf (zuletzt abgerufen am 27.10.2024).

16 Abrufbar unter https://olympics.com/athlete365/app/uploads/2024/01/2023.12.01.-OC-Athlete-expression-guidelines-amendment-EN.pdf (zuletzt abgerufen am 27.10.2024).

> *(iv) nicht durch die Regeln des jeweiligen Nationalen Olympischen Komitees (NOC) und/oder die Wettbewerbsbestimmungen des jeweiligen Internationalen Verbandes verboten oder anderweitig eingeschränkt sind."*

Das IOC geht damit einen neuen Weg und erlaubt nunmehr auch am Wettkampfort politische Äußerungen, solange sie den genannten Voraussetzungen entsprechen. Die Grundprinzipien des Olympismus werden etwa in Nr. 2 der Präambel der Charta deutlich, die als Ziel artikuliert, „den Sport in den Dienst der harmonischen Entwicklung der Menschheit zu stellen, um eine friedliche Gesellschaft zu fördern, die der Wahrung der Menschenwürde verpflichtet ist." Drohenden Eskalationen sollen durch (ii) vorgebeugt werden. Mit der Anforderung des Nicht-Störens in (iii) soll sichergestellt werden, dass die Äußerung nicht den sportlichen Wettkampf ins Abseits stellt. Die wohl erheblichste Rückausnahme ist (iv): demnach können die Nationalen Olympischen Komitees oder die jeweiligen Sportverbände eigenmächtig wieder zum Verbotsgrundsatz zurückkehren. So tat es etwa der Weltschwimmverband bei Olympia 2021 und untersagte alle Statements am Pool.[17]

Im Rahmen derselben Spiele lieferte der Wettkampf im Hockey einen Gegenentwurf: Die deutsche Athletin *Nike Lorenz* beantragte im Vorfeld während des Wettkampfs regenbogenfarbene Stutzen tragen zu dürfen, was das IOC ihr daraufhin gestattete.[18] Der Vorgang ist deshalb bemerkenswert, weil dieses Verfahren formell gar nicht vorgesehen ist.

In der seit 2023 geltenden Fassung der Charta wurde zudem Regel 40.2 neu aufgenommen, die in ihrer Übersetzung folgendes normiert:

> *„Alle Wettkämpfer, Mannschaftsoffiziellen und sonstigen Mannschaftsmitglieder bei den Olympischen Spielen genießen das Recht auf freie Meinungsäußerung im Einklang mit den olympischen Werten und den Grundprinzipien des Olympismus und in Übereinstimmung mit den Richtlinien die von der IOC-Exekutivkommission festgelegt werden."*

Welche systematische Bedeutung der Norm zukommt, bedarf noch der näheren Klärung. Sie steht einerseits Regel 50.2 entgegen, nimmt aber zugleich den Regelungsgehalt der Richtlinien in die Charta auf und verweist ihrerseits auf selbige.

---

17 *Catuogno*, Regenbogen ja, aber nur ein bisschen, SZ.de v. 24.7.2021; *Kahlert/Bareuther*, NJW-aktuell, 34/2021, 15.

18 *Crane*, Mit Regenbogen-Stutzen bei Olympia, dw.com v. 24.7.2021; *Kahlert/Bareuther*, NJW-aktuell, 34/2021, 15.

4. Art. 12.2.1. des FIA guidance on the principle of neutrality[19]

Der Motorsportweltverband FIA führte 2023 eine entsprechende Regel ein, die die Möglichkeit von Meinungsäußerungen mit politischem Hintergrund untersagt:

> *„Die allgemeine Abgabe und Zurschaustellung politischer, religiöser und persönlicher Erklärungen oder Kommentare, die insbesondere gegen den allgemeinen Grundsatz der Neutralität verstoßen, sind untersagt – es sei denn, sie wurden zuvor schriftlich von der FIA (...) genehmigt.“*

Der Verband führte also ein generelles Verbot mit Genehmigungsvorbehalt ein. Für die Tätigung einer politischen Äußerung müssen Motorsportler demnach ein Antragsverfahren durchlaufen. Was im Falle *Lorenz* umgesetzt wurde, wurde hier in normiertes Recht gegossen.[20]

III. Sinn und Zweck der Verbotsregelungen

Was ist die Motivation der Verbände für solche Regelungen? Das von Verbandsseite am intensivsten vorgebrachte Argument, warum der Sport ein Interesse daran hat, möglichst frei von Meinungsäußerungen in seinem Umfeld zu sein, ist die Maxime, den Sport in den Mittelpunkt der Aufmerksamkeit stellen zu wollen. *Steiner* beschreibt es als ein sportgenuines Anliegen, dass den Sportlern ein Recht auf die Spiele und Wettkämpfe ohne sportfremde Störung gebühre.[21] Nach *Orth* wohnt Meinungskundgaben im sportlichen Umfeld die Gefahr inne, Athleten und Zuschauer vom Sport abzulenken.[22] Es bestehe eine Gefahr vor Überpolitisierung und Verwässerung.[23] Der scheidende IOC-Präsident *Bach* warnt gar vor einem „Marktplatz der Demonstrationen“ und einer Spaltung, die bei Überlagerung der Spiele mit politischen Anliegen drohe.[24]

Blickt man auf die Sportgeschichte, ist nicht von der Hand zu weisen, dass gerade in autoritär geführten Staaten eine Tendenz dazu besteht, den Sport für politische und propagandistische Zwecke zu missbrauchen –

19 Abrufbar unter https://www.fia.com/sites/default/files/fia_guidance_on_the_principle_of_neutrality_-_2023-02-17.pdf (zuletzt abgerufen am 27.10.2024).
20 *Scheuch*, npoR 2023, 169, 171.
21 *Steiner*, SpuRt 2021, 117.
22 *Orth*, SpuRt 2020, 157.
23 *Orth*, in: Deutsche Sportjugend, Sport, Werte und Politik – Zwischen Neutralität und Haltung zeigen, Teil 1, S. 60.
24 *Becker*, US-Vorstoß zu Sportler-Protesten, FAZ v. 12.12.2020, S. 34; *Hestermann* (Fn. 2), S. 141.

man denke etwa an die Olympischen Spiele 1936 in Nazi-Deutschland[25] oder die Bedeutung des Sports in der DDR, bei dem zum Zwecke der Profilierung durch den Sport auch vor der systematischen Nutzung von Doping nicht Halt gemacht wurde.[26] Auch dieser missbräuchlichen Nutzung des Sports wird mit den oben skizzierten Regelungen entgegengetreten.[27]

Ferner wird vorgebracht, durch die Regeln würden Sportler auch davor geschützt, bestimmte Meinungen nicht äußern zu müssen. Sonst bestünde die Gefahr, dass sie als Sprachrohr eines Dritten missbraucht werden.[28] Der DFB führt für das Neutralitätsgebot zudem sicherheitstechnische Aspekte ins Feld, da an einer politischen Botschaft ganz erhebliche Meinungsunterschiede und Konfliktpotenziale entstehen können, was in einem so eng besetzten Raum wie einem Fußballstadion große Gefahren mit sich bringe.[29]

Gegen eine partielle Erlaubnis von Meinungsäußerungen wird zudem mit der schweren Abgrenzung von erlaubtem und nicht erlaubtem Verhalten argumentiert.[30] Daneben sind Vermarktungsgründe relevant.[31] Die Zielgruppe der unter dem Dach der Sportverbände laufenden Wettbewerbe wird durch die weltweite Übertragung von Sportveranstaltungen immer größer und heterogener. Innerhalb dieser Zielgruppe werden politische Themen jedoch höchst unterschiedlich aufgefasst, wie an der Diskussion rund um Regenbogensymbole überdeutlich wird.[32] Nicht zuletzt wird das Ziel der Völkerverständigung durch den Sport als Begründung herangezogen: der Austausch von Personen aus ganz verschiedenen Kulturkreisen würde demnach erschwert, wenn kontroverse politische Debatten auf dem Spielfeld ausgetragen werden würden.[33]

---

25 *Bohus*, Sportgeschichte, S. 151; *Fischer/Lindner*, Stürmer für Hitler, S. 34; *Hilpert* (Fn. 9), S. 5; *Noske*, ZRP 2008, 136.

26 *Güldenpfennig*, APuZ, 29–30/2008, 6, 7; *Reichelt*, Das System des Leistungssports in der DDR, 2006, S. 20; *Ritter*, Wandlungen in der Steuerung des DDR-Hochleistungssports in den 1960er und 1970er-Jahren, 2003, S. 180; *Seppelt*, Feinde des Sports, 2019, S. 239ff.

27 *Hestermann* (Fn. 2), S. 143.

28 Vgl. *Dressel*, Causa Sport 2020, 302, 303.

29 *Hestermann* (Fn. 2), S. 140 m. w. N.

30 *Joschko*, Das Demonstrations- und Propagandaverbot der Regel 51.3 der Olympischen Charta, S. 153; *Kahlert/Bareuther*, NJW-aktuell, 34/2021, 15; *Steiner*, SpuRt 2021, 117.

31 *Scheuch*, npoR 2023, 169, 170.

32 *Hestermann* (Fn. 2), S. 143 m. w. N.

33 *Scheuch*, npoR 2023, 169, 170; *Steiner*, SpuRt 2021, 117.

IV. Rechtmäßigkeit solcher Regelungen

Sodann ist zu fragen, ob Verbandsregelungen nach dem Typus der eingangs dargestellten Normen rechtlich zu beanstanden sind. Anknüpfungspunkt ist dabei das Vertragsrecht, da Sportler typischerweise mit Unterwerfungserklärungen – also Verträgen mit den Verbänden – die Regelwerke anerkennen.[34]

1. Vertragsrechtliche Beurteilung aus deutscher Sicht

a) Grundlagen

Nach deutschem Recht unterliegen die Verträge der Inhaltskontrolle nach §§ 138, 242, 315 BGB.[35] Jedenfalls aufgrund des ungleichen Kräfteverhältnisses von Sportlern und Verbänden ist das der Privatautonomie zugrundeliegende Prinzip der „Waffengleichheit der Parteien" nicht gegeben, weshalb dieser Eingriff in den Vertragsautonomie auch gerechtfertigt erscheint.[36] Im Rahmen dieser Kontrolle finden auch die Grundrechte jedenfalls über die mittelbare Drittwirkung Beachtung.[37] In Bezug auf private Akteure mit überragender Machtstellung – wie es die Sportverbände typischerweise sind – ist gar eine dem Staat nahekommende Grundrechtsbindung anzunehmen.[38]

b) Eingriff in die Meinungsfreiheit

Durch die eingangs beschriebenen Regelungen wird in die Meinungsfreiheit der Sportler aus Art. 5 Abs. 1 GG eingegriffen, denn es ist ihnen unter Androhung von verbandsinternen Sanktionen untersagt, ihre Meinung im Umfeld des Wettbewerbs zu äußern. Daneben sind auch Eingriffe in die Vereinigungsfreiheit gem. Art. 9 Abs. 1 GG und das allgemeine Persönlichkeitsrecht aus Art. 2 Abs. 1 GG i. V. m. Art. 1 Abs. 1 GG denkbar. Insoweit ist die Meinungsfreiheit aber spezieller, sodass beide auf Konkurrenzebene dahinter zurücktreten.[39]

---

34 *Jakob-Milicia*, SpuRt 2013, 236 ff.; *Schneider*, in: Jakob/Orth/Stopper, Praxishandbuch Vereins- und Verbandsrecht, 2021, § 2 Rn. 153.

35 *Butte*, Das selbstgeschaffene Recht des Sports im Konflikt mit dem Geltungsanspruch des nationalen Rechts, 2010, S. 247; *Guckelberger*, JuS 2003, 1151, 1154; *Haas/Martens*, Sportrecht, 2012, S. 73, 80; *Schulz*, Grundrechtskollisionen im Berufssport, 2011, S. 74.

36 *Hestermann*, SpuRt 2023, 98, 100.

37 BVerfG, Urt. v. 15.01.1958, NJW 1958, 257; BVerfG, Beschl. v. 11.05.1976, NJW 1976, 1677; BVerfG, Beschl. v. 11.04.2018, NJW 2018, 1667; BVerfG NJW 2019, 1935; BVerfG NJW 2020, 305.

38 BVerfG, Urt. v. 22.02.2011, NJW 2011, 1201, 1204; BVerfG, Beschl. v. 11.04.2018, NJW 2018, 1667, 1669; *Muckel*, JA 2020, 411, 416.

39 BVerfG, Beschl. v. 13.4.1994, NJW 1994, S. 1779; BVerfG, Beschl. v. 19.12.2007, NVwZ 2008, 671 f.; *Lang* in BeckOK GG, 59. Edition, Stand: 15.09.2024, Art. 2 Rn. 160.

c) Rechtfertigung

aa) Schranken

Dieser Eingriff kann aber gerechtfertigt sein. Zum einen erlaubt Art. 5 Abs. 2 GG eine Einschränkung durch allgemeine Gesetze. Davon umfasst sind jedoch nur materielle Gesetze und nicht Vorgaben der Sportverbände, die eine rein privatrechtliche Dimension aufweisen.[40] Eine Rechtfertigung kommt indes durch verfassungsimmanente Schranken infrage.[41] Der Schutz anderer Güter von Verfassungsrang kann demnach den Eingriff rechtfertigen. In diesem Zuge kollidierende Grundrechtspositionen sind sodann in ihrer Wechselwirkung zu erfassen und nach dem Grundsatz der praktischen Konkordanz so in Ausgleich zu bringen, dass sie für alle Beteiligten möglichst weitgehend wirksam werden.[42] Der Meinungsfreiheit steht aufseiten der Sportverbände zuvorderst die Vereinigungsfreiheit aus Art. 9 Abs. 1 GG gegenüber. Aus ihr folgt das Recht der Verbände zur Festlegung eigener Regelungen, deren Nichteinhaltung mit verbandsinternen Sanktionen belegt werden darf.[43] Von Relevanz ist ebenso die negative Meinungsfreiheit von Sportlern, die ansonsten Gefahr laufen würden, zu bestimmten Äußerungen gedrängt zu werden.[44] Im Hinblick auf die vorgebrachte Eskalationsgefahr durch Meinungsäußerungen spielt überdies das Recht auf Leben und körperliche Unversehrtheit aus Art. 2 Abs. 2 S. 1 GG eine Rolle.

bb) Abwägung

In der vorzunehmenden Abwägung ist zu konstatieren, dass der Nutzeffekt, also der Umfang, wie sehr das Ziel durch den Eingriff gefördert wird,[45] bei negativer Meinungsfreiheit und dem Recht auf körperliche Unversehrtheit eher überschaubar ist, weswegen diese zurücktreten. Es verbleibt also bei einer Abwägung zwischen Meinungs- und Vereinigungsfreiheit. Dabei sind die Gegensätze nicht unerheblich: zum einen garantiert Art. 9 Abs. 1 GG im Grundsatz den Verbänden die Möglichkeit, ihre Regelwerke frei von staatlichem Einfluss festzulegen.[46] Demgegenüber folgt aus der Meinungsfreiheit eine grundsätzliche Vermutung für die Freiheit

---

40 *Dressel*, Causa Sport 2020, 302, 304; vgl. auch *Fischinger/Hengstberger* in Staudinger BGB, Neubearbeitung 2021, § 134 Rn. 33.

41 BVerfG, Beschl. v. 25.01.1984, NJW 1984, 1741.

42 BVerfG, Beschl. v. 06.11.2019, NJW 2020, 300, 306; BVerfG, Beschl. v. 11.04.2018, NJW 2018, 1667, 1668.

43 LG Bremen, Urt. v. 31.01.2013, NJW-RR 2013, 1125; *Buchberger*, Die Überprüfbarkeit sportverbandsrechtlicher Entscheidungen, 1999, S. 38; *Krogmann*, Grundrechte im Sport, 1998, S. 58 ff.

44 BVerfG, Urt. v. 15.12.1983, NJW 1984, 421; *Dressel*, Causa Sport 2020, 302, 303.

45 *Kluckert*, JuS 2015, 116, 119.

46 BGH, Urt. v. 06.12.1999, NJW-RR 2000, 758.

der Rede in allen Bereichen.[47] Zwischen beiden Positionen besteht daher im Ergebnis eine Patt-Situation. Im Rahmen der praktischen Konkordanz ist somit ein Kompromiss zu suchen, der einen idealen Ausgleich zwischen den konfligierenden Rechten schafft.

cc) Denkbare Kompromisse

Dabei käme zum Beispiel das von der FIA skizzierte Antragsmodell in Betracht, wonach grundsätzlich ein generelles Verbot besteht, per Antrag aber Ausnahmen genehmigt werden können, um insoweit der Meinungsfreiheit den ihr gebührenden Raum zu ermöglichen. Das würde der drohenden Ausuferung von Meinungsäußerungen im sportlichen Umfeld entgegentreten. Dieses Modell krankt allerdings daran, dass dem Mechanismus stets eine Gefahr der Meinungskontrolle und Zensur innewohnt, denn letztlich hätte das entsprechende Verbandsgremium immer die Gewalt darüber, welche Äußerungen erlaubt wären und welche nicht, was gegen die Verhältnismäßigkeit des Eingriffs in die Meinungsfreiheit spricht.[48]

Als möglicher Kompromiss erscheint im Grundsatz auch das vom IOC mittels der Richtlinien verfolgte Modell, wonach transparent formuliert wird, in welchen Konstellationen Meinungsäußerungen abweichend vom Grundsatz gestattet sind, und grenzt dies auch in einer Weise ein, die einen sinnvollen Ausgleich zwischen den Positionen schafft. Im Fall des IOC korrumpiert jedoch der Zusatz, dass die Sportfachverbände diese Möglichkeit nach eigenem Gutdünken wieder streichen können, die Sinnhaftigkeit dieses Ausgleichs.

Einen rein inhaltlichen Ansatz bietet die Unterscheidung zweier Politikbegriffe: Dem universal-politischen und dem partikular-politischen Begriff. Dem Sport eine Friedensmission beizumessen und ihn als Mittel gegen Diskriminierung und für die Gleichheit der Menschen und die Verteidigung der Menschenrechte einzusetzen, ist demnach in einem universalen Sinn politisch.[49] Sind dagegen konkrete politische Agenden betroffen, so wäre es dies in einem partikularen Sinn. Legt man die Regelwerke nunmehr so aus, dass unter die Verbotsnorm solches Verhalten nicht fällt, das universal-politisch und gleichzeitig nicht störend ist, wäre ein sinnvoller Kompromiss gefunden.[50] Gewichtigstes Argument gegen diese Form des Kompromisses ist sicherlich die schwierige Abgrenzung zwischen beiden

47 BVerfG, Urt. v. 15.01.1958, NJW 1958, 257, 258.

48 *Hestermann* (Fn. 2), S. 225.

49 *Armbrecht*, „Die IOC-Mitglieder sind historisch nicht auf dem Laufenden“, Der Spiegel v. 1.8.2020.

50 *Kahlert/Bareuther*, NJW-aktuell, 34/2021, 15; *Thumm*, SpuRt 2020, 68, 71.

Begriffen.[51] Ganz frei von Anhaltspunkten ist die Rechtsordnung indes nicht: um der Gefahr einer Polarisierung der Belegschaft entgegenzuwirken und den Betriebsfrieden zu sichern verbietet § 74 Abs. 2 S. 3 Hs. 1 BetrVG Arbeitgebern und dem Betriebsrat „parteipolitische Betätigung" im Betrieb. Demgegenüber hat die Rechtsprechung das Institut der allgemeinpolitischen Betätigung herausgearbeitet, von der explizit erlaubte politische Verhaltensweisen erfasst sind. Die dort vorgenommene Differenzierung erlaubt also zumindest einen rechtsgedanklichen Rückgriff auf die notwendige Unterscheidung von zulässigem und unzulässigem Verhalten.[52] Für diese Art der Lösungsfindung spricht zudem, dass mit universal-politischen Äußerungen regelmäßig für Werte geworben wird, für die die Sportverbände selbst qua Satzung eintreten. Vertreter eines solchen Verbots müssten sich den Vorwurf der Widersprüchlichkeit gefallen lassen.[53]

Die oben genannten situativen und inhaltlichen Ansätze sollten im Idealfall kombiniert werden, um beide Aspekte der Äußerung gleichermaßen zu berücksichtigen.

2. Vertragsrechtliche Beurteilung aus Schweizer Sicht

Jedenfalls für die in der Schweiz ansässigen Sportverbände ist zuvorderst auch das schweizerische Recht maßgeblich. Hinsichtlich der Beurteilung dürfte jedoch von einem Gleichlauf im Vergleich zum deutschen Recht auszugehen sein: auch die Schweizer Bundesverfassung kennt die Meinungs- (Art. 16 SBV) und die Vereinigungsfreiheit (Art. 23 SBV). Ebenso haben die Grundrechte zumindest indirekte Wirkung im privaten Bereich, Art. 35 Abs. 3 SBV. Überdies lassen sich auch im Schweizer Recht Grundrechtseingriffe durch den Schutz von Grundrechten Dritter rechtfertigen, Art. 36 Abs. 2 SBV. Im Ergebnis liefe die Beurteilung also auch auf eine Abwägung zwischen den Sportler- und den Verbandsrechten hinaus, die durch einen Kompromiss wie dem skizzierten gelöst werden kann.[54]

3. Kartellrechtliche Beurteilung

Überdies könnten die Meinungsfreiheit einschränkenden Regelungen auch kartellrechtswidrig sein. Dass das Kartellrecht auch im Profisport Anwendung findet, ist jedenfalls seit der *Meca-Medina*-Entscheidung des

51 *Becker*, FAZ v. 05.06.2020, S. 27; *Kahlert/Bareuther*, NJW-aktuell, 34/2021, 15 .
52 *Hestermann*, SpuRt 2023, 98, 102.
53 *Hestermann*, SpuRt 2023, 98, 102; *Scheuch*, npoR 2023, 169, 170.
54 Ausführlicher dazu *Hestermann* (Fn. 2), S. 203 ff.

EuGH Konsens.[55] Den Sportverbänden kommt aufgrund des Ein-Platz-Prinzips im Sport[56] eine marktbeherrschende Stellung zu, die sie durch solche Regelungen missbräuchlich ausnutzen könnten, Art. 102 AEUV.[57] Dass die meisten großen Sportverbände ihren Sitz in der Schweiz und damit nicht in der Europäischen Union haben, steht der Anwendbarkeit von Unionsrecht nicht entgegen, da im Kartellrecht das Auswirkungsprinzip gilt und somit maßgeblich ist, ob eine wettbewerbsrelevante Maßnahme aus dem Ausland spürbare Auswirkungen im Binnenmarkt haben kann.[58] Letzteres dürfte regelmäßig anzunehmen sein. Zwar schützt das Kartellrecht nicht ohne Weiteres die Meinungsfreiheit, der notwendige Marktbezug besteht indes jedenfalls aufgrund der drohenden Sanktionen bei Verstößen gegen die Regeln – ein Ausschluss vom Wettbewerb hätte im Bereich des Profisports nicht unerhebliche wirtschaftliche Folgen.[59] Das gilt angesichts des Umstands umso mehr, dass die dargelegten Strafenkataloge ein breites Spektrum an Sanktionen bereithalten, wobei die Strafe *in concreto* kaum zuverlässig prognostizierbar ist. Gerade darin dürfte das missbräuchliche Verhalten zu sehen sein.[60]

Nach den in der *Meca-Medina*-Entscheidung herausgearbeiteten Maßstäben sind Beschränkungen durch den Marktbeherrscher erlaubt, wenn sie einem legitimen nicht-wirtschaftlichen Ziel dienen und zu dessen Erreichung erforderlich und verhältnismäßig sind.[61] Solche Ziele können die unter III. skizzierten Zwecke sein. Soweit ein Verbot sich indes auf Äußerungen bezieht, mit denen für universelle Werte geworben wird, für die die Verbände auch selbst einstehen – etwa ein Einstehen gegen Diskriminierung aufgrund sexueller Orientierung – würde eine Rechtfertigung fehlgehen.[62] Denn gerade durch die Festlegung eines eigenen Wertekanons schränkt der Verein seine eigene Neutralität wieder ein.[63] Im Übrigen lässt sich das Verbot aber gerade im Hinblick auf das Ziel des Sports im Mittelpunkt grundsätzlich kartellrechtlich rechtfertigen. Auch hier allerdings müsste der Eingriff verhältnismäßig sein, was die Diskussion wieder auf die unter IV. 1. vorgenom-

55 EuGH, Urt. v. 18.7.2006 – C 519/04 P, SpuRt 2006, 195; *Fischinger/Kainer*, SpoPrax 2021, 56, 57.

56 Näher dazu *Butte* (Fn. 35), S. 237; *Korff*, Sportrecht, 2014, Kap. 3 Rn. 46; *Pfister/Fritzweiler*, in: Fritzweiler/Pfister/Summerer, Praxishandbuch Sportrecht, 4. Aufl. 2020, Einführung, Rn. 16.

57 *Pallinger/Deselaers-Hahlen*, SpoPrax 2023, 15; *Scheuch*, npoR 2023, 169.

58 *Pallinger/Deselaers-Hahlen* SpoPrax 2023, 17.

59 *Pallinger/Deselaers-Hahlen* SpoPrax 2023, 17; *Scheuch*, npoR 2023, 169.

60 *Pallinger/Deselaers-Hahlen* SpoPrax 2023, 18.

61 EuGH, Urt. v. 18.7.2006 – C 519/04 P, SpuRt 2006, 195; *Scheuch*, npoR 2023, 169, 170.

62 *Scheuch*, npoR 2023, 169, 170.

63 LG Bremen, Urt. v. 31.01.2013, NJW-RR 2013, 1125, 1127.

mene Abwägung lenkt. Ein vollumfängliches Verbot von Meinungsäußerungen ohne einer wie oben beschriebenen Kompromissfindung würde mithin auch in Konflikt mit dem Kartellrecht treten.

V. Zusammenfassung und Ausblick

Die Freiheit der Meinungsäußerung wird durch nationale und internationale Sportverbände im Rahmen des Wettbewerbs durch entsprechende Regularien eingeschränkt. Um einer Rechtfertigungsprüfung standzuhalten, sind jedoch Zugeständnisse von Nöten, damit der Eingriff insgesamt noch als verhältnismäßig anzusehen ist. IOC und FIA haben dafür Modelle implementiert, die einer angemessenen Abwägung schon sehr nahekommen. Die Regeln der Fußballverbände sind bisweilen noch verfassungskonform auszulegen, um der Meinungsfreiheit den ihr zustehenden Raum zu ermöglichen. *De lege ferenda* wäre es geboten, dass noch eindeutiger geregelt wird, was erlaubtes und was nicht erlaubtes Verhalten darstellt. Dafür würde sich etwa ein handhab- und nachvollziehbarer Kriterienkatalog anbieten, an dem sich die Sportler orientieren können.[64]

64 *Orth* (Fn. 23), S. 59.

Fairness und Fair Play in Literatur, Forschung und Rechtsprechung

Marc Patrick Schneider

I. Einleitung

Begibt man sich auf die Suche nach der Bedeutung der Begriffe „Fairness“ und „Fair Play“, wird deren grundlegender, dem Sport immanenter Charakter bereits bei einem ersten Blick in die verhaltens- und werteorientierten Regularien der Spitzenverbände deutlich. So spricht etwa der durch den Deutschen Olympischen Sportbund (DOSB) als Muster bereitgestellte Ethik-Code im Rahmen der kodifizierten Prinzipien und Wertevorgaben des DOSB in den Ziffern 1. und 3. davon, dass gegenseitiger Respekt sowie die Wahrung der persönlichen Würde und Persönlichkeitsrechte „eine faire, partnerschaftliche Zusammenarbeit im Rahmen einer Einheit in der Vielfalt“ gewährleisten, und es sich bei den charakterlichen Eigenschaften Regeltreue und Fairplay um „wesentliche Elemente im Sport“ handelt.[1] Und so beschreibt der Ethik-Kodex des Deutschen Fußball-Bundes (DFB) in Ziffer 2. die Fairness als „Grundlage für einen werteorientierten Fußball“ und stellt heraus, dass die Regeln des Fair Play sowie des „korrekten Umgangs“ miteinander (gemeint ist hierbei das auch vom DOSB proklamierte, von Toleranz und Wertschätzung geprägte Miteinander) auf und neben dem Platz eine „immerwährende Herausforderung und Verpflichtung“ darstellen.[2]

Hilpert hebt den werteorientierten Grundsatz der Fairness in seinem Beitrag „Die Olympischen Spiele der Antike und Moderne im Rechtsvergleich“ als „wichtigstes Gut des Sports“[3] weiter auf eine Metaebene und weist dem Begriff „Fair“ die Bedeutung der „Leitidee des Sports“ und des Gedankens zu, der dem Sport erst seine „Würde und Größe gibt“[4]. Und auch der promovierte und habilitierte Philosoph, Soziologe und zudem u. a. Olympiasieger 1960 im Ruder-Achter *Hans Lenk* stellt wiederholt die den Sport weit übergreifende Bedeutung von Fairness heraus und bezeichnet diese als „Leitwert für andere gesellschaftliche Bereiche“.[5]

Zwar sind die Regeln der Fairness jenseits der in den werte- und prinzipienorientierten Regularien der Sportverbände beschriebenen Anforderungen nicht weiter tatbestandlich konkretisiert. Gleichwohl durchziehen und prägen diese i. S. eines allgemein geltenden Verhaltenskodexes – gleich ob olympisch oder nicht olympisch, ob Spitzen- oder Breitensport – die gesamte Sportausübung.[6] So wird in der Olympischen Charta zu den grundlegenden Prinzipien des Olympismus (sog. „fundamental principles“) unter Ziffer 4. hervorgehoben, dass die Ausübung von diskriminierungsfreiem Sport im olympischen Geist ein Menschenrecht darstelle, welches ein „gegenseitiges Verstehen im Geist von Freundschaft, Solidarität und Fairplay erfordert“.[7] Fairplay bzw. Fair Play – je nach bevorzugter Schreiweise – wird insoweit als zentraler Wert des Olympismus verstanden.[8] Gleiches gilt für den internationalen Sport im Allgemeinen und damit über die olympische Bewegung hinaus, der zweifelsohne eine besondere Werteskala innewohnt. Entsprechend wurde z. B. auf europäischer Ebene bereits 1992 über den als Ergänzung zur

---

1 DOSB Ethik-Code i. d. F. v. 02.12.2023, https://t1p.de/z71zt (zuletzt aufgerufen am 09.04.2025).
2 DFB Ethik-Kodex i. d. F. v. 30.09.2022 als Bestandteil der Rechtsordnung, https://t1p.de/u28vk (zuletzt aufgerufen am 09.04.2025).
3 *Hilpert*, Causa Sport 9/2014, 108.
4 *Hilpert*, Causa Sport 4/2011, 288.
5 *Lenk*, Fairness und Fairplay, in: Gerhard/Lämmer (Hrsg.), Fairness und Fairplay (1995), S. 40.
6 Vgl. *Morgenroth*, ZStV 2013, 132.
7 *Vedder/Lämmer*, Deutsche Olympische Akademie (Hrsg.), Olympische Charta 2014, S. 7; vgl. auch *Hilpert*, Causa Sport 9/2014, 102 ff.
8 *Reinold/Kalthoff*, Fair Play – ethische Grundlagen und pädagogische Potenziale, in: Pietsch et al. (Hrsg.), Bildungspotenziale der Olympischen Idee, S. 191.

Europäischen Sport Charta vom Europarat erlassenen „Kodex über Ethik im Sport“ die Zielsetzung der Gewährleistung eines gesunden, sicheren, fairen und toleranten Sportes durch die unterzeichneten Vertragsstaaten ausgegeben[9] und im Weißbuch Sport der Europäischen Kommission vom 11.07.2007 festgestellt, dass es zu den legitimen Zielen der Sportverbände gehöre [Anm. d. Verf.: und gehören muss], „die Fairness sportlicher Wettbewerbe [...] sicherzustellen“.[10] Und entsprechend findet sich die werteorientierte Zielvorgabe eines fairen Verhaltens auch in sportspezifischen Gesetzen wieder. So bestimmt etwa § 1 des Gesetzes gegen Doping im Sport (Anti-Doping-Gesetz – AntiDopG), dass mithilfe der Bekämpfung des Einsatzes von Dopingmitteln und -methoden im Sport die Fairness und Chancengleichheit bei Sportwettbewerben gesichert werden soll.

Wie in Abschnitt V.2. noch ausführlich dargestellt wird, hat sich auch die sportrechtliche Judikatur in für den Sport wesentlichen Bereichen immer wieder ausdrücklich auf den Grundsatz der Fairness als normbegründendes und -ausfüllendes Element berufen. Zu nennen ist die Rechtsprechung des Bundesgerichtshofes (BGH) zu den Grundsätzen der Haftung im Sport, wonach eine Einstandspflicht für Verletzungen mangels Sorgfaltswidrigkeit ausscheidet, die sich ein auf einen sportlichen Wettkampf einlassender Sportler bei einem dem Fairnessgebot entsprechenden Einsatz des Gegners zuzieht.[11] Genannt werden können aber auch zahlreiche obergerichtliche Entscheidungen zu den Themen Nominierung und Vergabe von Kader- bzw. Teilnahmeplätzen bei sportlichen Wettbewerben. So hat etwa in prominenter Weise betreffend die einstweilige Zulassung zu den paralympischen Winterspielen 2022 in Peking das Oberlandesgericht (OLG) Düsseldorf in einer Entscheidung vom 20.01.2022 herausgearbeitet, dass das Vertrauen der über eine zwingend faire und diskriminierungsfreie Vergabe zuzulassenden Athleten in das paralympische Klassifizierungssystem nur insoweit schützenswert sei, als dass das International Paralympic Committee (IPC) faire Wettkampfbedingungen in dem Sinne sicherstellt, nicht gegen Konkurrenz mit körperlichen Vorteilen antreten zu müssen.[12] Diese Position deckt sich im Übrigen mit der in der Literatur vertretenen Auffassung, dass Fair Play in diesem Kontext eine Prägung durch den speziellen Gleichbehandlungs-

9 Vgl. dazu m. w. N. *Streinz*, SpuRt 2018, 192 (193 f.).

10 Commission Staff Working Document to the White Paper on Sport, COM (2007) 391 final, S. 68; vgl. auch *Heermann*, WRP 2015, 1172 (1174); OLG Frankfurt a.M., Urt. v. 15.11.2022 – 11 U 60/21 (Kart), NZKart 2023, 40 Rn. 49 („*Motorsportveranstaltung*“).

11 So bereits BGH, Urt. v. 05.11.1974- VI ZR 100/73, NJW 1975, 109; auch BGH, Urt. v. 27.10.2009 – VI ZR 296/08, NJW 2010, 537.

12 OLG Düsseldorf, Urt. v. 20.01.2022 – VI-6 W 1/22 [Kart], SpuRt 2022, 110 mit Anmerkungen *Jakob*.

grundsatz nach Art. 3 Abs. 2 und 3 GG erfährt, wonach im Sport durch Regelvorgaben jeder Sportausübende in die Ausgangslage versetzt werden soll, einen Wettkampf aufgrund der mit den Kontrahenten vergleichbaren körperlichen und geistigen Fähigkeiten und Eigenschaften gewinnen zu können, und lediglich die Endergebnisse der Sportausübung zum Zwecke des Leistungsvergleichs ungleich sein sollen.[13] Und so hat die 6. Zivilkammer des Landgerichtes (LG) Frankfurt a. M. am 20.03.2019 im Kontext der Überprüfung einer Verbandsstrafe (konkret ging es um einen Punkteabzug wegen des Einsatzes von Pyrotechnik in einem Fußballspiel) ausgeurteilt, dass bei der Inhaltskontrolle einer Verbandsstrafe am Maßstab des § 242 BGB durch die staatliche Gerichtsbarkeit das in der Präambel der Satzung des DFB als die Verbandsstrafe aussprechenden Verbandes niedergelegte Fair-Play-Prinzip zu berücksichtigen sei, und – insoweit wesentlich – die darauf beruhende, notwendige Berücksichtigung der Spielerinteressen insgesamt zu der Bewertung einer Verbandsstrafe als unbillig i. S. d. § 242 BGB führen könne.

Für die Mitglieder der Deutschen Vereinigung für Sportrecht e. V. (DVSR; ehemals Konstanzer Arbeitskreis für Sportrecht e. V.) sind die Begriffe und Grundsätze von Fairness und Fair Play spätestens seit bzw. aufgrund der sog. „Karlsruher Erklärung zum Fair Play" vom 03.03.1998 bekannt. Die Erklärung war seinerzeit auf Anregung der langjährigen Präsidentin des Arbeitskreises, Frau Richterin am Bundesgerichtshof a. D. Erika Scheffen, von der Mitgliederversammlung des Konstanzer Arbeitskreises am 27.04.1997 in Karlsruhe (in Anlehnung daran auch die Bezeichnung der Erklärung) in Auftrag gegeben und nach vorbereitenden Arbeiten eines von ihr eingesetzten, als „Ethik-Kommission" bezeichneten, Ausschusses von der am 09.05.1998 im Schloss Velen tagenden Mitgliederversammlung gebilligt worden. Wie noch in Abschnitt III.3. dargestellt wird, ist die unter Mitwirkung namhafter Vertreter des Konstanzer Arbeitskreises[14] entstandene Erklärung auch heute, also über 25 Jahre später, noch in Bezug auf den Regelungsgehalt sowie die Bestimmung der Adressaten einer umfassenden Fair-Play-Verpflichtung von bemerkenswerter Präzision und Aktualität geprägt.[15]

Es kann mit Fug und Recht festgestellt werden, dass Fairness und Fair Play mit Leben gefüllte Begriffe und durch sportrechtsinteressierte Menschen von heute beinahe allgegenwärtig nicht nur als optionales Element, sondern viel-

13 *Kintrup*, Charta der Athletenrechte (Diss. 2025), S. 61 f.; vgl. auch *Sachs*, SpuRt 2019, 50.

14 Dazu gehörten die Ausschussmitglieder Erika Scheffen, Dr. h. c. Volker Röhricht, Prof. Dr. Toni Graf-Baumann, Dr. Volker Niese, Dr. Susanne Parlasca, Peter Rademacher, Prof. Dr. Arndt Raupach sowie Walter Schmitt.

15 Karlsruher Erklärung zum Fair Play der „Ethik-Kommission" des Konstanzer Arbeitskreises für Sportrecht e. V. vom 03.03.1998, erschienen als Sonderheft zum Tagungsband Recht und Sport, 1998.

mehr als Grundsatzverpflichtung wahrgenommen werden. So stolpert man bei Durchsicht der Pressemitteilungen des Bundeskartellamtes in Sachen „50+1" unweigerlich über den auf der Internetseite bundeskartellamt.de gut sichtbaren Slogan „Offene Märkte | Fairer Wettbewerb".[16] In diese Stoßrichtung reihen sich u. a. auch die Art. 1 Abs. 1 und 6 Abs. 1 Elektrizitäts-RL[17] ein, wonach Stromnetzbetreiber zur Herstellung fairer und transparenter Märkte Dritten den Netzzugang zu vorab festgelegten, objektiven und transparenten Kriterien ermöglichen müssen. Und so findet sich in den am 21.12.2023 verkündeten, medial präsenten Urteilen des Europäischen Gerichtshofes (EuGH) in Sachen *European Superleague Company vs. FIFA/UEFA*, *SA Royal Antwerp Football Club* und *International Skating Union vs. European Commission et al.* jedenfalls mittelbar über Art. 165 AEUV bzw. die zitierte Rechtssache *Meca-Medina and Majcen* eine Referenz zum Grundsatz der Fairness.[18] Während in der erstgenannten supranationalen Norm bekanntlich im letzten Spiegelstrich des Absatzes 2 die „Entwicklung der europäischen Dimension des Sports durch Förderung der Fairness [...]" als Ziel der Tätigkeit der Europäischen Union genannt ist,[19] wurde im letztgenannten Urteil das Ziel eines fairen Ablaufs von Sportwettkämpfen durch effektive Dopingbekämpfung beschrieben und herausgestellt, dass diese Zwecksetzung zugleich „die Chancengleichheit der Sportler, ihre Gesundheit, die Ehrlichkeit und Objektivität des Wettkampfs sowie die ethischen Werte des Sports gewährleisten" soll.[20]

Und auch außerhalb des Sports wird in unterschiedlichstem Kontext Bezug auf Fairness und Fair Play genommen. So ist in das erst zum 07.07.2023 in Kraft getretene neue Grundgesetz des Vatikan nunmehr ausdrücklich als Verpflichtung der Päpstlichen Kommission aufgeführt, dass sich der Haushaltsplan des Vatikan an den „Grundsätzen der Klarheit, Transparenz und Fairness" zu orientieren habe.[21] Und so lassen sich zahlreiche weitere Beispiele aus dem nationalen und internationalen, vor allem europäischen Recht nennen. Anwendungsfälle, in denen normativ Bezug auf Fairness

16 Vgl. *Heinemann*, NZKart 2018, 389 mit weiteren Ausführungen zum Fairnessbegriff im Kartellrecht.

17 Richtlinie (EU) 2019/944 des Europäischen Parlamentes und des Rates vom 05.06.2019 mit gemeinsamen Vorschriften für den Elektrizitätsbinnenmarkt und zur Änderung der Richtlinie 2012/27/EU, ABl. (EU) L158/125.

18 EuGH, Urt. v. 21.12.2023, C-333/21, NZKart 2024, 19, ECLI:EU:C:2023:1011, Rn. 97 – *European Superleague Company vs. FIFA/UEFA*; EuGH, Urt. v. 21.12.2023, C-680/21, NZKart 2024, 27, ECLI:EU:C:2023:1010, Rn. 65 – *SA Royal Antwerp Football Club*, EuGH, Urt. v. 21.12.2023, C-124/21, EuZW 2024, 373, ECLI:EU:C:2023:1010, Rn. 112 – *International Skating Union vs. European Commission et al.*

19 Vgl. zu Art. 165 AEUV u. a. *Schiffbauer*, SpuRt 2023, 2; *H. Jakob*, SpoPrax 2023, 2; *Heermann*, SpoPrax 2022, 401; *Stopper*, SpuRt 2024, 86; *Fischer*, SpuRt 2024, 372.

20 EuGH, Urt. v. 18.07.2006, C-519/04 P, ECLI:EU:C:2006:492, Rn. 43 – *Meca-Medina und Majcen*; *Heermann*, NZKart 2024, 289 (291).

21 Meldung vom 15.05.2023, Redaktion beck-aktuell, becklink 2027082.

Bezug genommen wird, sind etwa der auf „faire Behandlung von Kunden" ausgerichtete § 81 Abs. 1 Nr. 3 lit. b) WpHG, der die Zielsetzung einer „fairen Wahrnehmung der publizistischen Aufgabe" durch Verleger, Herausgeber und Journalisten proklamierende Pressekodex[22], oder auf europäischer Ebene die Verordnungen (EU) 2019/1150 zur Förderung von Fairness und Transparenz für gewerbliche Nutzer von Online-Vermittlungsdiensten (vgl. § 5b Abs. 2 a.E. UWG)[23] und (EU) 2022/1925 betreffend bestreitbare und faire Märkte im digitalen Sektor (vgl. § 32g Abs. 1 GWB)[24].

Betrachtet man schließlich die Literatur zum Grundsatz der Fairness sowie weiteren sportwissenschaftlichen und sportethischen Themen, ist zu konstatieren, dass diese gleichermaßen komplex wie unübersichtlich ist, und zudem keine – was sich der rechtsanwendende Sportjurist aber gerade wünschen würde – absolut fassbare Definition hervorgebracht hat.

Der Versuch, dies zu erreichen, und damit weiter vorzudringen als die zahlreichen namhaften Personen aus Ethik, Philosophie und Rechts- bzw. Sportwissenschaft zuvor, wird mit diesem Beitrag gar nicht erst unternommen. Vielmehr soll es bewusst nur darum gehen, den Grundsatz von Fairness und Fair Play in seiner Etymologie, Bedeutung und Anwendung in der Literatur, Forschung und Rechtsprechung zu beschreiben, ein möglichst übersichtliches Bild des mit diesen verbundenen Regelungsinhalts zu zeichnen und damit zu ermöglichen, Fragen wie

> Ist es fair, mit Unterstützung verbotener Substanzen oder Methoden i.S.d. WADC an einem sportlichen Wettbewerb teilzunehmen? Ist es fair, wenn ich im Sport ein Foul begehe und damit Regeln verletze? Ist es fair, als Sportler erst an einem Wettkampf teilzunehmen, und sich dann später, wenn es nicht so gut gelaufen ist, auf rechtlichem Wege auf die Unzulässigkeit der zugrunde liegenden Regeln zu berufen? Ist es fair, wenn ich jemandem Geld anbiete, um besonders schlecht zu spielen und infolgedessen zu verlieren? Und ist es – insoweit umgekehrt – unfair, wenn ich jemandem Geld anbiete, um besonders gut zu spielen und einen bestimmten Wettbewerb zu gewinnen?

einordnen sowie fundiert und differenziert beantworten zu können.

22 Siehe die Präambel der Publizistischen Grundsätze (Pressekodex), mithin den vom Trägerverein des Deutschen Presserats e.V. herausgegebenen ethischen Standards für den Journalismus in Deutschland.

23 Verordnung (EU) 2019/1150 des Europäischen Parlaments und des Rates vom 20.06.2019 zur Förderung von Fairness und Transparenz für gewerbliche Nutzer von Online-Vermittlungsdiensten, ABl. L 186 vom 11.7.2019, S. 57.

24 Verordnung (EU) 2022/1925 des Europäischen Parlaments und des Rates vom 14.09.2022 über bestreitbare und faire Märkte im digitalen Sektor und zur Änderung der Richtlinien (EU) 2019/1937 und (EU) 2020/1828 (Gesetz über digitale Märkte), ABl. L 265 vom 12.10.2022, S. 1.

II. Etymologie, Bedeutung und Verwendung der Begriffe „Fairness“ und „Fair Play“

Um ein zutreffendes Verständnis für die Begriffe Fairness und Fair Play entwickeln und deren Regelungsgehalt, wie er in der Literatur, Forschung, Rechtsprechung sowie auch der Regelsetzung durch die Sportverbände aufgefasst wird, sachgerecht zuordnen zu können, ist ein intensives Befassen mit der Etymologie sowie der wahren inneren und äußeren, also nach außen wahrgenommenen und gelebten, Bedeutung entscheidend.

Fairness und Fair Play lassen sich mit einem zum Schmuckstück verarbeiteten Diamanten vergleichen, der aus einem unerschütterlichen wertvollen Kern besteht, über die Zeit mühevoll zu dem geschliffen wurde, was er heute ist, und zum Erhalt seines Glanzes fortwährender Pflege bedarf. Denn auch Fairness und Fair Play haben aufgrund des ihnen innewohnenden Wertungskerns überaus wertvolle Bedeutung für den Sport und das gemeinschaftsorientierte Verhalten der Menschen im Sport, so wie wir ihn auffassen und auffassen wollen. Sie entfalten zudem erst aufgrund der kontinuierlichen Befassung und Ausprägung, also einem pointierten Schleifen durch geschichtliche, philosophische, ethische und soziologische Einflüsse, aber nicht zuletzt auch praktische Anwendung „auf und neben dem Spielfeld des Sports“, ihre nach außen wahrnehmbare Bedeutung.

Die Begriffe Fairness und Fair Play, sowie auch deren Wortbestandteil Fair, werden im Besonderen im Kontext des Sportes synonym[25] und zudem wie selbstverständlich im allgemeinen Sprachgebrauch verwendet. Wo und mit welchem Hintergrund das heute prägende Begriffsverständnis seinen Ursprung hat, ist jedoch in der Breite weniger bekannt.

Im Duden wird der Begriff „Fair“ wie folgt definiert: (a) „den Regeln des Zusammenlebens entsprechend; anständig, gerecht im Verhalten gegenüber anderen“ sowie (b) „den [Spiel]regeln entsprechend und kameradschaftlich“.[26] Zu Fairplay bzw. Fair Play (beide Schreibweisen finden gleichermaßen Anwendung, die Worttrennung wird indes vom Duden empfohlen[27] und dementsprechend im weiteren Verlauf dieses Beitrages angewendet) werden neben dem Verweis auf den Begriff „Fair“ die Synonyme „Fairness“, „Anstand“, „Anständigkeit“ und „Aufrichtigkeit“ genannt.[28] Ferner lässt sich in klassischen Enzyklopädien, wie dem Brockhaus, eine

25 Vgl. dazu *Hilpert*, Causa Sport 9/2014, 109.
26 Eintrag Fair auf duden.de, https://t1p.de/u7kmq (zuletzt aufgerufen am 09.04.2025).
27 Eintrag Fair Play auf duden.de, https://t1p.de/sssvd (zuletzt aufgerufen am 09.04.2025).
28 Eintrag Fair Play auf duden.de, https://t1p.de/sssvd (zuletzt aufgerufen am 09.04.2025).

Zuweisung zu einem den „Regeln entsprechenden, anständigen und kameradschaftlichen Verhalten" finden.[29] Unter „Fairness" findet sich in Ergänzung des Vorstehenden noch die Beschreibung einer „ehrlichen Haltung andern gegenüber".[30]

Die Definitionen der genannten Begriffe im Duden sowie anderen Enzyklopädien sind alles in allem nicht vollständig kongruent. Ein Umstand, der wenig verwundert, wenn man sich die Vielzahl der aufgeführten Synonyme verdeutlicht. So werden zum Begriffsbereich „Fair/Fairness" auf thesaurus.com insgesamt beachtliche 60 Synonyme, u.a. „Anstand", „Aufrichtigkeit", „Integrität" und „Gerechtigkeit", geführt.[31] Schließlich helfen die Definitionen aufgrund ihres am Wortlaut orientierten engen Begriffsverständnisses und dem Fokus auf Regelkonformität für den Bereich des Sportes allein nicht weiter. Denn wäre Regelkonformität der entscheidende und alleinige Maßstab zur Ausfüllung des Regelungsgehaltes, müsste die eingangs gestellte Frage „Ist es fair, wenn ich im Sport ein Foul begehe und damit Regeln verletze?" konsequent mit nein beantwortet und dem Sport bei realistischer Auswertung der realen Gegebenheiten („Fouls gehören nun einmal dazu") per se das Prädikat eines unfairen Betätigungsfeldes verliehen werden. Gemein ist den Definitionen indes bei einer die Begriffe unter Berücksichtigung ihrer heute üblichen Verwendung wertenden Auslegung die Erkenntnis, dass es noch eine weitere tatbestandsausfüllende Ebene gibt bzw. geben muss. Wie es noch im Einzelnen herzuleiten gilt, lässt sich in der Tat zum einen von einer Verhaltensebene sprechen, in der es objektiv um Regelkonformität geht. Zum anderen kann begriffsausfüllend eine subjektive („höhere") Ebene gebildet und beschrieben werden, in der es um ein werteorientiertes und, jedenfalls nach unserem gemeinen Sprachgebrauch, positiv konnotiertes Verhalten geht.

Der Vollständigkeit halber ist zu erwähnen, dass die Begrifflichkeit „Fair" im englischsprachigen Raum auch in einem negativ belasteten Kontext zur Anwendung gelangt. So wird etwa der Begriff „Fair skin" in der dortigen Kosmetik- und angebundenen Werbeindustrie mitunter als Synonym für weiße Haut und damit in diskriminierender Weise verwendet.[32] Dass der Begriff „Fair" selbst im offiziellen Sprachgebrauch mit Hautfarbe in Verbindung gebracht wird, und zudem – inzwischen freilich vollkom-

29 Vgl. exemplarisch Eintrag Fair Play in Brockhaus Enzyklopädie, Band 7, 19. Aufl. 1988.

30 Eintrag Fairness auf duden.de, https://t1p.de/e24uk (zuletzt aufgerufen am 09.04.2025).

31 Eintrag zu Fairness auf thesaurus.com, https://t1p.de/ufl1q (zuletzt aufgerufen am 09.04.2025).

32 *Parbey*, Wie fair ist der Begriff „Fair"?, Beitrag auf rosa-mag.de vom 29.12.2019, https://t1p.de/syrjx (zuletzt abgerufen am 09.04.2025).

men zurecht – Bestandteil einer kritischen Debatte geworden ist, lässt sich den Eintragungen im bekannten amerikanischen Wörterbuch Merriam-Webster entnehmen. So wurde unter der Wortbeschreibung Ziffer 4. bis zum Sommer 2024 (das exakte Änderungsdatum ist auch mittels eines Vergleiches von Caches nicht mehr zu recherchieren) für „Fair" von „Not dark, fair skin, a person of fair complexion"[33] gesprochen, und lässt sich seither folgendes finden: „having very little color, coloring, or pigmentation : very light, fair hair, fair skin, a person of fair complexion".[34]

Ihre Ursprünge haben die Begriffe „Fairness" und „Fair" im altenglischen Sprachgebrauch des zehnten Jahrhunderts. Sie leiten sich von *„fæger"* ab, was so viel wie „schön", „angemessen" oder „gerecht" bedeutete. Hieraus entwickelte sich in der mittelhochenglischen Sprache mit der Zeit über die Laut- und Wortverschiebung *„feire"* die verkürzte und heute verwandte Form *„fair"*.[35] Im Kontext des Sportes fand „Fair Play" erstmals im England des 18. Jahrhunderts im Zusammenhang mit Regeln zur Förderung eines gerechten und respektvollen Umganges von Elite-Schulen bei der Ausübung des Cricket-, Rugby- und Reitsportes dokumentierte sprachliche Verwendung. Im Sinne eines „gentlemanlike conduct" bzw. „code of gentlemen" wollte insbesondere die Oberschicht damit die gebotene sportliche Etikette und als unabdingbar empfundenen sportlichen Werte beschreiben. Eine flächendeckende Verbreitung war damit seinerzeit noch nicht verbunden, wenngleich der existenziell nicht gewichtige „Sport der Gentlemen" im alten England dem Ideal eines bestimmte Formen der Höflichkeit einschließenden fairen Verhaltens unzweifelhaft nahekam, und zudem das zeitlich vorgelagerte weniger tiefenbedeutende Verständnis von „Fair Play" i. S. eines „schön und attraktiv Spielens" bereits zu dieser Zeit überholt war.[36]

Genau datieren lässt sich die erste Verwendung der Begriffe von Fairness und Fair Play auf Basis der vorliegenden belastbaren Quellen nicht. Fest steht jedoch, dass sich die Popularität der Begriffe maßgeblich (auch) auf englischsprachige Schriften stützen lässt. So nutzte der Schriftsteller und Dramatiker *William Shakespeare* den Begriff „Fair Play" zur meta-

33 *Sentobe*, Solidarische Kritik am Begriff «fair», Beitrag auf fairspec.ch, https://t1p.de/sox8u (zuletzt aufgerufen am 09.04.2025).

34 Eintrag zu Fair in merriam-webster.com, https://t1p.de/6c6gx (zuletzt aufgerufen am 09.04.2025).

35 Vgl. den Eintrag *„Fair"* auf wictionary.com, https://t1p.de/bbvwp (zuletzt aufgerufen am 09.04.2025).

36 *Lenk*, Wenn nur der Sieg zählt, Konkurrenz braucht Fairness – in Wirtschaft, Gesellschaft und Sport, Interview (geführt von Dr. Norbert Copray) der Fairness-Stiftung 2001, https://t1p.de/pge3a (zuletzt aufgerufen am 09.04.2025); vgl. auch *Vieweg*: in Ghosh-Schellhorn/Marti: Spielen nach den Spielregeln, 2008, S. 93 (99); *Wilke*, Das Ende der Fairness? Ethische Werte aus dem Sport im Spiegel der Gesellschaft (Dissertation, 2009), S. 76.

phorischen Umschreibung eines Verhaltenskonzeptes von Gerechtigkeit und Anständigkeit in seinem Theaterstück „The life and death of King John“ (deutsch: „König Johann“; um 1597) sowie dem Drama „The Tempest“ (deutsch: „Der Sturm“; 1611).[37] Und so soll der Begriff – nach dem heutigen Begriffsverständnis wenig überraschend – auch im Zusammenhang mit der Mitte des 13. Jahrhunderts in englischen Balladenzyklen erstmals erwähnten legendenhaften Figur des sinnbildhaft für Tugend und Fairness einstehenden Robin Hood und dessen Hauptantagonisten, dem Sheriff von Nottingham, auftauchen.

Eine bis heute auf den verbandsorganisierten Sport und seine Akteure durchstrahlende Bedeutung erfuhren Fairness und Fair Play respektive die Erkenntnis, dass der damit verbundene Verhaltensmaßstab ein Mehr als bloße Regelkonformität bedeutet, durch die Olympische Bewegung Ende des 19. Jahrhunderts. So sprach *Pierre Baron de Coubertin* in einer Rede auf dem Kongress zu Paris im Jahr 1894:

> *„Meine Herren, letztlich besteht der Mensch nicht nur aus Körper und Seele, also aus zwei Teilen: er besteht aus drei Teilen, Körper, Geist und Charakter.“*[38]

und auch nachfolgend wiederholt:

> *„… eine Auslese zu sein, genügt nicht, sie muß mit Ritterlichkeit verbunden sein. Ritter sind vor allem ‚Waffenbrüder‘, tapfere energische Männer. Sie bindet ein noch stärkeres Band als das einfacher Kameradschaft, die an sich schon so mächtig ist. Aus dem Gefühl gegenseitigen Beistands, als einer Grundlage der Kameradschaft, entsteht beim Ritter der Wettkampfgedanke, der Gedanke des Widerstreits Kraft gegen Kraft aus Freude an der Kraftentfaltung, und damit des ritterlichen und doch leidenschaftlichen Kampfes.“*[39]

Ungeachtet des heute nicht mehr tragfähigen und zu tolerierenden Bildes einer (rein) „männlichen Ritterlichkeit“ ist den Worten von *de Coubertin* zu entnehmen, dass es bei dem Grundsatz und den Verhaltensanforderungen, die wir gemeinhin mit Fairness und Fair Play verbinden, um mehr als eine

---

37 Vgl. zur Verwendung des Begriffs durch Shakespeare *Müller*, in: Ghosh-Schellhorn/Marti: Spielen nach den Spielregeln, 2008, S. 34 (45); siehe auch den Eintrag Fair Play auf geo.de, https://t1p.de/gtut4 (zuletzt aufgerufen am 09.04.2025).

38 Rede *Pierre Baron de Coubertin*, Kongress zu Paris 1894, abgedruckt in: Bulletin du Comité International des Jeux Olympiques, Juli 1894, S. 10f.

39 De Coubertin, Die philosophischen Grundlagen des modernen Olympismus, in: Der Olympische Gedanke. Reden und Aufsätze, 1967, S. 151.

bloße Organisation von und Teilnahme an Sport unter Einhaltung vorbestimmter Regeln geht. Fairness und Fair Play führen vielmehr zu einer wesentlichen Einschränkung des scheinbar unbeschränkten Citius-altius-fortius-Ideals und dazu, dass nicht der Rekord, Kampf oder Sieg um jeden Preis sinn- und tugendhaft ist, sondern nur der – so *de Coubertin* – „gute", d. h. zwar mit vollem Einsatz, aber eben mit zugelassenen, lauteren Mitteln, ehrlich geführte Wettkampf (übertragen: also insbesondere ohne Manipulation wie Doping).[40] Sich diesem Bedeutungsgehalt anschießend sprechen *Röthig/Prohl* in ihrem sportwissenschaftlichen Lexikon bei „Fair Play" auch heute noch von einem „Verhalten, das über die Einhaltung von Regeln hinausgeht und damit die positive Überwindung eines gegebenen Bedingungsgefüges (z. B. eine faire Geste im Wettkampf) darstellt."[41] *Richard von Weizsäcker* brachte diesen Aspekt am 50. Jahrestag der Gründung des Nationalen Olympischen Komitees (NOK) im Jahre 1990 in einer Ansprache nochmals auf den Punkt und führte aus, dass ein Sportler erst über die Fairness zum Sportsmann werde, wobei dieser „nicht primär nach dem Wortlaut der Regeln, sondern nach deren Geist zu handeln" habe.[42]

In Deutschland wurde der Begriff „Fair" 1915 in den Duden aufgenommen.[43] Gleichwohl ist dieser bis heute – innerhalb und außerhalb des Sportes – weder absolut noch unveränderlich. So setzen sich u. a. die Ethik, Philosophie und Soziologie fortwährend mit Fairness auseinander. Prägend sind hierbei im 20. Jahrhundert die Arbeiten von *Rawls, Hart* und *Lenk*. So definiert *Rawls* Fairness als die Eigenschaft, gerecht und unparteiisch zu sein. Sie beinhalte den Grundsatz, alle Menschen gleich zu behandeln, unabhängig von ihrer Rasse, ihrem Geschlecht, ihrer Religion, ihrem sozialen Status oder anderen Faktoren.[44] Nach der Vorstellung von *Rawls* ist eine Gesellschaft – insoweit synonym für eine Gemeinschaft von Menschen (wie auch im Sport) – dann gerecht, wenn sich alle Beteiligten auf Regeln für das Zusammenleben einigen können, ohne zu wissen, welche konkrete Rolle sie innerhalb dieses Zusammenlebens übernehmen. Diese Ausgangssituation, dass eben niemand den Vor- oder Nachteil seiner eigenen Regelfestlegung kennen kann, bezeichnet *Rawls* als Fairness.[45] *Hart* führt aus, dass das Prinzip der Fairness erfordere, dass ein Mensch seinen Verpflichtungen nach-

40 Vgl. *Lenk*, Zu Coubertins olympischem Elitismus: Philosophisch-pädagogische Notizen zu Idee, Interpretation, Realisierung und Gefahren des olympischen Hochleistungssports, Sportwissenschaft (Band 6), 1976, S. 414.
41 Eintrag zu „Fair Play" in: *Röthig/Prohl*, Sportwissenschaftliches Lexikon, 7. Aufl. 2003.
42 *Hilpert*, Causa Sport 9/2014, 107; *ders.*, Causa Sport 4/2011, 288.
43 Eintrag „Fair" auf duden.de, https://t1p.de/u7kmq (zuletzt aufgerufen am 09.04.2025).
44 *Rawls*, A Theory of Justice, Original Edition Oxford 2005.
45 *Morgenroth*, ZStV 2013, 132 (133).

kommt, wie sie von einer Institution aufgestellt werden, dies hierbei unter zwei Bedingungen, nämlich

> *„1. Die Institution ist gerecht bzw. fair, d.h. die Institution erfüllt die beiden Prinzipien der Gerechtigkeit.“ und „2. Man hat freiwillig dem Arrangement zugestimmt, d.h. dass diejenigen, die zugestimmt haben, ein Recht darauf haben, dies auch von anderen zu erwarten, die Vorteile aus diesem Arrangement ziehen.“*[46]

Eine besondere Befassung mit dem Grundsatz der Fairness ist des Weiteren *Lenk* zuzuschreiben. Gemeinsam mit *Pilz* setzte sich dieser in seinem Werk „Das Prinzip Fairness“ aus dem Jahr 1989 dezidiert mit dem problematischen Zusammenspiel der Anforderungen an die Ausübung von Hochleistungssport und der gleichzeitigen Erfüllung des mit Fairness verbundenen Wertemaßstabes auseinander. In zahlreichen weiteren Arbeiten beschäftigte sich dieser zudem – zum Teil offenkundig basierend auf seinen persönlichen Erfahrungen als erfolgreicher Sportler – deutlich kritisch mit der entgegen der Grundsätze des *de Coubertin*‘schen Olympismus zu beobachtenden stetig steigenden Konzentration auf Leistung und Erfolg in Sport und Gesellschaft. Letztere stelle mit ihrer gelebten Erfolgsmoral den Erfolg uneingeschränkt in den Vordergrund, was unweigerlich zu „Dilemma-Situationen“[47] im Kontext von Moral und Ethik im Sport führe, die fortwährend aufzulösen seien und einer „wirklichen Fairness-Gesinnung“[48] den Raum zur Entfaltung streitig machen.[49] Zu der von *Lenk* schon in den Sechzigerjahren des 20. Jahrhunderts vorgeschlagenen Unterscheidung zwischen „formeller Fairness“ und „informeller“ Fairness[50] wird in Abschnitt III.3. noch näher eingegangen.

Um zu verstehen, warum jedem bis heute entwickelten Verständnis von Fairness und Fair Play in vitalem Maße das über die Zielsetzung eines „Leistung und sportlichen Erfolg um jeden Preis“ hinausgehendes Wesensmerkmal der Gerechtigkeit innewohnt[51], ist ein aufklärender Blick zurück in das antike Griechenland, das Römische Reich und das alte Ägypten geboten.

---

46 *Hart*, Philosophical Review 64 (1955), 185 f.

47 Vgl. dazu *Lenk*, Wettkampf-Fairness, assoziative Moral und strukturelle Dilemma-Situationen, in: Sportethik: Regeln – Fairness – Doping, 2004, S. 119 ff.

48 *Lenk*, Strukturelle Dilemma-Situationen der Fairness in Wirtschaft und Sport, in: Maring, Zur Zukunft der Bereichsethiken – Herausforderungen durch die Ökonomisierung der Welt, 2019, S. 242.

49 Vgl. *Lenk*, Magglingen 2/1989, 15 ff.

50 Siehe dazu u. a. *Lenk*, Werte, Ziele, Wirklichkeit der modernen Olympischen Spiele, 1972; *Lenz/Pilz*, Das Prinzip Fairness, 1989, S. 37 ff.

51 Vgl. exemplarisch und anschaulich *Stosch*, Fairness unter Nazis, Hamburger Abendzeitung (HAZ) v. 14.09.2014, S. 2.

Beginnt man mit dem antiken Recht des Sportes in Griechenland, ist festzustellen, dass dieses zwar die Begriffe „Fairness" und „Fair Play" als solche nicht kannte. Gleichwohl finden sich viele Prinzipien, Eigenschaften und Strukturen, die bereits dem antiken Sport unter der altgriechischen Leitidee einer „Ritterlichkeit" (vgl. dazu die späteren Ausführungen von *de Coubertin*) immanent waren, in der Neuzeit im „Fairness-Gedanken" wieder. Auch verfolgte man bereits damals im staatlichen Recht den Gedanken des Kategorischen Imperativs, welcher einer Fairness i. S. eines „Alles, was ihr von Anderen erwartet, das tut ihnen auch" durchaus nahekommt.[52] Betrachtet man die griechischen Philosophen, wird von diesen, ungeachtet des Kategorischen Imperativs, mitunter geradezu glorreich ein gemeinhin als „unfair" zu empfindendes Verhalten beschrieben. So wird etwa der Sieg des listigen *Pelos,* der maßgeblich durch tödliche Manipulation des Rennwagens seines Konkurrenten errungen wurde, zum Synonym unfairen Verhaltens. Dass *Pelos* zu allem Überfluss alsdann sogar die Tochter seines Konkurrenten als Gemahlin nahm, führte unzweifelhaft zu einer weiteren Steigerung der Unwertigkeit des – insoweit nach heutigem Begriffsverständnis – auf ungerechte bzw. unfaire Weise erzielten Erfolges.[53]

Bezüge zu Fairness und Fair Play finden sich im römischen Recht vor allem im Kontext der Durchführung von gerechten Verfahren und der dazu schon nach damaligem Verständnis zwingend notwendigen allseitigen, vertrauensvollen Regelunterwerfung. Dies veranschaulicht *Liebs* in seinem Beitrag „Römische Gerechtigkeit durch fairen Prozess, Juristen mit Autorität und allgemeingültige Maßstäbe" wie folgt:

> *„Erste Voraussetzung dafür, dass Parteien eines Streits annehmen oder wenigstens hinnehmen können, wie ihr Streit durch Dritte beigelegt beziehungsweise entschieden wird, pflegt zu sein, dass schon der Weg, der eingeschlagen wird, um zu der Entscheidung zu gelangen, von beiden Seiten angenommen werden kann. Das aber gelingt nur, wenn der Richter beziehungsweise das Gericht, das am Ende die Entscheidung finden soll, bei beiden Seiten gleichermaßen Autorität hat; und um diese zu gewinnen, muss es beiden Seiten mit dem gleichen Respekt begegnen. In keinem Stadium darf der Eindruck entstehen, als stehe die Entscheidung schon vor Abschluss des Verfahrens mehr oder weniger fest, als sei das Gericht voreingenommen oder auch nur ein Einziger auf der Richterbank befangen. Zur Unvoreingenommenheit des Richters gehört vor allem, dass er außer dem, der ihn um Hilfe angerufen hat, ebenso die*

52 *Hilpert,* Causa Sport 9/2014, 102.
53 *Hilpert,* Causa Sport 9/2014, 98.

> *Gegenseite mit der gleichen Gründlichkeit zu Wort kommen lässt. Zu einem fairen Gerichtsverfahren gehörte nach römischer Auffassung zudem, dass ein Prozess öffentlich geführt wurde, was Beeinflussung durch Bestechung, sonst wie voreingenommene Prozessführung und auch eine lustlos formale Prozessführung sehr erschwert.“*[54]

Schließlich lohnt ein Blick ins alte Ägypten, in dem Gerechtigkeit als Wesenskern des Grundsatzes der Fairness und verbindende Zielsetzung bereits eine herausragende und – analog des Fairnessbegriffs – mehrdimensionale Bedeutung zugeschrieben wurde. Für den Ägypter war Gerechtigkeit („Ma'at“; „Halle der beiden Wahrheiten“[55]) kein abstrakter Begriff, sondern eine Göttin, die ihn, wie es in alten Schriften heißt, „im Tode an der Hand nehmen und mit ihm ins Totenreich hinabsteigen wird“. Gerechtigkeit wurde als todüberwindendes, Leben spendendes und Bestand verleihendes Prinzip einer Bindung verstanden, durch die der Mensch zum Mitmenschen und die Mitmenschen zur Gemeinschaft verbunden werden. Wer entsprechend nach den Normen der Gerechtigkeit gelebt hat, also als Mitmensch, der sich vom anderen hat leiten lassen und andere geleitet hat, der wird nicht vergessen und bleibt im sozialen Gedächtnis der Gemeinschaft bewahrt. Ziel war es demnach, nicht einfach nur zu leben (übertragen: sportliche Leistung und Erfolg um jeden Preis), sondern darüber hinaus als „guter“ Mensch (übertragen: fairer Sportler) in Erinnerung zu bleiben. Hierzu stellvertretend eine Inschrift auf einer ägyptischen Grabtafel des 15. Jahrhunderts v. Chr.: „Möge mein Name dauern auf ihm im Munde der Lebenden, indem die Erinnerung an mich gut ist bei den Menschen nach den Jahren, die kommen werden“.[56] Ob dies der Fall war, man sich also gerecht und damit „fair“ im heutigen Sinne verhalten hatte, und als „guter Mensch“ unvergessen den Gang ins Totenreich antreten durfte, wurde letztlich im unterirdischen Gerichtssaal des Totengerichts mit einer Feder bestimmt.[57]

Wie grundlegend sich der den Begriffen „Fairness“ und „Fair Play“ innewohnende Kern der Gerechtigkeit bis heute durchzieht, lässt sich u. a. an dessen verfahrenstechnischer Komponente und Ausprägung durch das (supra-)nationale Recht deutlich aufzeigen. So hat der Anspruch auf ein faires Verfahren – abgeleitet aus dem angloamerikanischen Rechtskreis auch bekannt als „fair trial principle“ – zunächst im Strafprozess und später in zivil-

54 *Liebs*, Römische Gerechtigkeit durch fairen Prozess, Juristen mit Autorität und allgemeingültige Maßstäbe, in: De Gennaro, Value. Sources and Readings on a Key Concept of the Globalized World (2012), S. 58.

55 *Assmann*, Ma'at. Gerechtigkeit und Unsterblichkeit im Alten Ägypten, 2. Aufl. 1995.

56 *Assmann*, Zeitschrift der Savigny-Stiftung für Rechtsgeschichte 117 (2000), 32.

57 *Assmann*, Zeitschrift der Savigny-Stiftung für Rechtsgeschichte 117 (2000), 30 f.

prozessualen bzw. sportgerichtlichen Verfahren einen zentralen und weithin akzeptierten Eingang in die Rechtsordnung gefunden. Wie vom Bundesverfassungsgericht (BVerfG) früh anerkannt,[58] hat konform mit Art. 6 Abs. 1 Satz 1 EMRK (weitgehend deckungsgleich Art. 47 der EU-Grundrechts-Charta[59]) jede Person ein Recht darauf, dass über Streitigkeiten in Bezug auf ihre zivilrechtlichen Ansprüche und Verpflichtungen oder über eine gegen sie erhobene strafrechtliche Anklage von einem unabhängigen und unparteiischen, auf Gesetz beruhenden Gericht in einem fairen Verfahren, öffentlich und innerhalb angemessener Frist verhandelt wird.[60] Entsprechend dem Prozesszweck, nämlich der Durchsetzung des materiellen Rechts, dient dieses Recht auf ein faires Verfahren als Gebot mittelbar der Erzielung materiellrechtlich richtiger und damit nicht zuletzt als fair empfundener Ergebnisse.[61] Dieser allgemeinrechtliche Aspekt einer Verfahrensfairness eignet sich dem Grunde nach auch für die Gewährleistung von Chancengleichheit als elementare Verfahrensvorgabe[62] sportlicher Wettkämpfe.

Schließlich bedient sich auch die (Sport-)Politik von heute oft und gerne – dies vor allem verbunden mit den Zielen und Wirkungen des Sportes – dem Grundsatz von Fairness und Fair Play. So wurde beispielhaft im 9. Sportbericht der Bundesregierung aus dem Jahr 1999 ausgeführt:

- *„Zielsetzung der Sportpolitik der Bundesregierung: Dabei geht die Bundesregierung davon aus, daß […] Spitzensport Zeichen für Leistungsbereitschaft und Leistungswillen, für Fairneß und Achtung des anderen setzt, mithin gesellschaftlich wichtige Werte vermittelt, die für den Sport insgesamt von Bedeutung sind.“,*
- *„Beitrag zur Einübung sozialen Verhaltens: Sport vermittelt drei fundamentale Elemente des freiheitlichen Gemeinwesens: Die freiwillige Einordnung in eine Gemeinschaft, die Unterordnung unter ein bestehendes Regelwerk und die Einübung von Mechanismen zur kontrollierten Konfliktlösung. Durch den Sport werden Werthaltungen und Fähigkeiten konkret weitergegeben, die abstrakt und theoretisch nur unzulänglich gelehrt werden können. Die Organisation in Vereinen und Mannschaften sowie die Konkurrenz im Wettkampf lassen*

58 BVerfG, Beschl. v. 03.06.1969 – 1 BvL 7/68, NJW 1969, 1423.

59 Charta der Grundrechte der Europäischen Union, 2016/C 202/02, ABl. (EU) C 202 vom 07.06.2016, S. 389 ff.

60 Vgl. mit direktem Bezug zum Sport *Soek*, Die prozessualen Garantien des Athleten in einem Dopingverfahren, in: Röhricht/Vieweg (Hrsg.), Doping-Forum, 2000, S. 35 ff.; vgl. auch EGMR, 2. Sektion, Beschl. v. 28.01.2020, Individualbeschwerde Nr. 30226/10 u. a., SpuRt 2020, 180 *(Ali Rıza u. a. ./. Türkei)*.

61 *Vieweg/Staschik*, SpuRt 2013, 227 (230).

62 Vgl. *Vieweg*, Festschrift für Röhricht, 2005, S. 1255 (1266).

vielfältige soziale Kontakte entstehen, die alle Beteiligten prägen. Anpassung und Einordnung, aber auch Selbstbehauptung und Durchsetzungsvermögen werden gefördert. Die Anerkennung von Regeln und die Achtung des Gegners verlangen Fair Play und die Fähigkeit, mit Sieg und Niederlage gleichermaßen angemessen umzugehen.“[63]

Und so führt das für das Ressort Sport zuständige Bundesministerium des Innern und für Heimat (BMI), welches bis 2005 den sog. „BMI-Preis für Toleranz und Fair Play im Sport“ vergab und heute zusammen mit dem DOSB sowie dem Verband Deutscher Sportjournalisten (VDS) den sog. „Fair Play Preis des Deutschen Sports“ vergibt,[64] in Bezug auf Fairness u. a. folgendes aus:

- *„Das BMI lehnt jede Manipulation im Sport ab. Dies gilt insbesondere für Doping an Mensch und Tier. Er tritt – national und international – für die Verwirklichung des Leistungssports auf der Grundlage der Fairneß, der Nicht-Diskriminierung und anderer ethisch-moralischen Grundwerte des Sports ein.“*
- *„Sport fordert nicht nur vollen körperlichen Einsatz, er vermittelt darüber hinaus fundamentale Werte und Ideale im Umgang miteinander. Fairplay, Toleranz, Teamgeist, Verlässlichkeit und Engagement sind eine wesentliche Voraussetzung für eine erfolgreiche Sportkultur, die soziale und integrative Kraft entfaltet. Das integre Auftreten von Spitzensportlerinnen und Spitzensportlern trägt ebenso wie ihre sportlichen Leistungen zum Ansehen des deutschen Spitzensports in der Welt bei und macht sie zu Vorbildern für alte und junge, behinderte und nichtbehinderte Menschen. Die Einhaltung von Werten in ihrer ganzen Bandbreite ist außerdem eine wesentliche Voraussetzung für die Autonomie des Sports und dessen positive Reputation. Dagegen haben Doping, sexualisierte und andere Formen der Gewalt, Spiel- und Wettmanipulationen, Rassismus, Extremismus oder Antisemitismus im Sport keinen Platz. Sie sind Unrecht, das die Integrität des Sports grundsätzlich in Frage stellt. Durch verschiedene Initiativen fördert das Bundesinnenministerium den fairen sportlichen Wettbewerb.“*[65]

Auch im aktuellen Koalitionsvertrag zwischen CDU, CSU und SPD für die 21. Legislaturperiode findet sich eine ausdrückliche Referenz auf den

63 9. Sportbericht der Bundesregierung, 1999, Unterrichtung durch die Bundesregierung, BT-Drucks. 14/1859, S. 10.

64 Siehe für weitere Informationen zum „Fair Play Preis des Deutschen Sports unter https://www.dosb.de/fair-play-preis sowie zum vormaligen „BMI-Preis für Toleranz und Fair Play im Sport“ unter https://t1p.de/p8ko8 (zuletzt aufgerufen am 09.04.2025).

65 *BMI*, Integrität und Werte im Sport, https://t1p.de/k3d3r (zuletzt abgerufen am 09.04.2025).

Grundsatz und das Bedeutungsverständnis der Fairness. So findet sich in diesem nämlich die folgende Feststellung: „Für uns steht Sport für Fairness, Integrität und Miteinander.“[66] Alles in allem ist zu konstatieren, dass es sich bei den Begriffen „Fairness“ und „Fair Play“ in ihrem Bedeutungskern um einen über Jahrtausende ausgeformten Grundsatz eines von Gerechtigkeit und gegenseitigem Respekt geleiteten prinzipien- und werteorientierten Idealverhaltens handelt, der zu den vitalen („natürlichen“[67]) Werten des Sportes gehört. Eine Leistung, die unter Missachtung von Fairness und Fair Play zustande gekommen ist, mag hiernach zwar zu einem Erfolg führen (so z.B. in Gestalt eines durch ein nicht geahndetes Foul erzielten Siegtores in der Nachspielzeit), eine vollkommene wertende Anerkennung genießen kann ein solcher jedoch nach dem Ideal eines „guten“, d.h. allseits fairen, Verhaltens nicht.

Da Regelverletzungen dem Sport immanent sind (Bsp.: Fouls – geahndet, oder nicht geahndet), und damit eine absolute Gerechtigkeit als Wesenskern von Fairness nicht erreichbar ist, gilt es im weiteren Verlauf des Beitrages herauszuarbeiten, wie und mit welcher Rechtsqualität Fairness und Fair Play überhaupt wirken und in der Anwendung und Durchsetzung von sportlichen Regeln ein in Tatbestand und Rechtsfolgen über einen bloßen Abgleich mit (subjektiven) Wertungen hinausgehendes fassbares, d.h. durch Normgebung und -anwendung objektivierbares, Korrektiv bilden können.

III. Rechtsqualität und Regelungsgehalt des Grundsatzes von Fairness und Fair Play

1. Fairness und Fair Play als Bestandteile einer *lex sportiva*

Ungeachtet seiner Erwähnung in den Regelwerken der (inter-)nationalen Sportverbände, hierbei größtenteils Nebenordnungen wie vornehmlich Ethik-Codes und Verpflichtungserklärungen, kommt dem Grundsatz von Fairness und Fair Play eine sämtliche in den Wirkungskreis der Regelwerke qua unmittelbarer oder mittelbarer Mitgliedschaft oder individualvertraglicher Regelanerkennung fallenden Akteure (Verbände, Vereine, Sportler, etc.) bindende Rechtsqualität zu. Soweit also im Einzelfall eine von Transparenz und Bestimmtheit geprägte Bindungswirkung der anwendbaren Sport- und Rechtsregeln reicht, reicht auch die Erklärung zur An-

66 Siehe Koalitionsvertrag vom 09.04.2025, S. 71 Rz. 3699 f., abrufbar unter https://www.cdu.de/app/uploads/2025/04/Koalitionsvertrag-2025.pdf (zuletzt abgerufen am 09.04.2025).

67 *BMI*, Integrität und Werte im Sport, https://t1p.de/k3d3r (zuletzt abgerufen am 09.04.2025). vom 11.05.2007 (zur Annahme der Entschließung CM/Res[2007]8).

erkennung und Beachtung dieser Regeln. Fairness und Fair Play, so wie sie nach zutreffender Ansicht zu verstehen sind, und sich als Grundsatz in Rechtsregeln mit Sportbezug wiederfinden, werden hiernach gleichsam unbedingt zur Norm für alle Beteiligten.

Betrachtet man die Verbandsrechtsordnung des DOSB, ist in Anlehnung an die typische Regelungssystematik festzustellen, dass Fairness und Fair Play auf der verbandsrechtlichen Verfassungsebene, mithin der Satzung, keine explizite Erwähnung finden. Geregelt sind diese vielmehr, wie einleitend bereits dargelegt, im Ethik-Code. Ferner finden diese in verschiedenstem Kontext, und dabei unterschiedliche Rechtssubjekte bindend, fortlaufend Erwähnung in Verpflichtungserklärungen, wie z. B. der „Gemeinsamen Erklärung zu einer deutschen Bewerbung um olympische und paralympische Spiele“ vom 02.12.2023, in der es heißt:

> *„Wir verpflichten uns gegenseitig zu einem partnerschaftlichen, fairen und transparenten Umgang und werden den Prozess und eine möglicherweise daraus folgende Bewerbung dauerhaft politisch und kommunikativ unterstützen.“*[68]

Schließlich hat der DOSB unter dem Titel „Sport ist fair?!, Chancengleichheit und gesellschaftspolitische Verantwortung im Sport“ Grundlagenmaterial erarbeitet, in welchem ausdrücklich die angestrebten Ziele des Handelns und einer notwendigen Werteorientierung benannt sind. So heißt es darin:

> *„Der DOSB und seine Mitgliedsorganisationen streben nach einem werteorientierten Sport auf der Grundlage von Fair Play und ethischen Maßstäben. Ein wichtiges unverzichtbares Element ist es dabei, dass Menschen unabhängig von ihrem kulturellen und religiösen Hintergrund, von ihrer Geschlechtszugehörigkeit, ihren körperlichen Voraussetzungen, ihrem Alter, ihrer sexuellen Identität, ihren sozio-ökonomischen Verhältnissen gleiche Zugangs- und Entwicklungschancen haben und faire Regeln für alle gelten. Sie alle sollen sich entsprechend ihrer Interessen und Fähigkeiten sportlich und ehrenamtlich im Verein engagieren können.“*[69]

Ebenso wie beim DOSB geht es national wie international im Sport gerade typischerweise um Regeln, die die beteiligten Akteure des Sportes selbst auf-

68 *DOSB*, Memorandum of Understanding „Gemeinsame Erklärung zu einer deutschen Bewerbung um olympische und paralympische Spiele“ vom 02.12.2023“, abrufbar unter: https://t1p.de/1iz16 (zuletzt aufgerufen am 09.04.2025)

69 *DOSB*, Sport ist fair?!, Chancengleichheit und gesellschaftspolitische Verantwortung im Sport – Grundlagenmaterial und Lehrbeispiele für den gemeinnützig organisierten Sport (Stand: 2017), S. 4.

stellen, um unabhängig von der Nationalität und sonstigen Umständen weltweit ein einheitliches, von den Staaten gelöstes Sportrecht zu schaffen. Die vom Sport bzw. im Sport entwickelten rechts- und wertungsorientierten Grundätze nicht als verbindlich zu beachten, würde diese Zielsetzung unterlaufen. Mit anderen Worten: (Nur) Wenn Fairness und Fair Play Bestandteil einer allgemeingültigen *lex sportiva* sind, kommt diesen ebenso wie allgemein geltenden Rechtsgrundsätzen (sog. „general principles of law") bindender Rechtscharakter zu, der gleichsam in der Sportausübung wie in der Rechtsetzung und -durchsetzung – soweit nötig, im Rahmen der Prüfung sowie des Erlasses disziplinarischer und/oder wettbewerbsorganisatorischer Maßnahmen – zu beachten ist. Bereits in SpuRt 2013, 227 gingen *Vieweg/Staschik* entsprechend zutreffend davon aus, dass ein umfassendes (weites) Begriffsverständnis einer *lex sportiva* geboten ist, da (nur) mit diesem das Phänomen der Selbstregulierung im Sport vollständig erfasst werden kann.[70]

Betreffend die Frage, ob auch der Grundsatz von Fairness und Fair Play zur *lex sportiva* gehört, kann inzwischen auf die ständige Rechtsprechung des als Internationaler Sportgerichtshof be- und anerkannten Tribunal arbitral du sport (TAS; engl.: Court of Arbitration for Sport – CAS) Bezug genommen werden. So stellte der TAS/CAS am 04.11.2021 in der Rechtssache *Blake Leeper v. World Athletics*[71] in Rn. 75 unter ausdrücklicher Referenz auf *lex sportiva* und Fairness sowie Bezug nehmend die Rechtssachen *SK Slavia Prague v. UEFA* vom 20.08.1999[72] und *Gibraltar Football Association v. FIFA* vom 27.04.2016[73], Folgendes fest:

- *„Regarding the application of general principles of law, the Panel notes that prior CAS panels have held that, given the 'transnational character of international sporting competitions' and 'the global effects of the actions and omissions of international federations', national and international sports federations must conform to a set of unwritten legal principles – a sort of lex mercatoria for sports or, so to speak, a 'lex ludica' or 'lex sportiva' (CAS 98/200, para 156; CAS 2014/A/3776, para 269). Such general principles may include 'general principles of law drawn from a comparative or common denominator reading of various legal systems' (CAS 98/200, para 156), such as 'fairness', 'good faith', 'prohibition of arbitrary rules and measures', 'venire contra factum proprium', 'non-retroactivity of laws', 'the right*

70 *Vieweg/Staschik*, SpuRt 2013, 227.

71 CAS 2021/A/7930, *Blake Leeper v. World Athletics (WA)*, Award vom 04.11.2021.

72 CAS 98/200, *AEK Athens and SK Slavia Prague v. Union of European Football Associations (UEFA)*, Award vom 20.08.1999, Rn. 156.

73 CAS 2014/A/3776, *Gibraltar Football Association (GFA) v. Fédération Internationale de Football Association (FIFA)*, Award vom 27.04.2016, Rn. 269.

to be heard', and 'proportionality' (CAS 98/200, para 158). The only exception to their application is if 'such general principles were in conflict with some national or transnational public policy provision applicable to a given case' (CAS 2014/A/3776, para 269; CAS 2002/O/410, paras 4, 11; CAS 2014/A/3776, para 164; CAS 2015/A/3944, para 67). Accordingly, the Panel considers that general principles of law are also applicable to the present dispute as 'rules of law [whose application] the Panel deems appropriate' under Article R58 of the CAS Code." (Rs. Blake Leeper v. World Athletics, Rn. 75).

- *„Due to the transnational nature of sporting competitions, the effects of the conduct and deeds of international federations are felt in a sporting community throughout various countries. Therefore, the substantive and procedural rules to be respected by international federations cannot be reduced only to its own statutes and regulations and to the laws of the country where the federation is incorporated or of the country where its headquarters are. Sports law has developed and consolidated along the years, particularly through the arbitral settlement of disputes, a set of unwritten legal principles – a sort of lex mercatoria for sports or, so to speak, a lex ludica – to which national and international sports federations must conform, regardless of the presence of such principles within their own statutes and regulations or within any applicable national law, provided that they do not conflict with any national 'public policy' ('ordre public') provision applicable to a given case." (Rs. SK Slavia Prague v. UEFA, Rn. 156).*
- *„As observed in the already quoted CAS case no. 98/200, due to the transnational character of international sporting competitions and the global effects of the actions and omissions of international federations, general principles of law (and in particular those general principles that have become part of the so-called lex sportiva) must be respected at all times by international federations even if they are not reflected in specific enactments of the applicable national law (see the quote reported supra at para. 264);" (Rs. Gibraltar Football Association v. FIFA, Rn. 269).*

Ferner nannte der TAS/CAS in Rn. 244 seiner Entscheidung in der Rechtssache *Association Sporting Club Bastiais & SC Bastia v. FIFA u.a.* vom 25.04.2023 im Rahmen der Feststellung

„The protection of legitimate expectations is a general principle of law which cannot be considered to be outside the scope of the lex sportiva. Therefore, bona fide third parties should be protected from any legal

> *intricacies which limit their rights in favor of those which try to take advantage of the benefits of a certain appearance but fail to honor the responsibilities that come with it.“*[74]

u.a. auch den Vertrauensschutz ausdrücklich als zu beachtenden Bestandteil der *lex sportiva*, und beschrieb dieser in der Rechtssache *MTK Budapest v. FC Internazionale Milano S.p.A* den Grundsatz des Fair Play im Kontext der Erzielung einer *„sporting justice*" wie folgt:

> *„More generally still, the Panel considers that, having regard to the fundamental principle of fair play and bearing in mind the spirit of the Olympic Charter on which the CAS itself is based, the aims of sporting justice would not be served if MTK were to be denied compensation in this case. In this respect, the Panel also observes that the aims of sporting justice shall not be defeated by an overly formalistic interpretation of the FIFA Regulations which would deviate from their original intended purpose.“*[75]

Der Grundsatz der Fairness findet somit als Bestandteil der zu beachten den allgemeinen Sportrechtsprinzipien („set of unwritten legal principles“) sowie über die Olympische Charta als vom TAS/CAS zu beachtendes Fundamentalprinzip Erwähnung und unmittelbare Anwendung. Der TAS/CAS greift den Grundsatz der Fairness (teils über den Wortbestandteil „Fair“) in seinen Entscheidungen zudem regelmäßig auf (vgl. dazu ausführlich in Abschnitt V.2.) und schreibt diesem einen verbindlichen („must be respected at all times") Rechtscharakter zu.

Die *lex sportiva* und der Grundsatz von Fairness und Fair Play sind auf vielfältige Weise sowie auch auf unterschiedlichen Ebenen (untrennbar) verknüpft.[76] So wird die für den Sport zentrale Chancengleichheit als Ausprägung des Fairness-Prinzips durch die *lex sportiva* hergestellt, indem diese für den Sport weltweit eine weitgehend harmonisierte Rechtsordnung bereitstellt.[77] Und so sind Fairness und Fair Play in unterschiedlicher Ausprägung unmittelbar Bestandteil der *lex sportiva* und beanspruchen als allgemeingültige Rechtsprinzipien damit unabhängig vom Ob und Wo der Verankerung in den jeweiligen Rechtsordnungen auf Sportverbandsebene (vgl. das einleitende Beispiel des DOSB) Geltung.[78]

---

74 CAS 2021/A/8061, *Association Sporting Club Bastiais & SC Bastia v. Fédération Internationale de Football Association (FIFA) & RCD Espanyol de Barcelona*, Award vom 25.04.2023.

75 CAS 2009/A/1757, *MTK Budapest v. FC Internazionale Milano*, Award vom 30.07.2009, Rn. 31.

76 *Röthel*, JZ 2007, 755 (757 f.).

77 Dazu *Vieweg/Staschik*, in: Vieweg (Hrsg.), Lex Sportiva, S. 17.

78 So bereits *Vieweg/Staschik*, SpuRt 2023, 227 (233 f.).

Der Vollständigkeit halber ist zu erwähnen, und dies gestaltet die Bestimmung des Regelungsgehaltes keinesfalls einfacher, dass die von den Sportverbänden *geschaffene lex sportiva* nicht zwingend 1:1 mit derjenigen des TAS/CAS kongruent ist. Es entspricht nämlich allgemeiner Praxis, dass der TAS/CAS die *lex sportiva* selbst weiterentwickelt, indem er allgemeine Rechtsprinzipien aufstellt, die gänzlich unabhängig von ihrer Verankerung in Sportverbandsregelwerken Geltung beanspruchen.[79]

2. Wirkweise der *lex sportiva*

Die *lex sportiva* stellt keine anationale, vollständig autonome Normenordnung dar, die von einer staatlichen Anerkennung isoliert existiert. Von der erforderlichen Akzeptanz, mit der eine Harmonisierung des internationalen Sportrechtes bewirkt wird, ist gleichwohl auszugehen, indem diese durch die staatlichen Rechtsordnungen im Rahmen der dort jeweils verfassungsrechtlich verbürgten Regelungsautonomie – mithin in Deutschland durch Art. 9 Abs. 1 GG und auf europäischer Ebene Art. 12 Abs. 1 der EU-Grundrechts-Charta – jedenfalls in dem hier als wesentlichen Kern verstandenen Maße gewährleistet wird.[80] Der Grundsatz von Fairness und Fair Play zeitigt damit über die *lex sportiva* Wirkung und ist gleichsam von den kraft (un-)mittelbarer Mitgliedschaft oder Regelanerkennung gebundenen Akteuren wie auch den mit der Überprüfung der Einhaltung der durch die Grundsätze zum Ausdruck kommenden sportlichen und anderweitigen Verhaltensanforderungen befassten Rechtsorgane und (Sport-)Gerichte zu beachten. In Bezug auf den Grundsatz von Fairness und Fair Play wesentlich ist und bleibt hierbei, dass eine international einheitliche Anwendung (z.B. durch Athleten bei der Sportausübung oder Verbände bei der Regelsetzung) und Sicherung (z.B. durch [Sport-]Gerichte) von der Prämisse abhängt, dass dessen Regelungsgehalt und Regelungsreichweite auch einheitlich verstanden und ebenso konsequent wie kongruent umgesetzt werden. Hier zeigen sich leider insbesondere in der Judikatur des TAS/CAS noch immer Schwächen und Unterschiede zur nationalen staatlichen Gerichtsbarkeit. Exemplarisch sei der Bereich der Normsetzungskontrolle herausgegriffen. Zwar hat sich auch der TAS/CAS – so etwa in der Rechtssache *MTK Budapest v. FC Internazionale Milano* vom 30.09.2009 – bereits eingehend mit der Auslegung von Sportverbandsregelungen auseinandergesetzt und u.a. festgestellt, dass diese im Lichte des Grundsatzes (Gebotes) der Fairness nicht nur rein formal zu erfolgen, sondern vielmehr stets auch den

79 *Vieweg/Staschik*, SpuRt 2023, 227 (230).
80 *Vieweg/Staschik*, SpuRt 2023, 227 (233).

Zweck einer Regelung zu berücksichtigen habe.[81] An die für die Zielerreichung einer weltweit harmonisierten Rechtsanwendung im Sport essenzielle echte Kontrolle und, sofern und soweit notwendig, Korrektur der Grenzen der Normsetzungsfreiheit der Sportverbände am Wertungs- und Kontrollmaßstab der Fairness scheint sich der Sportgerichtshof jedoch noch immer nicht wirklich heranzutrauen. Anleihen gibt es dazu in der nationalen staatlichen Gerichtsbarkeit ausreichend. So hat etwa das LG Frankfurt a. M. in einer Entscheidung vom 20.03.2019 das im Rahmen einer Inhaltskontrolle am Maßstab des § 242 BGB ermittelte Ergebnis der Unwirksamkeit einer Verbandsstrafe ausdrücklich auf die unzureichende Berücksichtigung und Würdigung des „Fair-Play Prinzips" gestützt.[82]

Der Vollständigkeit halber sei an dieser Stelle erwähnt, dass auch sportgerichtliche Entscheidungen in – je nach den beteiligten Protagonisten – mehr oder weniger ausgeprägtem Umfang einer Kontrolle durch die staatlichen Gerichte unterliegen. Dies gilt für sportgerichtliche Entscheidungen auf Vereins- oder Verbandsebene, und dies gilt mit Einschränkung auch für sportgerichtliche Entscheidungen, denen eine Rechtsqualität i. S. d. § 1055 ZPO beizumessen ist. Zu einem Austausch der Wertungen, was unter fair zu verstehen ist, kann und darf es gleichwohl nicht kommen. Dies liegt maßgeblich daran, dass die Regelungen, die notwendigerweise der inneren Organisationsautonomie zuzuschreiben sind, für den Verband den Kerngehalt seines Abwehrrechts aus Art. 9 Abs. 1 GG und ein Ausübungsrecht der kollektiven Verfolgung seiner qua Satzung legitimierten Zwecksetzung bedeuten.[83] Für den Prüfungsmaßstab staatlicher Gerichte bedeutet dies, dass notwendige Regelungen und Maßnahmen (dazu ist neben der Bestimmung und Bewertung eines „unsportlichen Verhaltens" i. S. d. Sportregeln – soweit nicht ohnehin deckungsgleich – auch diejenige eines „unfairen Verhalten" i. S. d. Rechtsregeln eines Verbandes zu verstehen) grundsätzlich nur an zwingendem Vereinsrecht, den jeweilig geltenden Verbandsstatuten, den allgemeinen Gesetzen sowie den guten Sitten (§ 138 BGB) zu messen sind. Weder darf das staatliche Gericht in diesem Zusammenhang eine eigene inhaltliche Auslegung vornehmen noch ist es berufen, eine eigene Abwägung der Interessen der Beteiligten und damit letztlich eine umfassende, den geltenden Regelungs- und Wertungsgehalt des Grundsatzes von Fairness und Fair Play in seiner konkreten Anwendung verändernde Inhaltskontrolle am Maßstab

81 CAS 2009/A/1757, *MTK Budapest v. FC Internazionale Milano S.p.A.*, Award vom 30.07.2009, Rn. 31.
82 LG Frankfurt, Urt. v. 20.03.2019 – 2-06 O 420/18, SpuRt 2019, 137 (139).
83 Vgl. BVerfG, Beschl. v. 13.07.2018 – 1 BvR 1474/12, Rn. 98.

von Treu und Glauben durchzuführen. Es bleibt zur Wahrung der Ausstrahlungswirkung des Art. 9 Abs. 1 GG vielmehr auf den Kontrollmaßstab der Gesetzeswidrigkeit, Sittenwidrigkeit und groben Unbilligkeit[84] beschränkt und auch gegenüber sozialmächtigen Verbänden, die als Monopolisten einer kartellrechtlichen Kontrolle unterliegen,[85] verpflichtet, deren Beurteilungsspielraum und Einschätzungsprärogative bei der Schaffung und Durchsetzung ihres Regelungsgefüges zu wahren.[86] Das Gericht kann daher – wie der BGH bereits 1997 feststellte – „nicht ohne Weiteres seine Überzeugung und Wertmaßstäbe an die Stelle derjenigen des Verbandes setzen“[87] oder – wie das LG Mannheim im Dezember 2020 betreffend die Frage der Rechtmäßigkeit der Wiederaufnahme des Fußballspielbetriebs der Regionalliga Südwest nach Corona-Zwangspause ausführte – eine andere Entscheidung für „richtiger“ oder „billiger“ und, auf den vorliegenden Kontext übersetzt, ein Verhalten in Abweichung vom erstentscheidenden Verbandsorgan oder Spruchkörper für „doch nicht mehr fair“ oder „doch gerade noch fair“ halten.[88]

Der (limitierte) Prüfungsmaßstab der staatlichen Gerichte bringt gleichwohl einen entscheidenden Faktor zum Ausdruck, nämlich die Tatsache, dass jede Normsetzungsbefugnis der Sportverbände zwingend vom staatlichen Recht abgeleitet werden muss, und der Autonomie zur Schaffung und inhaltlichen Konkretisierung der *lex sportiva* damit durch das nationale Recht (z.B. §§ 134, 138[89], 242[90] BGB; §§ 1, 19 GWB) wie auch internationale Recht (z.B. Art. 101 f. AEUV; EU-Grundfreiheiten und EU-Grundrechte) Grenzen gesetzt sind. Insbesondere § 242 BGB eröffnet dabei als „Einbruchstelle“ für die sog. Drittwirkung der Grundrechte unter dem Blickwinkel der praktischen Konkordanz einen fairen Ausgleich der betroffenen Grundrechtspositionen und sichert zudem Mindestanforderungen an ein rechtsstaatliches Verfahren.[91] Entscheidend ist hierbei jedoch, dass die staatliche Gerichtsbarkeit den ihr qua Verfassung erteilten Kontrollauftrag sach- und interessengerecht ausführt, und sich infolgedessen im Kontext des Sportes idealerweise nach dem

84 BGH, Urt. v. 28.11.1994 – II ZR 11/94, NJW 1995, 583; OLG Frankfurt, Urt. v. 18.07.2000 – 11 U (Kart.) 36/00, BeckRS 2000, 30123045.

85 BGH, Urt. v. 28.11.1994 – U ZR 11/94, NJW 1995, 583 (585); dazu *Vieweg*, SpuRt 1995, 97 ff.; auch OLG München, Urt. v. 24.01.2019 – 29 U 1781/18 (Kart), BeckRS 2019, 3372 Rn. 19.

86 Vgl. *Schneider/Bischoff*, SpuRt 2021, 54 (57).

87 Vgl. BGH, Urt. v. 09.06.1997 – II ZR 303/95, NJW 1997, 3368 (3370).

88 LG Mannheim, Beschl. v. 09.12.2020 – 14 O 207/20 (Kart), SpuRt 2021, 100.

89 Vgl. mit Bezug zu §§ 134, 138 BGB bereits BGH, Urt. v. 04.10.1956 – II ZR 121/55, NJW 1956, 1793.

90 Vgl. BGH, Urt. v. 24.10.1988 – II ZR 311/87, NJW 1989, 1724; vgl. auch OLG Saarbrücken, Urt. v. 02.08.02010 – 5 U 492/09, NJW-RR 2011, 109.

91 *Vieweg*, Normsetzung und -anwendung deutscher und internationaler Verbände (1990), S. 159 (189 ff.) m. w. N.

Vorbild einer vollharmonisierten Anwendung des Grundsatzes von Fairness und Fair Play i. S. d. *lex sportiva* eine einheitlich und damit verlässliche Judikatur entwickeln kann. Je einheitlicher und konsistenter national wie international Fairness und Fair Play verstanden und bei der Normsetzung und -kontrolle zur Anwendung gebracht werden, desto mehr entspricht dies im Wesenskern der dem Grundsatz zugrunde liegenden Gerechtigkeit.

Ist die Überprüfung einer verbandsgerichtlichen Entscheidung qua Schiedsvertrag einem Schiedsgericht i. S. d. §§ 1025 ff. ZPO oder einer vergleichbaren internationalen Regelung zugewiesen, kann die Anwendung der *lex sportiva* durch die Parteien selbst – insoweit anders als bei der staatlichen Gerichtsbarkeit – als verbindlich vorgegeben werden. So regelt dazu § 1051 Abs. 1 Satz 1 ZPO (vgl. Art. 187 IPRG in der Schweiz), dass das Schiedsgericht die ihm vorgelegte Streitigkeit stets in Übereinstimmung mit den Rechtsvorschriften zu entscheiden hat, die von den Parteien als auf den Inhalt des Rechtsstreits anwendbar bezeichnet worden sind. Das gilt für staatliches Recht (vgl. dazu auch Satz 2 des § 1051 Abs. 1 ZPO), und das gilt gleichsam für die *lex sportiva*, mit der Maßgabe, dass dem Schiedsgericht bei seiner Rechtsprechung durch den Ordre-public-Vorbehalt (vgl. § 1059 Abs. 2 Nr. 2 lit. b) ZPO) eine absolute Grenze gesetzt ist. Auch hier ist jedoch die am Ende des letzten Absatzes angebrachte Prämisse und Schlussfolgerung zu beachten. Selbst wenn die Parteien den Grundsatz von Fairness und Fair Play über eine Vereinbarung des anzuwendenden Rechtes zum Bestandteil des schiedsgerichtlichen Kontrollmaßstabes machen, setzt dies nämlich voraus, dass das Schiedsgericht – oder eben unterschiedliche Schiedsgerichte – der Entscheidung ein einheitliches (harmonisiertes) Verständnis des Regelungsgehaltes sowie der Regelungsreichweite von Fairness und Fair Play zugrunde legen.

3. Regelungsgehalt und Regelungsreichweite von Fairness und Fair Play

Es gibt Sachverhalte, bei denen man wertend unweigerlich und ohne Weiteres zu dem Ergebnis gelangt, „Ja, stimmt, das war fair.“:

> **Beispiel 1, angelehnt an einen Bericht von Spiegel-Online vom 19.10.2012[92]:**
> „Zugegebenes Handspiel: Klose erhält italienischen Fair-Play-Preis: Lob und Anerkennung war ihm bereits von allen Seiten zugetragen worden, nun wurde Miroslav Klose mit dem Fair-Play-Preis des AC Florenz ausgezeichnet. Er hatte im Spiel mit Lazio Rom gegen Neapel zugegeben, einen Treffer mit der Hand erzielt zu haben. […]“

92 Spiegel.de, Klose erhält italienischen Fair-Play-Preis, Beitrag vom 19.10.2012, abrufbar unter: https://t1p.de/fqbo6 (zuletzt aufgerufen am 09.04.2025).

Beispiel 2, angelehnt an *Walter*[93]:
Nach einem Foulspiel im Fußball schlägt die ballführende Mannschaft den Ball ins Aus, um eine Behandlungspause für den verletzten Spieler zu ermöglichen, und verzichtet damit gleichzeitig auf die entstandene Überzahl; die Mannschaft des Gefoulten spielt im Gegenzug den Ball an die ursprünglich ballführende Mannschaft zurück und nutzt damit ebenfalls nicht den Vorteil des Ballbesitzes durch das freiwillige Befördern des Balles ins Aus.

Ebenso ist bei den von *Schürmann* in seinem im November 2022 erschienenen Beitrag „Fairness außerhalb des Wettkampfsports – gemessen am Wettkampfsport“ – genannten und unter einem „minimalen Verständnis von Fairness“ gefassten folgenden Beispielen gemeinhin nachvollziehbar davon auszugehen, dass gerade kein „faires Verhalten“ vorliegt:

> *„Es ist unfair, wenn ein 50-kg-Mensch gegen einen 100-kg-Menschen boxt; es ist unfair, wenn der eine dopt und der andere nicht; es ist unfair, wenn marokkanische Bobfahrerinnen keine geeigneten Trainingsbedingungen haben; es ist unfair, den Ausgang des Wettkampfs miteinander zu verabreden; es ist unfair, die beste Gegenspielerin durch eine Tätlichkeit aus dem Spiel zu nehmen.“*[94]

Von Beispielen dieser Art ungeachtet, ist der Regelungsgehalt des Grundsatzes von Fairness und Fair Play nicht konkret und absolut bestimmt. Wie bereits dargelegt, hilft auch die Etymologie der Begrifflichkeiten – wenngleich deren Kenntnis und Verständnis wesentlich ist – in diesem Zusammenhang allein nicht weiter.

Versucht man sich von der Entwicklung der Begrifflichkeiten bis hin zum heutigen Sprachgebrauch und der Anwendung der Grundsätze, vor allem in Literatur und Judikatur mit Sportbezug, heranzutasten, so lässt sich feststellen, dass nach allgemeiner Ansicht zwischen zwei Ebenen oder Dimensionen zu unterscheiden ist.[95] Fairness besteht hiernach einerseits aus formellen und anderseits aus informellen Geboten. In formeller Hinsicht verlangt diese die Verpflichtung zu und Bewahrung von Regelkonformität. Die informelle Dimension von Fairness geht darüber hinaus. Sie zielt, wie bereits in Abschnitt II. herausgestellt, traditionell auf „Achtung

93 *Walter*, Sport und Gesellschaft (2008), S. 251 f.

94 *Schürmann*, German Journal of Exercise and Sport Research 2023, 333 (335).

95 Vgl. *Nolte/Bechtel*, in: Lehner/Nolte/Putzke, AntiDopG, § 1 Rn. 42; *Hilpert*, Causa Sport, 9/2014, 110; *Summerer*, in: Fritzweiler/Pfister/Summerer, Praxishandbuch Sportrecht, 4. Aufl. 2020, 3. Kap. Rn. 30.

und ritterlichen Geist" gegenüber allen beteiligten Akteuren und erstreckt sich gemeinhin auf einen partnerschaftlichen Umgang mit dem Gegner, aber auch z. B. dem Schieds- oder Wettkampfrichter, die Achtung auf gleiche Chancen und Bedingungen, die Begrenzung des Gewinnmotivs sowie die Bewahrung von Haltung in Sieg und Niederlage. Die informellen Gebote sind damit auf spezifische Werte, also „zentrale, allgemeine Zielvorstellungen und Orientierungsleitlinien für menschliches Handeln und soziales Zusammenleben" gerichtet.[96]

Der Vollständigkeit halber ist zu erwähnen, dass die Ansichten über die philosophische und sportethische Bedeutung von Fairness mitunter diametral auseinandergehen. Dies betrifft vor allem die Frage der Berücksichtigung und Gewichtung einer oder beider Dimensionen.[97]

Legt man nun ein von zwei Ebenen ausgehendes Begriffsverständnis von Fairness und Fair Play als anerkannt zugrunde[98], welches ein Regelkonformitätsgebot als Verfahrensvorgabe (nach *Lenk*: „formelle Fairness") und ein von Prinzipien wie Respekt, Gleichbehandlung und Gerechtigkeit geprägtes Werteachtungsgebot als Verhaltensmaßstab (nach *Lenk*: „informelle Fairness") unterscheidet,[99] lässt sich folgendes tatbestandliches Modell herausarbeiten:

Ebene 1: Regelkonformitätsgebot als Verfahrensvorgabe

Im Sinne eines formellen Gebotes verlangt der Grundsatz der Fairness als zentrales Element, dass die „zwingend vorgeschriebene Normforderung, die Spielregeln", eingehalten werden.[100] Es geht dabei einerseits um die Verpflichtung zur unabdingbaren Anerkennung und Einhaltung der Sportregeln.[101] Es geht andererseits aber auch darum, dass das Bekenntnis zur Regelkonformität – gleich, ob bezogen auf Rechts- oder Spielregeln – auf der Prämisse beruht, dass sich alle beteiligten Akteure gleichermaßen dazu verpflichten und ihr Verhalten danach ausrichten. Zudem schützt der Grundsatz der Fairness als Verfahrensmaßstab (Schlagwort: *fair trial*) den Einzelnen gegenüber der übergeordneten Macht in einer hierarchischen Organisationsstruktur, wie insbesondere der monopolistisch geprägten Sportverbandspyramide, durch Einräumung der Möglichkeit, seine Rechte zu wahren sowie auf Gang und Ergebnis des Verfahrens (so vor allem

96 *Hillmann*, Wörterbuch der Soziologie (1994).
97 Mit ausführlicher Darstellung der Ansichten und m. w. N. *Morgenroth*, ZStV 2013, 132 (133).
98 Vgl. zur weitgehenden Anerkennung durch die sportwissenschaftliche Literatur, *Loland*, Fair Play in Sport: A Moral Norm System (2001), S. 14.
99 *Vieweg/Staschik*, Lex Sportiva und Fairness-Prinzip, 619, (625 f.); *Wilke*, Das Ende der Fairness? Ethische Werte aus dem Sport im Spiegel der Gesellschaft (Dissertation, 2009), S. 28 f.
100 *Lenk/Pilz*, Das Prinzip Fairness (1989), S. 37.
101 Vgl. *Nolte/Bechtel*, in: Lehner/Nolte/Putzke, AntiDopG, § 1 Rn. 42.

durch Ausübung rechtlichen Gehörs und damit einer Mitwirkung an der Sachverhaltsfeststellung) Einfluss zu nehmen.[102] *Lenk* zählt zu der von ihm als „formelle Fairness“ bezeichneten Ebene 1 neben der Einhaltung der wesentlichen konstitutiven und regulativen Spiel- und Wettkampfregeln die strikte Beachtung der Schiedsrichterentscheidung sowie die formale Gleichheit der Startchancen.[103]

Der mit der Ebene 1 verbundene Regelungsgehalt ist, jedenfalls soweit die sich gegenseitig versprochene Regelkonformität auf die konstituierenden Regeln einer Sportart (z. B. betreffend die Zusammensetzung einer Mannschaft oder die Beschaffenheit des Spielgerätes) sowie die Regeln der Sportidee an sich (so z. B. ein stets offener Spielausgang) bezogen sind, im Sinne einer Verfahrensvorgabe bestimmbar. Ob Regeln eingehalten werden oder nicht lässt sich nämlich unter Berücksichtigung etwaiger Bewertungsspielräume (Anwendungsbeispiel: die Bewertung eines Fouls als Tatsachenentscheidung) grundsätzlich feststellen.

Ebene 2: Werteachtungsgebot als Verhaltensmaßstab

Dass eine eindimensionale, rein auf Regelkonformität und Fairness i. S. d. Verfahrensgestaltung gerichtete Definition zu eng wäre, zeigt sich schon daran, dass nach allgemeinem, sportrechtlichem Verständnis gerade der nicht von den Regeln geforderte tugendsame Verzicht auf (unverdiente) Vorteile bzw. das freiwillige Inkaufnehmen von Nachteilen (z. B. die Rückgabe des Ballbesitzes oder der Entzug von Wettkampfergebnissen) ein wesentliches Element von Fair Play im Sport bildet. Entsprechend definieren *Röthig/Prohl* den Begriff des Fair Play als ein „Verhalten, das über die Einhaltung von Regeln hinausgeht und damit die positive Überwindung eines gegebenen Bedingungsgefüges (z. B. eine faire Geste im Wettkampf) darstellt.“[104]

Die Ebene 2 des Fairnessbegriffs geht insoweit über eine bloße Regelkonformität hinaus und zielt traditionell auf „Achtung und ritterlichen Geist gegenüber Gegner und Schiedsrichter“ und damit einer gegenseitig anerkannten Form von Wohlverhalten („good conduct“) ab. So geht auch die „Karlsruher Erklärung zum Fair Play“ des Konstanzer Arbeitskreises für Sportrecht e. V. (nunmehr: DVSR) vom 03.03.1998 davon aus, dass unter „Fair Play“ mehr als nur die durch Androhung von Sanktionen erzwun-

102 *Vieweg/Staschik*, SpuRt 2013, 227 (230); zum Anspruch auf ein faires Verfahren als „prozessgrundrechtliche Generalklausel“ *Schiffbauer*, in: Cherkeh/Momsen/Orth, Handbuch Sportstrafrecht, 2021, 3. Kap. Rn. 327.

103 *Vieweg/Staschik*, Lex Sportiva und Fairness-Prinzip, 619, (625).

104 Eintrag zu Fair Play in: *Röthig/Prohl*, Sportwissenschaftliches Lexikon, 7. Aufl. 2003.

gene Beachtung der sportartspezifischen Regeln zu verstehen sei. Fair Play müsse vielmehr als eine

> *„übergreifende, ethischen Prinzipien verpflichtete Geisteshaltung" verstanden werden, die „diese Regeln auch innerlich bejaht, den selbstverständlich mit aller Kraft angestrebten Erfolg nicht um jeden Preis erzielen will, im Gegner nicht den Feind sieht, den es mit allen Mitteln zu besiegen gilt, ihn vielmehr als Partner im sportlichen Wettbewerb achtet, und ihm deshalb das Recht auf Chancengleichheit, auf Respektierung seiner körperlichen Integrität und seiner menschlichen Würde unabhängig von Nationalität, Rasse und Herkunft zubilligt."*[105]

Lenk beschreibt die von ihm auch als Gebot eines „informellen Fair Play" bezeichnete Regelungsdimension zusammenfassend mit einer goldenen Regel, die besagt

> *„Behandle und achte den Partner und Gegner so, wie du selbst von ihm behandelt und geachtet werden willst und wie du willst, dass allgemein Konkurrenzregeln eingehalten werden sollen."*[106]

Bestandteile dieses Verhaltensmaßstabes[107] sind daher ein partnerschaftlicher, vertrauensvoller Umgang, aber abgeleitet davon auch die Achtung auf gleiche Chancen und Bedingungen sowie die Begrenzung des Gewinnmotivs und die Bewahrung von Haltung in Sieg und Niederlage.[108] Zahlreiche Beispiele, in denen das Verhalten eines Sportlers – vor allem in der Sportgerichtsbarkeit – nicht mehr als wertekonform anzusehen war, werden durch *Hilpert* in seinem Beitrag „Die Olympischen Spiele der Antike und Moderne im Rechtsvergleich" beschrieben.[109] Das solidarische Element des gegenseitigen Wohlverhaltens und Förderns bis hin zum gemeinschaftsorientierten Rechtsverzicht lässt sich dabei auch evolutionsbiologisch stützen. So konnte nämlich aufgrund von Studien nachgewiesen werden, dass nicht nur Stärke, sondern auch Solidarität eine

---

105 Karlsruher Erklärung zum Fairplay der „Ethik-Kommission" des Konstanzer Arbeitskreises für Sportrecht e.V. vom 03.03.1998, erschienen als Sonderheft zum Tagungsband Recht und Sport, 1998, S. 1.

106 *Lenk*, Wenn nur der Sieg zählt. Konkurrenz braucht Fairness – in Wirtschaft, Gesellschaft und Sport, in: Fairness-Report der Deutschen Fairness-Stiftung, 2001, S. 4.

107 Vgl. *Westermann*, Fairness als Rechtsbegriff, in: Württembergischer Fußballverband e.V. (Hrsg.), Fairnessgebot, Sportregeln und Rechtsnormen, 2004, S. 79 (90).

108 *Nolte/Bechtel*, in: Lehner/Nolte/Putzke, AntiDopG, § 1 Rn. 42 m.w.N.

109 *Hilpert*, Causa Sport 9/2014, 109ff.

angeborene Eigenschaft eines Menschen und Fairness im Sinne einer Solidarität für das Überleben der Gruppe zuträglich ist.[110]

Als Verhaltensmaßstab soll Fairness im Sport auf die Einhaltung der Regeln drängen und zusätzlich eine Bindung an eine darin enthaltene Sondermoral herstellen.[111] Man könnte Fairness daher als zwingendes Korrektiv ansehen, um den Sport auch weiterhin als die „Schule der Gerechtigkeit"[112] und ein von Idealen geprägtes gemeinschaftsorientiertes Betätigungsfeld ansehen zu können.[113] Hierin zeigt sich meines Erachtens auch der Vorzug der schon von *Lenk* vertretenen Unterscheidung zwischen formeller und informeller Fairness, also zwei Ebenen. Denn zwar halten Kritiker wie *Gerhard* diesem Ansatz entgegen, es bedürfe schon deshalb keiner zweiten Ebene, weil bereits in der freiwilligen Entscheidung zur Regelkonformität sämtliche der Fairness zuzuschreibenden Werte i. S. einer Tugend zum Ausdruck kommen.[114] Die Unterscheidung zwischen zwei Ebenen hat jedoch einen entscheidenden Vorteil: Sie gibt uns die Möglichkeit, über die sich naturgemäß vor Wettkampfbeginn manifestierende grundlegende Einstellung zur bzw. Einlassung auf eine Regelkonformität hinaus über die im Kern wertungsorientierte Ebene 2 Einzelfallgerechtigkeit, und damit eine situative Fairness zu bestimmen.[115] Zum Zwecke der Veranschaulichung folgendes fiktives Beispiel:

> *„Der Präsident eines Fußballvereins bietet einem Ligateilnehmer einen monetären Anreiz dafür, sich im Spiel gegen den Hauptkonkurrenten um die Meisterschaft besonders anzustrengen, das Spiel zu gewinnen und dem eigenen Verein einen entscheidenden Punktevorsprung zu sichern. Tatsächlich verliert der Hauptkonkurrent das Spiel bzw. setzt sich der monetär motivierte Ligateilnehmer als bessere Mannschaft in dem Spiel durch."*

Mithilfe einer rein eindimensionalen Betrachtung lässt sich der Fall kaum lösen. Weder sind die konstituierenden Fußballregeln („Es gewinnt, wer nach Spielende ein Tor mehr geschossen hat als der Gegner") noch die Regeln der Sportidee an sich („Der Bessere soll gewinnen") beeinträchtigt. Gleichwohl bleibt das Bedürfnis, zu hinterfragen, ob ein solches auf ge-

110 *Eibl-Eibesfeld*, Liebe und Hass. Zur Naturgeschichte elementarer Verhaltensweisen, 1972, S. 15.
111 *Vieweg/Staschik*, SpuRt 2013, 227 (229); vgl. auch *Hilpert*, Causa Sport, 4/2011, 289.
112 So *Pawlenka*, Der Blaue Reiter 51 (2023), 42.
113 Zu der damit verbundenen Schwierigkeit *Schellenberger*, Sport – Gewalt – Fairness. Neues Denken im Leistungssport, in: Leipziger sportwissenschaftliche Beiträge, 1991, Vol. 1, S. 46 ff.
114 *Gerhard*, Fairness – die Tugend des Sports, in: Fairness und Fair Play, 1993, S. 23 f.
115 Vgl. *Gerhard*, Fairness – die Tugend des Sports, in: Fairness und Fair Play, 1993, S. 11.

zielte Einflussnahme – gleich, ob lediglich potenziell oder tatsächlich geeignet – gerichtetes Verhalten noch als gemeinhin fair und den sportimmanenten Tugenden und Werten konform zu verstehen sein kann. Die zwecks konsistenter Durchsetzung des Werteachtungsgebotes zwingende Antwort muss lauten, dass das beschriebene Verhalten den Schutzbereich (Tatbestand) des Gebotes einer „informellen Fairness" verletzt.

Soweit gegen dieses Ergebnis kritisch eingewendet werden sollte, dass sich doch im Ergebnis kein Unwert manifestiert habe, weil – ganz im Sinne des Sportes – der Bessere gewonnen hat, lässt sich dies im Sinne einer bezweckten situativen Fairness durch eine die besonderen Umstände des Einzelfalles und den Grad der Betroffenheit der zu schützenden sport- und Fairness-immanenten Prinzipien berücksichtigende Wertungskorrektur auf der Ebene 2 lösen. Im Sinne einer Tatbestandsrestriktion kann im beschriebenen Beispiel daher ein Verstoß gegen das Werteachtungsgebot festgestellt werden, da das Wesenselement der unbedingten und unbeeinflussten, vertrauensvollen Hingabe in Bezug auf die Sportregeln und Sportausübung missachtet wurde. Gleichwohl bedarf es keiner Korrektur des konform mit dem Prinzip „gerecht ist, wenn der Bessere gewinnt" erzielten (sportlichen) Ergebnisses und kann das zu bewertende Verhalten im Einzelfall als unterhalb der Schwelle der Notwendigkeit der Vergabe eines Unwertprädikates angesehen werden. Die vorzunehmende wertende Korrektur rechtfertigt insoweit einen Rechtsfolgenverzicht (siehe dazu auch Abschnitt IV.).

Sofern sich ein Verhaltensmaßstab der Ebene 2 über die Zeit zu einem formellen Gebot verfestigt, finden die dazu beschriebenen Grundsätze Anwendung. So sind zahlreiche Diskriminierungsverbote Ausfluss des Fairnessgebotes.[116] Und so wurde über das Fairnessgebot z. B. das Verbot im Judosport entwickelt, bei Kämpfen Techniken ohne Abstimmung einzusetzen, die ein Gegner mit geringerem Ausbildungsstand nicht kennen und beherrschen muss.[117]

Die ausdrückliche Erwähnung von Fairness und Fair Play oder deren konkrete Ausformung (ggf. auch über begriffliche Synonyme wie „unsportliches Verhalten" anstatt „unfaires Verhalten") in einer Verbandsrechtsordnung muss so verstanden werden, dass dies eine Selbstbindung der Verbände bedeutet. Dies wiederum mit der Folge, dass bei einer entsprechend wirksamen Regelanerkennung aller Akteure des Sportes, insbesondere der

116 Vgl. *Summerer*, in: Fritzweiler/Pfister/Summerer, Praxishandbuch Sportrecht, 4. Aufl. 2020, 3. Kap. Rn. 30 m. w. N.
117 Vgl. OLG Köln, Urt. v. 30.12.1993 – 1 U 66/93, SpuRt 1995, 135.

Sportler als Regelanerkennungsadressaten, gleichsam eine ggf. rechtsfolgenbewährte Bindung entsteht. Wie ein Sportverband die Ausformung der Begriffe vornimmt, unterfällt in den in Abschnitt III.2. genannten Grenzen seiner verfassungsrechtlich über Art. 9 Abs. 1 GG gewährleisteten Verbands- bzw. Regelungsautonomie. Neben einer (schlichten) Erwähnung oder Normeinbettung gibt es – zugegeben eher selten – auch Fälle, in denen es zu einer konkretisierenden Definition von Fairness und Fair Play durch einen Sportverband kommt. Exemplarisch kann neben dem in Art. 2 Abs. 1 lit. b der UEFA-Statuten normierten Verbandszweck einer „Förderung des Fußballs in Europa u. a. im Geiste des Fairplay" die Ziffer 3.01 UEFA-Fairplay-Reglement genannt werden, wonach „Fairplay" als ein

> *„Handeln nach ethischen Grundsätzen, die insbesondere im Gegensatz stehen zum sportlichen Erfolg um jeden Preis sowie Wahrung der Integrität und Chancengleichheit für alle Teilnehmer, des Respekts der Persönlichkeit und des Wertes jeder an einer Sportveranstaltung beteiligten Person"*[118]

definiert ist. Ein nützliches Mehr im Vergleich zum ungeschriebenen Grundsatz des Fair Play als Bestandteil der *lex sportiva* geht damit in sportrechtlicher Hinsicht letztlich nicht einher. Gleichwohl setzt die ausdrücklich Definition ein politisches und sportethisches Zeichen und untermauert zudem durch transparente und konkrete Normierung die Bedeutung und bindende Wirkung des Grundsatzes. Ferner wird durch eine ausdrückliche Verankerung und Definition des Grundsatzes der im Rahmen einer im Einzelfall gebotenen Tatbestandsrestriktion bzw. Korrektur auf Ebene 2 notwendige Bewertungsspielraum beschränkt. Mit anderen Worten: Je ausgefeilter und differenzierter Regelwerke sind, desto kleiner wird der Spielraum.[119] Ein Umstand, der zweifelsohne aus Verbandssicht dafürspricht, sich nicht durch eine – mutmaßlich gut gemeinte – „zu starke" Ausdifferenzierung und Konkretisierung des Grundsatzes von Fairness und Fair Play einer nützlichen, Einzelfallgerechtigkeit ermöglichenden, Bewertungsfreiheit zu berauben. Die Verbände haben hier den Spagat hinzubekommen, einerseits Wertungsflexibilität zum Zwecke der Erzielung von Einzelfallgerechtigkeit zu wahren, andererseits jedoch ausreichend Rechtssicherheit zu schaffen, in dem eine hinreichend bestimmte Rechtsgrundlage für den Erlass wettkampforganisatorischer und/oder disziplinarischer Maßnahmen bereitgehalten wird.

---

118 UEFA-Fairplay-Reglement, Ziffer 3.01, https://t1p.de/nnpal (zuletzt aufgerufen am 09.04.2025).
119 Vgl. *Wilke*, Das Ende der Fairness? Ethische Werte aus dem Sport im Spiegel der Gesellschaft (Dissertation, 2009), S. 32.

Die Frage, ob der Konkretisierungsmöglichkeit im Zuge kartellrechtlicher Vorgaben und Restriktionen bei monopolistischen Sportverbänden Grenzen gesetzt sind oder sein könnten, und inwieweit ein Berufen der Sportverbände in ihrer Argumentation und Dokumentation der Regelungsmotive auf legitime Zielsetzungen, wie die Herstellung und Sicherung der Integrität möglich ist, kann und soll an dieser Stelle nicht weiter betrachtet werden. Eine grenzenlose Ausuferung dessen, was unter „(noch) fair" bzw. als „nicht mehr fair" zu verstehen ist, wird durch einseitige (belastende) Regelsetzung aber wohl kaum zulässig kein können.

Betrachtet man die Regelungsreichweite des Grundsatzes von Fairness und Fair Play in personeller Hinsicht, ist dieser nicht auf die an einem Wettkampf beteiligten Sportler begrenzt. Er wird vielmehr personell auf Trainer, Sportfunktionäre, Verbände und die weiteren (notwendigen) Akteure ausgedehnt und erhält damit multidimensionalen Charakter, nicht nur in inhaltlicher, sondern auch in personeller Hinsicht.[120]

Ob der Regelungsgehalt von Fairness und Fair Play schließlich eine materielle Änderung erfährt, wenn nicht von klassisch wettkampforganisiertem Sport, sondern Freizeit-, Schul- oder Gesundheitssport ausgegangen wird, ist nicht geklärt und soll (kann) mit diesem Beitrag auch nicht weiter untersucht und bewertet werden.[121] Festzustellen bleibt jedenfalls, dass sich Fairness und Fair Play in ihrer spezifischen Herleitung und traditionellen Bedeutung auf agonalen Sport beziehen, also eine Wettkampfsituation zwischen sportlichen Konkurrenten, in der die „zeitlichen und räumlichen Koordinaten des Sportgeschehens" unabdingbar durch vordefinierte Regeln bestimmt werden.[122]

4. Verankerung und Ausprägungen des Grundsatzes von Fairness und Fair Play

Typischerweise lassen sich drei grundlegende Wege der Normverankerung beschreiben, auf denen der Grundsatz von Fairness und Fair Play im konkreten Fall zur Anwendung gebracht werden kann. Wie bereits in Abschnitt III.3. ausgeführt, können Sportverbände und -vereine unmittelbar in ihrer Rechtsordnung Bezug auf den Grundsatz nehmen („unmittelbare Verankerung"). Exemplarisch ist die UEFA zu nennen, die in Art. 2 Abs. 1 lit. b ihrer

120 *Morgenroth*, ZStV 2013, 132 (134).
121 Grundsätzlich bejahend im Sinne einer sportunspezifischen Gerechtigkeit als Ursprung und Ausfluss der Fairness *Schürmann*, German Journal of Exercise and Sport Research 2023, 333 (339ff.).
122 Vgl. *Huizinga*, Homo ludens, 1970, S. 32.

Statuten ausdrücklich von der Zielsetzung der Förderung des europäischen Fußballs im Geiste von Fair Play spricht[123] und Fairness über weitere Regelwerke, wie das UEFA-Fairplay-Reglement bzw. die UEFA Club Licensing and Financial Fair Play Regulations, zum Normbestandteil macht.[124]

Weitaus häufiger ist der Fall, dass Fairness und Fair Play mittelbar in Sportrechtsordnungen verankert sind oder als Bestandteil der *lex sportiva* über die Judikatur der Sport(schieds)Gerichte, allen voran der TAS/CAS, ausstrahlt und Wirkung entfaltet. Zur Rechtsprechung des TAS/CAS wird in Abschnitt V.2. noch im Detail eingegangen, weshalb an dieser Stelle dorthin verwiesen werden soll. Soweit es die Fälle einer mittelbaren Verankerung betrifft, findet sich eine entsprechende Bezugnahme auf Fairness und Fair Play in unterschiedlichen – zumeist integritätsbezogenen – Regelungsmaterien. Exemplarisch herausgegriffen werden können die Bereiche der Verpflichtung zu einem manipulationsfreien Sport i. S. d. Fair Play,[125] der Regulierung von Sportwetten, der Chancen- und Wettbewerbsgleichheit („*competitive balance*")[126] oder auch der Anti-Doping-Bestimmungen. Zu letzterem als besonders prominentem Anwendungsfall kann dabei u. a. auf den Nationalen Anti-Doping Code der Nationalen Anti Doping Agentur Deutschland (NADA) verwiesen werden, in dem explizit die Zielsetzungen des Schutzes des Rechtes der Athleten auf Teilnahme an einem dopingfreien Sport sowie die Förderung der Gesundheit, Fairness und Gleichbehandlung genannt sind.[127] Auch kann § 1 des am 18.12.2015 in Kraft getretenen Gesetzes zur Bekämpfung von Doping im Sport (AntiDopG)[128] Erwähnung finden, in dessen Normtext die Fairness als Grundsatz explizit zum Regelungsziel und Schutzobjekt erklärt wird, die nach Auffassung des Gesetzgebers notwendiger Baustein der Integrität im Sport und nach dessen Willen durch effektive Bekämpfung des Einsatzes von Dopingmitteln und Dopingmethoden im Sport zu sichern und befördern ist. Wie eng das Thema Doping mit der Frage der Integrität und den Werten des Sportes und wiederum untrennbar der Grundsatz von Fairness und Fair Play mit diesen verbunden ist, zeigt anschaulich ein aktueller Beitrag von *Putzke* in der Zeitschrift SpuRt, in dem die Frage der zum Zwecke der Sicherung von

123 UEFA Statutes, 2024 edition, https://t1p.de/r91eo (zuletzt aufgerufen am 09.04.2025).

124 Vgl. UEFA-Fairplay-Reglement, Ziffer 3.01, https://t1p.de/nnpal (zuletzt aufgerufen am 09.04.2025); vgl. zum Financial Fair Play als Anforderung an die Integrität des sportlichen Wettbewerbs *McHenry*, SpoPrax 2025, 92 (93).

125 9. Sportbericht der Bundesregierung, Unterrichtung durch die Bundesregierung, BT-Drucks. 14/1859, S. 96.

126 *Heermann*, NZKart 2022, 432; *Göbel*, SpoPrax 2024, 179.

127 Nationaler Anti-Doping Code 2021 (NADC21) der NADA, https://t1p.de/5jy8m, S. 6 (zuletzt aufgerufen am 09.04.2025).

128 Anti-Doping-Gesetz (AntiDopG) vom 10.12.2015 (BGBl. I S. 2210), zuletzt geändert durch Artikel 1 der Verordnung vom 10.03.2023 (BGBl. 2023 I Nr. 67).

Integrität und Fairness notwendigen Anbindung (auch) des eSportes an das geltende Dopingrecht untersucht wird.[129]

IV. Verstöße und Rechtsfolgen

Verstöße gegen den Grundsatz von Fairness und Fair Play nicht zu überprüfen und – ggf. mit korrektiv wirkenden wettkampforganisatorischen und/oder disziplinarischen Rechtsfolgen verbunden – mit einem Unwerturteil zu versehen, wäre gegen die Sportidee an sich. Hierzu die „Karlsruher Erklärung zum Fair Play" des Konstanzer Arbeitskreises für Sportrecht e. V. (nunmehr: DVSR) vom 03.03.1998 wie folgt:

> *„Seine Aufgabe [Anm. d. Verf.: gemeint ist das zuvor beschriebene Gebot von Fair Play] würde die aktiven Sportler einem erhöhten Risiko aussetzen, durch ihre Beteiligung am Wettkampfgeschehen körperliche oder seelische Schäden zu erleiden, und sie zudem dazu nötigen, sich zwecks Wahrung ihrer eigenen Gewinnchancen ebenfalls unfairer Praktiken zu bedienen. Beide Folgen sind weder im Interesse der Beteiligten noch der Allgemeinheit hinzunehmen. Sie widersprechen zutiefst der Idee des Sports und müßten letztlich dazu führen, daß Menschen die ihrer Verantwortung für sich selbst und andere bewußt sind, gezwungen wären, von einer Teilnahme am organisierten Wettkampf Abstand zu nehmen und ihnen anvertraute Jugendliche und Kinder davon fernzuhalten. […] Überdies tut ein Sport, der sich selber bisher noch als Sport versteht und sich auch gegenüber der Öffentlichkeit darstellt und „verkauft", auch unter kommerziellen Gesichtspunkten gut daran, sich an das ihm immanente Fair-Play-Prinzip zu halten. Die Zuschauer wollen einen fairen Sport sehen. Auf Dauer ist nur ein sauberer Sport glaubwürdig und verwertbar."*[130]

Der Feststellung eines Verstoßes sowie auch der Durchsetzung des Grundsatzes von Fairness und Fairplay fällt insoweit eine für die Sicherung der sportimmanenten Werte vitale Rolle zu. Dass hierbei die Sanktionierung einer Verletzung der Regeln sportlicher Fairness aufgrund der fehlenden tatbestandlichen Trennschärfe immer wieder zu Problemen führen kann, darf an der konsequenten Zielverfolgung des Werteschutzes nichts ändern.[131]

129 *Putzke*, eSport und Doping: Die Jagd nach Vorteilen in der Grauzone des Sports, SpuRt 2025, 12.

130 Karlsruher Erklärung zum Fairplay der „Ethik-Kommission" des Konstanzer Arbeitskreises für Sportrecht e. V. vom 03.03.1998, erschienen als Sonderheft zum Tagungsband Recht und Sport, 1998, S. 2.

131 *Morgenroth*, ZStV 2013, 132 (133).

Untechnisch lässt sich von dem Ansatz ausgehen, dass ein Verstoß naturgemäß immer dann vorliegt, wenn ein Verhalten nicht mehr als fair, also unfair anzusehen ist. So weit, so gut, und einfach zu bewerten, wenn das Regelkonformitätsgebot auf der Ebene 1 betroffen ist. Denn hält sich ein Akteur nicht an sein wechselseitig abgegebenes Versprechen, sich an die gegebenen sportartspezifischen Regeln sowie die Regeln des Sportes an sich zu halten und diesen unbedingt, also einschließlich einer etwaigen wettkampforganisatorischen (z.B. Wertungspunkteverlust) oder disziplinarischen (z.B. Sperre) Korrektur eines Fehlverhaltens, hinzugeben, ist das Verhalten nicht mit dem Regelkonformitätsgebot in Einklang zu bringen. Kurzum: Es liegt ein Verstoß vor. Sieht die Rechtsordnung des maßgeblichen Sportverbandes oder der -organisation sodann eine hinreichend bestimmte, wirksame Ermächtigungsgrundlage zur Korrektur des unfairen Verhaltens vor, können an den Verstoß auch entsprechend normierte Rechtsfolgen geknüpft werden.

Dass eine hinreichend bestimmte Ermächtigungsgrundlage vorliegen muss, schließt in diesem Kontext eine tatbestandliche Anknüpfung an ein „unfaires Verhalten" nach allgemeiner Ansicht ebenso wenig per se aus wie die Verwendung anderer unbestimmter Rechtsbegriffe und generalklauselartiger Bestimmungen wie „unkameradschaftliches Verhalten", „unsportliches Verhalten" oder das allseits bekannte „vereins-/verbandsschädigende Verhalten".[132] Voraussetzung ist jedoch, dass der Normadressat aus der Rechtsordnung des Verbandes selbst heraus erkennen kann, an welchem Verhaltensmaßstab er sich zu orientieren hat, und welche möglichen Konsequenzen mit einer Missachtung eines Ge- oder Verbotes verbunden sind. Entscheidend ist, dass die tatbestandliche Anknüpfung (vorausgesetzt, diese ist im typischerweise vorliegenden Fall eines Normgebers im Rechtskleid eines BGB-Vereins konform mit dem Satzungsvorbehalt i.S.d. § 25 BGB in der Verfassung des Vereins verankert[133]) aus der Verbands-/Vereinsrechtsordnung (z.B. einer Rechts- und Verfahrensordnung oder Strafordnung, oder einem sanktionsbewährten Ethik-Kodex) heraus näher konkretisiert werden kann. Das Handeln einer Sportorganisation ohne Weiteres auf die Generalklausel „unfaires Verhalten" oder gar ungeschriebene Prinzipien (wenngleich anerkannter Bestandteil einer *lex sportiva*; vgl. Abschnitt III.2.) zu stützen, wird daher nicht zu einem rechtssicheren Ergebnis und infolgedessen im Worst Case auch gerade nicht zu der gewünschten, von einem Unwerturteil getragenen Korrekturwirkung führen können. Dazu *Orth*:

132 *Orth*, in: Cherkeh/Momsen/Orth, Sportstrafrecht, 2021, 3. Kap. Rn. 7.

133 Vgl. *Schneider*, in: Jakob/Orth,/Stopper, Praxishandbuch Vereins- und Verbandsrecht, 2021, § 2 Rn. 189ff.; *Leuschner*, in: MüKoBGB § 25 Rn. 22; BGH, Urt. v. 20.09.2016 – II ZR 25/15, NJW 2017, 402 (*SV Wilhelmshaven*).

„Im sozialen Leben des Vereins oder Verbands muss eine solche Norm als Sanktionsgrundlage in der Regel ausscheiden. Ihr Inhalt ist für Normadressaten regelmäßig nicht bestimmbar; schlimmer ist noch, dass ihr Inhalt bei der Bestrafung durch den Rechtsanwender (Exekutiv- oder Rechtsprechungsorgan des Vereins oder Verbands) bestimmt wird. Damit werden willkürlichen Entscheidungen Tür und Tor geöffnet. Die Prüfung der Erfüllung eines Tatbestands durch Subsumtion wird dadurch ersetzt, dass bestenfalls ein Spruchgremium eine Verhaltensweise als „unsportlich“ oder „unkameradschaftlich“ qualifiziert und hierbei verschiedene persönliche Überzeugungen an „Zucht und Ordnung“, Moral und Ethik zum Maßstab machen darf. Dies mag bei Kleinvereinen noch eine gewisse Berechtigung haben, muss aber in den sozialmächtigen Vereinen des Sports tabu sein, um gerechte Gleichbehandlung zu gewährleisten. Was im Sportverband verboten sein soll, muss letztlich schwarz auf weiß nachzulesen sein.“[134]

Soweit abweichend von dem noch immer vorherrschenden Strukturgrundsatz normgebender Sportverbände, also an Vereinsrecht gebundener Vereinigungen, eine privatrechtliche (vertragliche) Sportorganisationsstruktur gegeben ist (Bsp.: International Swimming League – ISL, European League of Football – ELF, LIV Golf), gelten die Bestimmtheits- und Transparenzanforderungen mit der Maßgabe entsprechend, dass der Grundsatz von Fairness und Fairplay (jenseits einer zur Anwendung gebrachten *lex sportiva*) auch hier hinreichend aus dem auf vertraglicher Bindung beruhenden und zwischen dem Veranstalter und den Teilnehmern vereinbarten Sportorganisationsrecht hervorgehen muss. Vereinsrechtliche Grundsätze und der Kontrollmaßstab von § 242 BGB werden durch allgemeines Vertragsrecht und AGB-Kontrolle ersetzt.[135]

Liegen sowohl eine hinreichende Rechtsgrundlage als auch Regelbindung (gleich, ob als Mitglied oder Nichtmitglied[136]) vor, und sind die notwendigen Verfahrensvorgaben beachtet, ist der sich im Einzelfall fehl-, also „unfair“, verhaltende Adressat des Regelkonformitäts- und Werteachtungsgebotes als Bestandteil der von der jeweiligen Sportorganisation autonom geschaffenen inneren Rechtsordnung an eine ggf. rechtsfolgenbewährte Unwertfeststellung gebunden. Ob von der Sportorganisation inkorporierte oder einem Rechtsorgan oder Spruchkörper angewandte Regelvorgaben die Qualität

134 *Orth*, in: Cherkeh/Momsen/Orth, Sportstrafrecht, 2021, 3. Kap. Rn. 11.

135 Vgl. zur Normsetzungs- und Normänderungsbefugnis von Verbänden und deren Kontrolle *Meier*, Spurt 2021, 71.

136 Vgl. *Schöpflin*, in: Münchener Handbuch des Gesellschaftsrechts, Band 5, 5. Aufl. 2021, § 36 Rn. 11 f.

von Rechtsnormen haben, ist in diesem Kontext nicht zu entscheiden, da sie jedenfalls unstreitig vom Schutzbereich der Regelungsautonomie erfasst werden und insoweit allseits verbindlich werden.[137] An dieser Stelle lässt sich im Rahmen des sportrechtlichen Verständnisses der Begrifflichkeit im Übrigen auch das Element des Rechtsverzichtes und freiwilligen Inkaufnehmens von Nachteilen anführen. So kann es etwa sein, dass die Sportrechtsordnung eines Verbandes Rechtsmittel in Bezug auf die Sanktionierung eines Fehlverhaltens (z. B. einer unsportlichen – „unfairen" – Geste in einem Wettkampf) erst ab Erreichen einer bestimmten Sanktionierungsschwelle (z. B. erst ab einer bestimmten Geldstrafenhöhe) vorsieht.

Zielsetzung und Ideal der vereinsrechtlichen bzw. sport(schieds)gerichtlichen Überprüfung bleibt, dass unfaires Verhalten mit Präventivwirkung für die Zukunft aufgearbeitet und – soweit notwendig und möglich – nachträglich ein Zustand von Fairness geschaffen wird. Exemplarisch sei der Fall angeführt, dass im Sport durch regelwidriges Verhalten zu Lasten des oder der anderen Akteure ein sportliches Ergebnis erzielt wurde, das im Wege der Sanktionierung (z. B. mittels Korrektur einer Punkt-, Tor- oder Platzierungsentscheidung) wieder rückgängig gemacht wird. An der Notwendigkeit dieser Zielsetzung lässt sich zugleich ein dem Grundsatz von Fairness und Fair Play wesensimmanentes Problem erkennen. Diese sind nämlich, unabhängig von der ohnehin fehlenden tatbestandlichen Trennschärfe, mitunter erst nachträglich durch Korrektur am Maßstab allgemeiner sowie verbands-/vereinseigener Wertungen herzustellen.

Ungeachtet des beschriebenen Rechtsgrundlagen- und Bindungsvorbehaltes ist die Feststellung eines Verstoßes bei einer Störung der Ebene 2, mithin des Werteachtungsgebotes, sowie eine sich anschließende Rechtsfolgenanknüpfung ungleich schwieriger als bei der Feststellung eines Verstoßes gegen das Regelkonformitätsgebot der Ebene 1.

Zum Zwecke der Veranschaulichung sei das in Abschnitt III.2. dargestellte Beispiel 2 aufgegriffen, und abweichend davon angenommen, dass die Mannschaft, die den Ball bewusst ins Aus geschlagen hat, diesen nach Wiederanpfiff nicht zurückerhält. Ohne Zweifel würde dieses Verhalten gemeinhin als „unsportlich" oder „unfair" empfunden. Gleichwohl ist darin mangels Anknüpfungspunkt in den Fußballregeln (eine Pflicht zur Rückgabe des Balles existiert nicht) und konkreter tatbestandlicher Ausgestaltung des Grundsatzes von Fairness und Fairplay als ein durchsetzbares, subjektive Rechte gewährendes „Sportgrundrecht"[138] formell kein

137 *Morgenroth*, ZStV 2013, 132 (135 f.).

138 Vgl. dazu *Pfister/Fritzweiler*, in: Fritzweiler/Pfister/Summerer, Praxishandbuch Sportrecht, 4. Aufl. 2020, Einführung Rn. 36

Verstoß i. S. d. Fußballregeln zu sehen, und kommt es infolgedessen i. d. R. zu keiner sportrechtlichen Überprüfung und Ahnung des unwerten Verhaltens. Ausnahmen bestätigen hierbei die Regel. So wurde der brasilianische Fußballspieler Adriano – ohne dass die genaue Begründung bekannt wäre – von der UEFA mit einer Sperre belegt, weil er einen Schiedsrichterball nicht, wie es „der üblichen Fairness" entspräche, dem Gegner überließ, sondern ein Tor erzielte.[139]

Entscheidend und wichtig ist, dass – ungeachtet des vorstehenden, keinesfalls verallgemeinerungsfähigen Beispiels – auch ein Verstoß gegen das Werteachtungsgebot als Verhaltensmaßstab (Ebene 2) einer Rechtsfolge zugänglich ist, und auch sein muss. Denn liegt im Einzelfall zwar kein Regelverstoß (Ebene 1), aber ein bestimmtes Verhalten vor, welches im Rahmen einer wertenden Gesamtschau aufgrund des Erreichens eines bestimmten Unwertgehaltes aus Sicht der betroffenen Sportorganisation zwingend zu korrigieren ist, um die Wahrung der für den Sport bzw. die konkrete Sportart essenziellen Grundprinzipien, insbesondere Gerechtigkeit, sicherzustellen und ein faires und gerechtes („gutes") Ergebnis zu erzielen, kann und muss der Grundsatz von Fairness und Fairplay – dessen hinreichende Verankerung in der jeweiligen Sportrechtsordnung vorausgesetzt – zwingend zu einer das Unwerturteil im Einzelfall ausgleichenden und zugleich zum Schutze der Werte des Sportes präventiv wirkenden Rechtsfolge führen (können). Dies gilt erst recht, wenn die finale Überprüfungskompetenz einer (echten) Schiedsgerichtsbarkeit zugewiesen ist, in der das Schiedsgericht nach Billigkeit bzw. mit *de-novo*-Entscheidungsbefugnis (vgl. R57 CAS Code) zu entscheiden hat[140]. Einfallstore bieten für die Prüfung des Grundsatzes von Fairness und Fair Play hierbei neben der Anwendung der *lex sportiva* (vgl. Abschnitt III.2.) u. a. die gleichsam im Sport geltenden Fundamentalprinzipien von Treu und Glauben sowie der Verhältnismäßigkeit.

Der Grundsatz von Fairness und Fair Play tritt alles in allem also in doppelter Hinsicht in zwei Ebenen auf, nämlich zum einen in Bezug auf die konkrete Handlung des sich unfair verhaltenden Akteurs und zum anderen in Bezug auf die Person oder das Organ, welche/s das Verhalten im Rahmen eines sport(schieds)gerichtlichen Verfahrens rechtlich zu bewerten hat.

Bei der Bewertung ist das befasste (Vereins-)Rechtsorgan auch nicht per se durch anderweitige (staatliche) Rechtsnormen beschränkt. So entfaltet

139 *Pfister/Fritzweiler*, in: Fritzweiler/Pfister/Summerer, Praxishandbuch Sportrecht, 4. Aufl. 2020, Einführung Rn. 36 sowie Fn. 169.

140 Vgl. *Lehner*, in: Lehner/Nolte/Putzke, Anti-Doping-Gesetz, 2. Aufl. 2024, § 11 Rn. 97; auch bereits *Engelbrecht*, SpuRt 2009, 179 (180).

insbesondere § 242 BGB, der in diesem Kontext darauf gerichtet ist, die Interessen von Vereinsmitgliedern bzw. Rechtsunterworfenen in angemessenem Ausmaß zu schützen, in diesem Kontext keine Relevanz.[141] Ungeachtet dessen bleiben auch im Rahmen der Feststellung des Vorliegens eines unfairen Verhaltens wegen der Pflicht zur Einhaltung rechtsstaatlicher Mindeststandards wesentliche Grundsätze und Prinzipien, wie die Gewährung rechtlichen Gehörs (Art. 103 Abs. 1 GG), die Bestimmtheit (Art. 103 Abs. 2 GG), das Recht auf einen vorab festgelegten und unparteilichen[142] Richter (Art. 101 Abs. 1 Satz 1 GG), die Unparteilichkeit der zuständigen Richter das Verbot der Mehrfachbestrafung (ne bis in idem) sowie etwas auch die Unschuldsvermutung (*in dubio pro reo*) zwingend zu beachten.[143]

Betrachtet man abschließend die Frage nach dem Bestehen eines subjektiven Rechtes auf Fairness, muss konstatiert werden, dass es einen durchsetzbaren, allumfassenden Anspruch auf Fairness bzw. Durchsetzung von Fair Play nicht gibt. Hierzu exemplarisch die Thematik einer (fairen) Beteiligung von Athleten an den (Vermarktungs-)Erlösen der Sportverbände aufgreifend *Heermann* wie folgt:

> *„Insbesondere aus verbands- und kartellrechtlicher Perspektive lässt sich eine zwingende unmittelbare Beteiligung der Athleten an den Erlösen der Sportverbände im Allgemeinen und des IOC im Besonderen in einer bestimmten (Mindest-)Höhe grundsätzlich nicht überzeugend begründen […]. Eine Umsetzung dieses Ziels durch legislative Maßnahmen ist in Europa – anders als eine entsprechende Modifikation der Verbandsstatuten – eher unwahrscheinlich. Tarifverträge könnten unter speziellen Voraussetzungen einen Ausweg bieten. Ein sozialer Dialog wäre in diesem Zusammenhang zwar oftmals wünschenswert, kann aber nicht erzwungen werden. Mitspracherechte der Athleten sind üblicherweise zu schwach ausgeprägt, um eine unmittelbare finanzielle Teilhabe der Athleten an Erlösen von Sportverbänden zu bewirken.“*[144]

Auch wenn es unzweifelhaft fair wäre, Athleten eine echte, auch finanzielle, Teilhabe zu gewähren, kann diese nach Maßgabe der rechtlichen Einschätzung – die auf Basis der aktuellen rechtlichen Vorgaben und Erkenntnisse zu teilen ist – nicht als Anspruch formuliert werden.

141 *Morgenroth*, Interesse als Einflussfaktor auf die Sportvermarktung, 2010, S. 148 (364 ff.).
142 Vgl. dazu *Buchberger*, SpuRt 1996, 122 (123).
143 *Morgenroth*, ZStV 2013, 132 (136).
144 *Heermann*, SpuRt 2023, 434 (434)

Im Übrigen sind Akteure des Sportes, die einen Verstoß gegen den Grundsatz von Fairness und Fair Play erkennen, gezwungen, diesen auf dem verbandsinternen und anschließenden (schieds-)gerichtlichen Rechtsweg geltend zu machen. Ob dies dabei explizit auf eine rechtsfolgenbewährte Ausformung des Grundsatzes gestützt werden kann, oder die Einhaltung des Regelkonformitäts- und Werteachtungsgebotes inzident über die Fundamentalprinzipien von Treu und Glauben oder Verhältnismäßigkeit (u. a.) als Einfallstore zur Prüfung gelangt, ist eine Frage des Einzelfalls und kann nicht pauschal beantwortet werden.

V. Anwendung von Fairness und Fair Play in Literatur, Forschung und Rechtsprechung

So vital die Einhaltung und Kontrolle des Grundsatzes von Fairness und Fair Play für den Sport ist, so vielfältig und vielschichtig ist die Befassung mit diesem in der Literatur, Forschung und Rechtsprechung. Sämtliche Anwendungsfälle und Nuancen der Auseinandersetzung mit Fairness und Fair Play aufzulisten, ist unmöglich. Die nachstehenden tabellarischen Darstellungen sollen daher dem Ziel dienen, einen Überblick über sowie Verständnis für den Regelungsgehalt des Grundsatzes von Fairness und Fair Play in unterschiedlichen Bereichen zu vermitteln sowie eine gewisse Art von Systematisierung der Anwendungsbereiche zu ermöglichen.

1. Anwendungsbeispiele in Literatur und Forschung

In Bezug auf die Literatur und Forschung lassen sich u. a. folgende Anwendungsbereiche der Befassung und Fruchtbarmachung des Grundsatzes von Fairness und Fair Play ausmachen:

Begriffserklärung	
Oberthema („Schlagwort")	**Auszug aus der Literatur**
Athletenrechte	• *Heermann* [Kontext: Erlösbeteiligung von Athleten]: Kein Anspruch der Athleten auf einen „fair share of the revenues"[145] • *Klein* [Kontext: Erlösbeteiligung von Athleten]: Forderung: IOC muss die Sportler i. S. d. Fairness an seinen Milliarden direkt beteiligen[146]
Anti-Doping	• *William*: „...Fair ist fair, oder nicht?"[147] • *Putzke*: „Neben gesundheitlichen Risiken durch leistungssteigernde Substanzen wird die Fairness und Integrität von Wettbewerben thematisiert. Dabei zeigt sich, dass die gesellschaftliche Akzeptanz und institutionelle Strukturen entscheidend sind, um eSport nachhaltig zu regulieren und dessen Glaubwürdigkeit zu wahren."[148]
Erziehung	• *Pilz*: Fair play als Beitrag des Sports zur Erziehung Jugendlicher[149] • *Aebi/Steiger/von Allmen/Huber*: „Der Sport erfüllt vielfältige Aufgaben, er kann die Fitness verbessern, Emotionen auslösen, Lebenshilfe sein, den Teamgeist unterstützen und zum fairen Umgang auffordern."[150]
Inklusion	• *Greve/Krieger*: Alle müssen „gleichberechtigt und fair zusammenspielen und interagieren können."[151] • *Digel*: „Inklusion und fairer Wettbewerb"[152]
Manipulation	• *Leaman*: „...Betrug und Fair Play im Sport..."[153]
„Safe Sport"	• *Brackenridge*: „...Fair Play oder faires Spiel: Sexueller Missbrauch von Kindern in Sportorganisationen..."[154]
Scouting und Training	• *Senf*: „Im Sport gibt es zumeist keine Prüfung der Fairness von Auswahlverfahren."[155]

145 *Heermann*, SpuRt 2023, 434 (440).
146 *Klein*, Faire Entlohnung für Athletenarbeit – Warum das IOC die Sportler an seinen Milliarden direkt beteiligen muss, FAZ.net v. 12.08.2021, abrufbar unter: https://t1p.de/pv5az (zuletzt abgerufen am 09.04.2025).
147 *William*, Sport in society 9 (2006), 177 ff.
148 *Putzke*, SpuRt 2025, 12.
149 *Pilz*, Magglingen 10/1991, 14 ff.
150 *Aebi/Steiger/von Allmen/Huber*, Mobile Praxis 10 (2008), 1 ff.
151 *Greve/Krieger*, NEvaFrei – Nutzenfokussierte Evaluation der inklusiven Handball-Initiative „Freiwurf Hamburg", BISp, Projekt SPOFOR 2014–2029, weitere Informationen über BISP-Datenbanken.
152 *Digel*, New studies in athletics 29 (2014), 71 ff.
153 *Leaman*, Cheating and fair play in sport, Ethics in Sport, Champaign: Human Kinetics (Verlag), 2007, S. 201 ff.
154 *Brackenridge*, International review of sport sociology 29 (1994), 287 ff.
155 *Senf*, Leipziger sportwissenschaftliche Beiträge 32 (1991), 28 ff.

Struktur und Statuten	• *Eh* [Kontext FIFA Financial Fairplay]: „Um das FFP einer fairen Bewertung unterziehen zu können, darf es aber nicht nach dem beurteilt werden, was es auch Sicht vieler erreichen sollte (Dekapitalisierung & ausgeglichener Wettbewerb) oder seinem Namen nach vorgab erreichen zu wollen (Fairplay). Zugrunde zu legen ist das tatsächliche Ziel des CLFFP: Es sollte die Existenz der UEFA-Klubwettbewerbe sichern, da der Clubfußball in England, Spanien und Italien 2011 kurz vor dem finanziellen Zusammenbruch stand. Dieses Ziel wurde erreicht."[156] • *Pieper*: Finanzielle Stabilisierung des Sports durch Financial Fair Play setzt effektive Kontrollmechanismen und Budgetbeschränkungen voraus[157] • *Fischinger/Kainer* [Kontext Kaderkostenregel UEFA]: „Insgesamt stellt sich die Kaderkostenregel der UEFA keineswegs als Meilenstein zum Schutz der Nachhaltigkeit und Fairness des europäischen Fußballs dar, sondern als kaum effektive Beschränkung mit wettbewerbsbeschränkenden und -verzerrenden Effekten."[158] • *Pauer/Blaschczok* [Kontext Art. 101 AEUV]: „Vor diesem Hintergrund ist festzuhalten, dass sich in der europäischen Wettbewerbsordnung zunehmend ein übergreifendes, wirtschaftsverfassungsrechtliches Konzept der Fairness herausbildet, welches das gesamte Recht zur Einhegung wirtschaftlicher Machtstellungen durchzieht." [...]„Das mit Marktausschließungsmacht ausgestattete Unternehmen muss demnach anderen Unternehmen den Zugang zum nachgelagerten Markt zu Bedingungen ermöglichen, die ‚fair, reasonable and non-discriminatory' sind."[159]
Werte	• *Butcher/Schneider*: „...Fair Play als Respekt vor dem Spiel..."[160] • *Barth*: „Inwiefern sind Taktik und Fair Play miteinander vereinbar?"[161] • *Weiler*: „Im Sport können ästhetische Werte ausgedrückt und das tugendhaft Menschliche hervorgehoben werden; die heutige Versportlichung (Kommerzialisierung/Leistungssport) geht jedoch oft am Prinzip der Humanität und Fairness vorbei."[162]

156 *Eh*, SpuRt 2023, 27 (31).
157 *Pieper*, Financial fair play in European football, When sport meets business : capabilities, challenges, critiques, Sage Publishing, 2017, S. 167 ff.
158 *Fischinger/Kainer*, SpuRt 2023, 354 (359).
159 *Pauer/Blaschczok*, NZKart 2024, 296 (298).
160 *Butcher/Schneider*, Fair Play as respect for the game, Ethics in Sport, Champaign: Human Kinetics (Verlag), 2007, S. 119 ff.
161 *Barth*, Leipziger sportwissenschaftliche Beiträge 32 (1991), 34 ff.
162 *Weiler*, Leibeserziehung 48 (1994), 9.

Wettbewerbs-recht	• *Henning-Bodewig*: „Dieser Grundkonsens läßt sich so zusammenfassen, daß das Recht des unlauteren Wettbewerbs ein eigenes Rechtsgebiet darstellt, in dem es um den ‚Anstand' (heute würde man sagen: die ‚Fairness') von Wettbewerbshandlungen geht, und das regelungstechnisch auf einer Generalklausel mit konkretisierenden Einzeltatbeständen aufbaut."[163]

2. Anwendungsbeispiele in der sportrechtlichen Judikatur[164]

In Bezug auf die sportrechtliche Judikatur lassen sich u. a. folgende Anwendungsbereiche der Befassung und Fruchtbarmachung des Grundsatzes von Fairness und Fair Play ausmachen:

Anwendungsbeispiele

Oberthema („Schlagwort")	**Auszug aus der Rechtsprechung**[165]
Kartellrecht	• *EuGH*: [Kontext Art. 102 AEUV] Art. 102 AEUV ist dahin auszulegen, dass der Inhaber eines für einen von einer Standardisierungsorganisation normierten standardessenziellen Patents, der sich gegenüber dieser Organisation unwiderruflich verpflichtet hat, jedem Dritten eine Lizenz zu fairen, zumutbaren und diskriminierungsfreien Bedingungen (so genannte FRAND-Bedingungen – fair, reasonable and non-discriminatory) zu erteilen hat [...][166]
Kontroll-maßstab und Kontroll-intensität	• *OLG Frankfurt a. M.*: Das Verbandsstrafverfahren muss von der Ermittlung bis zur Entscheidung vom Grundsatz des Fair Play geprägt sein[167] • *OLG Frankfurt a. M.*: Das Gebots der Fairness ist zwingend bei Prüfung der Billigkeit der Entscheidung eines Verbandes zu berücksichtigen[168] • *LG Frankfurt a. M.*: Bei der Inhaltskontrolle einer Verbandsklausel ist das Fair-Play-Prinzip zu berücksichtigen[169] • *TAS/CAS*: Verfahrensvorschriften sind am Fairness-Grundsatz („principle of fairness") zu messen[170]

163 *Henning-Bodewig*, GRUR Int 2002, 389.
164 Zur allgemeinen Information: Unter jurisprudence.tas-cas.org finden sich zu „fair" insgesamt 1.031 Treffer
165 Soweit Entscheidungen des TAS/CAS dargestellt sind, können diese über die Datenbank im englischsprachigen Volltext unter ta-cas.org/jurisprudence abgerufen werden.
166 EuGH, Urt. v. 16.07.2015 – C-170/13 (*Huawei Technologies Co.Ltd./ZTE Corp., ZTE Deutschland GmbH*), GRUR 2015, 764.
167 OLG Frankfurt a. M., Urt. v. 15.04.2016 – 10 U 46/14, SpuRt 2016, 217.
168 OLG Frankfurt a. M., Urt. v. 20.05.2020 – 19 W 22/20, SpuRt 2021, 6 (10).
169 LG Frankfurt, Urt. v. 20.03.2019 – 2-06 O 420/18, SpuRt 2019 137.
170 CAS 2002/O/410, *GFA v. UEFA*, Award vom 07.10.2003, Rn. 11.

Rechtsgrundsätze und -institute	• *TAS/CAS*: „Under Swiss law culpa in contrahendo […]. At the contractual negotiation stage it includes […] certain duties of care, consideration, good faith, and providing information, including the duty to negotiate seriously and in a fair manner“[171] • *BAG*: Ein Arbeitgeber darf den Abschluss eines Aufhebungsvertrages an dessen sofortige Annahme knüpfen, bleibt dabei ungeachtet dessen jedoch an das Gebot fairen Verhandelns gebunden[172] • *EGMR*: Der Schutz des Fair Play kann gemäß Art. 8 Abs. 2 EMRK ein berechtigtes Interesse an einem Eingriff darstellen und ist im Rahmen der Rechtfertigung eines Grundrechtseingriffs zu berücksichtigen[173] • *Schweizerisches BG*: Die Fairness beim sportlichen Wettkampf ist ein legitimes Anliegen und bildet ein zentrales Prinzip des Sports, das dazu geeignet sein kann, diskriminierende Eingriffe zu rechtfertigen[174] • *TAS/CAS*: „Fairness“ als im Sportrecht allgemeingültiger Grundsatz[175]
Sportlicher Wettbewerb und Regeldurchsetzung	• *BGH*: Liegt ein dem Fairnessgebot entsprechender Einsatz unter Einhaltung der Regeln oder lediglich geringfügiger Überschreitung der Regeln vor, wird keine Haftung für Sportverletzungen begründet bzw. sind diese hinzunehmen[176] • *OLG Saarbrücken*: „Der BGH hat deshalb unter Hinweis auf § 242 BGB den Grundsatz aufgestellt, dass eine Haftung für solche Verletzungen ausgeschlossen ist, die sich ein Sportler bei einem regelgerechten und dem bei jeder Sportausübung zu beachtenden Fairnessgebot entsprechenden Einsatz seines Gegners zuzieht, weil derartige bewusst eingegangene Gefahren von jedem Teilnehmer in Kauf genommen würden.“[177] • *OLG Hamm*: „Denn eine vorsätzliche Beeinflussung und Unterdrucksetzung eines Entscheidungsträgers mit dem Ziel, das Ergebnis eines Wettkampfes zu manipulieren, lässt sich weder mit elementaren rechtsstaatlichen Normen, insbesondere mit dem Gleichbehandlungsgrundsatz und dem Willkürverbot, noch mit dem vereinsinternen Regelwerk des Beklagten, insbesondere dem Grundsatz der sportlichen Fairness, in Einklang bringen.“[178]

171 CAS 2021/A/8008 *Lukas Grozurek v. Pafos FC*, Award vom 07.11.2022.

172 BAG, Urt. v. 24.02.2022 – 6 AZR 333/21, becklink 2022358 (auch bereits BAG, Urt. v. 07.02.2019 – AZR 75/18, becklink 2012191).

173 EGMR, Urt. v. 18.01.2018 – 48151/11, 77769/13, NJOZ 2019, 521 (*FNASS u. a. v. Frankreich*)

174 Schweizerisches Bundesgericht, Urt. v. 25.08.2020 – 4A_248/2019, 4A_398/2019, https://t1p.de/jvupr (*Caster Semenya vs. IAAF*); anschließend EGMR, Urt. v. 11.07.2023 – 10934/21, SpuRt 2023, 381 (*Semenya/Switzerland*); vgl. auch Kintrup, Spurt 2024, 333.

175 CAS 2002/O/373 COC & Scott v. IOC, Award vom 18.12.2003, Rn. 14.

176 BGH, Urt. v. 10.02.1976 – VI ZR 32/74, NJW 1975, 109; BGH, Urt. v. 10.02.1976 – VI ZR 32/74, NJW 1976, 957; BGH, Urt. v. 27.10.2009 – VI ZR 296/08, r+s 2010, 33.

177 OLG Saarbrücken, Urt. v. 02.08.02010 – 5 U 492/09, NJW-RR 2011, 109.

178 OLG Hamm, Urt. v. 10.07.2023 – 8 U 95/22, SpuRt 2023, 477.

Sportlicher Wettbewerb und Regeldurchsetzung *(Fortsetzung)*	• *OLG Frankfurt a. M.*: „Einheitliche Bedingungen wiederum dienen der Fairness und Chancengleichheit im Sport."[179] • *OLG Hamm*: „Hierauf käme es nicht an, wenn es tatsächlich eine übereinstimmende Absprache zwischen [...] gegeben hat, und diese Absprachen nach den sogenannten ungeschriebenen Regeln des Ringkampfsportes (vgl. § 2 Abs. 1 RuSO) als Ausfluss des Fairplay-Gedankens als bindend angesehen werden könnten."[180] • *OLG Düsseldorf*: Das Vertrauen von paralympischen Athleten in die Klassifizierung ist nur insoweit schützenswert, als dass das IPC faire Wettkampfbedingungen in dem Sinne sicherstellt, nicht gegen Athleten mit körperlichen Vorteilen antreten zu müssen. In der Ablehnung eines Antrags auf Zulassung zu den paralympischen Spielen in einer anderen Klassifizierung kann für eine Spitzensportlerin aufgrund der sportlichen sowie finanziellen Attraktivität eine unbillige Benachteiligung durch den Verband liegen, wenn sie keine faire und diskriminierungsfreie Vergabe der Teilnahmeplätze darstellt.[181] • *LG Frankfurt a. M.*: Eine Verbandsstrafe verstößt gegen den Grundsatz von Treu und Glauben, wenn sie den Fair-Play-Gedanken nicht hinreichend würdigt[182] • *LG Köln*: Regeln des Fair Play begründen eine Rechtsbeziehung zwischen den an einem Fußballspiel Beteiligten[183] • *TAS/CAS*: Der Fair-Play-Gedanke ist Hauptgrund für die Sanktionierung von Athleten, die gegen Anti-Doping-Regeln verstoßen[184] • *TAS/CAS*: „[...] fair competition within the female category",[185] „[...] the Chamber decides that the aforementioned amount should be reduced to USD 500,000, which shall be considered an amount fair and reasonable considering all the circumstances of the case"[186]

179 OLG Frankfurt a.M., Urt. v. 30.11.2021 – 11 U 172/19 (Kart), NZKart 2022, 31 (*Reglement für Spielervermittler*); vgl. dazu auch BGH, Kartellsenat, Vorlagebeschluss an den EuGH v. 13.06.2023 – KZR 71/21, NZKart 2023, 440; LG Mainz, Vorlagebeschluss an den EuGH v. 30.03.2023 – 9 O 129/21, GRUR-RS 2023, 14834.

180 OLG Hamm, Urt. v. 10.07.2023 – 8 U 95/22, SpuRt 2023, 477.

181 OLG Düsseldorf, Urt. v. 20.01.2022 – VI-6 W 1/22 (Kart), SpuRt 2022, 110.

182 LG Frankfurt, Urt. v. 20.03.2019 – 2-06 O 420/18, SpuRt 2019 137.

183 LG Köln, Urt. v. 26.02.1986 – 13 S 367/85, NJW-RR 1986, 832.

184 CAS 2023/O/9401, *World Athletics (WA) v. Russian Athletic Federation (RUSAF) & Yelena Korobkina*, Award vom 27.09.2023, Rn. 160.

185 CAS 2018/O/5794, *Mokgadi Caster Semenya v. International Association of Athletics Federations (IAAF)* und CAS 2018/O/5798, *Athletics South Africa v. IAAF*, Award vom 30.04.2019.

186 CAS 2022/A/8758, *Saifeldin Malik Bakhit Maki v. Al Merreikh Sudanese SC Pharco SC, Sudanese Football Association (SFA) u.a.*, Award vom 29.08.2022.

Sportlicher Wettbewerb und Regel-durchsetzung *(Fortsetzung)*	• *TAS/CAS*: „[…] such amount should, in any event, be increased by the fair assessment of the Player's market value and factor in the fact the Contract was terminated within the Protected Period".[187] • *TAS/CAS*: „In the absence of any compelling evidence presented to the Panel (a) of justification for a change, or (b) of publication of any purported change to the deadline for the selection of the national team published by the NOC, the Appellant was dealt with in an arbitrary and manifestly unfair manner. At the very least, applicable deadlines should have been notified publicly and clearly so that any potential nominee had the opportunity to make appropriate arrangements, which may have included selecting alternative qualifying events and/or seeking an extension of the time limit for qualification."[188] • *TAS/CAS*: „Admitting anonymous witnesses potentially infringes upon both the right to be heard and the right to a fair trial of a party, since the personal data and record of a witness are important elements of information to have in hand when testing his/her credibility."[189] • *TAS/CAS*: „More generally still, the Panel considers that, having regard to the fundamental principle of fair play and bearing in mind the spirit of the Olympic Charter on which the CAS itself is based, the aims of sporting justice would not be served if MTK were to be denied compensation in this case. In this respect, the Panel also observes that the aims of sporting justice shall not be defeated by an overly formalistic interpretation of the FIFA Regulations which would deviate from their original intended purpose."[190] • *TAS/CAS*: „As for the Czech Olympic Committee, it is singularly ill placed to seek standing to insist on the application of a rule in circumstances where its team has not been the least affected by the infraction, not even having played in Sweden's division. The Czech team in effect wishes to be treated as though it had achieved a better result than it did in the first-round games, while Russia is deprived of the fruits of its victory. The Panel finds this stance offensive to the Olympic ideal of fair play."[191]

187 CAS 2020/A/7239, *Shabab Al Ahli Dubai FC v. Mauro Alberto Diaz u.a.*, Award vom 01.11.2021.

188 CAS 2012/A/2845, *Alexander Peternell v. South African Sports Confederation and Olympic Committee (SASCOC) & South African Equestrian Federation (SAEF)*, Award vom 23.07.2012, Rn. 24.

189 CAS 2011/A/2384, *Union Cycliste Internationale (UCI) v. Alberto Contador Velasco & Real Federación Española de Ciclismo (RFEC) u.a.*, Award vom 06.02.2012, Rn. 356 f.

190 CAS 2009/A/1757, *MTK Budapest v. FC Internazionale Milano S.p.A.*, Award vom 30.07.2009, Rn. 31.

191 CAS ad hoc Division (O.G. Nagano) 98/004-005, *Czech Olympic Committee, Swedish Olympic Committee and S./International Ice Hockey Federation (IIHF)*, Award vom 18.02.1998, Rn. 29.

Sportlicher Wettbewerb und Regeldurchsetzung *(Fortsetzung)*	• *TAS/CAS*: „A third relevant way of influencing the outcome of a match between commonly owned clubs might be connected with 'insider information'. One team could have, through common executives, access to special knowledge or information about the other team which could give the first team an unfair advantage."[192] • *TAS/CAS*: „Again, from a general fairness perspective, the Panel would find it difficult to justify a situation in which only Russian clubs (including the Appellants) would be suffering potentially significant financial losses from the suspension of an employment contract, while the new clubs would profit from it financially. Therefore, although entirely subject to the individual circumstances of each case, the Panel finds it conceivable (without asserting it with certainty) that in the above-mentioned scenarios Russian clubs (including the Appellants) may seek to be compensated by such clubs, if they indeed unduly enriched themselves. From a general fairness perspective, it would certainly not be unreasonable that such clubs may be called to share at least part of the windfall profits they would not have been able to realise if not for the introduction of the Amended Temporary Rules."[193] • *TAS/CAS*: „The Panel observes, however, that under CAS jurisprudence the principle of procedural fairness is surely among the unwritten principles of sports law to be complied with by international federations."[194] • *TAS/CAS*: „If the period of ineligibility then imposed on the athlete is backdated to the end of the first imposed period of ineligibility, any results of the athlete achieved between the end of the first imposed period of ineligibility and the date of the second decision have to be disqualified. The reason for this is that it would be contrary to fairness and common sense for the athlete to be able to retain the benefit of his results over the period from the end of the first imposed period of ineligibility while at the same time having the benefit of counting the same period as a part of his period of ineligibility."[195]

192 CAS 98/200, *AEK Athens and SK Slavia Prague/Union of European Football Associations (UEFA)*, Award vom 20.08.1999, Rn. 41.

193 CAS 2022/A/9017, *FC Zenit JSC, FC Dynamo Moscow, FC Sochi, PFC CSKA Moscow, FC Krasnodar, FC Lokomotiv, FC Rostov, FC Rubin v. Fédération Internationale de Football Association (FIFA)*, Award vom 12.06.2023, Rn. 155.

194 CAS 98/200, *AEK Athens and SK Slavia Prague/Union of European Football Associations (UEFA)*, Award vom 20.08.1999.

195 CAS 2014/A/3734, *World Anti-Doping Agency (WADA) v. Vladislav Lukanin & International Weightlifting Federation (IWF)*, Award vom 16.12.2014.

Sportlicher Wettbewerb und Regeldurchsetzung *(Fortsetzung)*	• *TAS/CAS*: „it is … perfectly proper for the rules of a sporting federation to establish that the results achieved by a 'doped athlete' at a competition during which he was under the influence of a prohibited substance must be cancelled irrespective of any guilt on the part of the athlete. This conclusion is the natural consequence of sporting fairness against the other competitors. The interests of the athlete concerned in not being punished without being guilty must give way to the fundamental principle of sport that all competitors must have equal chances"[196], „In any case, the adjudicating bodies enjoy a great deal of discretion in determining the fair of compensation, taking into account the requirements of reasonableness and fairness."[197] • *TAS/CAS*: „competitive results obtained from the date a positive Sample was collected (whether In-Competition or Out-of-Competition), or other anti-doping rule violation occurred, through the commencement of any Provisional Suspension or Ineligibility period, shall, unless fairness requires otherwise, be Disqualified with all of the resulting Consequences including forfeiture of any medals, points and prizes."[198]
Verfahren	• *TAS/CAS*: „Right to fair and public hearing […] Right to a fair trial and right to be heard."[199] • *TAS/CAS*: Vor Sportgerichten ist prozessuale Fairness zu wahren[200]
Wettbewerb	• *TAS/CAS*: Eine „procedural fairness" ist von wesentlicher Bedeutung für ein Bieterverfahren.[201]

3. Systematisierung der Anwendungsbeispiele in der Rechtsprechung

Versucht man die in Abschnitt V.2. dargestellten, sportspezifischen Anwendungsbeispiele zu systematisieren, lassen sich drei wesentliche „Kategorien" der Anwendung des Grundsatzes von Fairness und Fair Play unterscheiden. Zum einen ist dies die Fruchtbarmachung von Fairness

196 CAS 2017/A/5099, *Artur Taymazov v. International Olympic Committee (IOC)*, Award 04.12.2017.

197 CAS 2010/A/2252, *Oleksandr Zavarov v. FC Arsenal Kiev*, Award vom 06.07.2011.

198 CAS 2014/A/3488, *World Anti-Doping Agency (WADA) v. Juha Lallukka*, Award vom 20.11.2014.

199 CAS 2022/A/8695, *Stanislav Toncev v. Football Association of Serbia (FAS)*, Award vom 20.04.2023.

200 CAS 2014/A/3630, *de Ridder v. International Sailing Federation (ISAF)*, Award vom 08.12.2014.

201 CAS 2019/A/6181, *Fédération Royale Belge de Gymnastique (FRBG) v. Fédération Internationale de Gymnastique (FIG) & Japan Gymnastics Association (JGA)*, Award vom 24.09.2019, Rn. 77.

und Fair Play als einen von rechtsstaatlichen Grundsätzen und fundamentalen, sportimmanenten Prinzipien, wie Gleichbehandlung und Diskriminierungsfreiheit, geleiteten Verfahrensmaßstab (Schlagwort: *fair trial*). Zum anderen ist dies deren Heranziehung zum Zwecke der Auslegung von Verbandsregelwerken – hierbei auch zur Lückenfüllung – sowie der Rechtfertigung von Eingriffen bzw. einer Umsetzung wettkampforganisatorischer oder disziplinarischer Maßnahmen.

Greift man die Rechtsprechung des Internationalen Sportgerichtshofes TAS/CAS heraus, so wendet dieser den Grundsatz von Fairness und Fair Play mit gewichtigem Schwerpunkt auf prozessualer Ebene i. S. d. Einforderns sowie der Absicherung der Durchführung fairer Verfahren (*fair trial*) an. Der TAS/CAS (vgl. CAS 2022/A/8695) spricht hier von einer „procedural fairness". Ob die Anwendung des *fair-trial*-Grundsatzes durch den TAS/CAS in diesem Zusammenhang tatsächlich dergestalt unbedingt wirkt bzw. wirken sollte, dass (Schlagworte: *de-novo*-Entscheidung nach Art. R57 CAS-Code, Heilung vorausgehender Verfahrensverstöße[202], Öffentlichkeitsgrundsatz[203]) verfahrensrechtliche Verstöße aller Art überwunden werden können, dürfte allerdings fraglich sein. Fairness und Fair Play finden beim TAS/CAS sodann auch auf materiell-rechtlicher Ebene Anwendung. So wird der Grundsatz ausdrücklich in Sachverhaltskonstellationen beschrieben, in denen keine klaren Regelvorgaben (z. B. Fristen) existieren (vgl. CAS 2012/A/2845), eine nicht vergleichbare Regelanwendung (z. B. bei Sanktionen; vgl. CAS 2011/A/2384, CAS 2022/A/9017) oder unangemessene Regelanwendung (vgl. CAS 98/200) stattfindet, vom Anspruchsteller keine eigene Betroffenheit (z. B. durch Regelverstoß eines anderen) in einem Verfahren dargelegt werden kann (vgl. CAS OG 1998/004-5), keine ihrem Zweck entsprechende Auslegung von Verbandsregeln erfolgt (vgl. CAS 2009/A/1757) oder schlicht ein treuwidriges, gegen die Grundsätze von Treu und Glauben verstoßendes Verhalten zu bewerten und über den Grundsatz von Fairness und Fair Play i. S. d. sportimmanenten Prinzipen wertend zu korrigieren ist (vgl. CAS 2021/A/7930).

Hinzukommen zahlreiche weitere Anwendungsfälle, in denen der TAS/CAS bei der Überprüfung von Sportverbandsregeln nicht ausdrücklich auf Fairness abstellt, diese aber über die mit diesem verknüpften Grundsätze der Gleichbehandlung und Verhältnismäßigkeit prüft und damit mittelbar auf den Grundsatz von Fairness und Fair Play Bezug nimmt. Trennscharf

202 Dazu kritisch *Cherkeh*, SpuRt 2022, 351 f.; vgl. auch CAS 2010/A/2275, *Croatian Golf Federation (CGF) v. European Golf Association (EGA)*, Award vom 20.06.2011.

203 Vgl. BVerfG, Beschl. v. 03.06.2022 – 1 BvR 2103/16, BeckRS 2022, 16286; auch SchiedsVZ 2022, 296 mit Anmerkungen *Michaelis*.

und allseits konsistent ist die Anwendung durch den TAS/CAS hierbei nicht. So spricht dieser etwa in der Rechtssache (Rs.) CAS 2022/A/9017 vom 12.06.2023 teilweise, was kaum hilfreich ist, nur von „from a general fairness perspective“ oder „paramount considerations of fairness“, ohne dies näher auszuformen.[204]

VI. Zusammenfassung

Zusammenfassend lässt sich festhalten, dass die Ursprünge des Grundsatzes von Fairness und Fair Play weit in die Geschichte zurückreichen und eines gemein haben, nämlich eine Rückkopplung an elementare Grundprinzipien wie Gerechtigkeit, Anstand (Ritterlichkeit) und Gleichbehandlung. Für die Rechtsanwendung bedauerlich, aber aufgrund der Eigenart und fortentwickelten Bedeutung des Grundsatzes zu akzeptieren, ist die Tatsache, dass es keine fixierte, und damit absolut greifbare und harmonisierte Definition von Fairness und Fair Play gibt. Der Regelungsgehalt des Grundsatzes ist vielmehr anlehnend an dessen Etymologie sowie unter Berücksichtigung des konkreten Anwendungsbereiches sowie den sportartspezifischen Einzelfallumständen zu bestimmen.

Der Grundsatz von Fairness und Fair Play erfordert ein mehrdimensionales Begriffsverständnis, bei dem zwischen zwei grundlegenden Ebenen zu unterscheiden ist, nämlich einem Regelkonformitätsgebot als Verfahrensvorgabe auf der einen Seite (Ebene 1) und einem Werteachtungsgebot als Verhaltensmaßstab auf der anderen Seite (Ebene 2). Er ist für die Akteure des Sportes dabei bindend, indem dieser unmittelbar oder mittelbar in den Sportrechtsordnungen verankert und anerkannt ist, oder als Bestandteil einer *lex sportiva* Wirkung entfaltet.

Ein Verstoß gegen den Grundsatz von Fairness und Fair Play liegt immer dann vor, wenn ein Verhalten als unfair, ungerecht oder schlicht „nicht gut für den Sport“ anzusehen ist. Dies ist bei einem Regelverstoß, also einer Verletzung des Regelkonformitätsgebotes auf Ebene 1 der Fall. Gleiches gilt freilich, wenn mit dem Regelverstoß – wie grundsätzlich der Fall – auch das Werteachtungsgebot der Ebene 2 verletzt ist. Dies ist zudem dann der Fall, wenn zwar kein Regelverstoß vorliegt, das zu bewertende Verhalten jedoch im Rahmen einer wertenden Gesamtschau zu korrigieren ist, um die

204 Vgl. CAS 2022/A/9017, *FC Zenit JSC, FC Dynamo Moscow, FC Sochi, PFC CSKA Moscow, FC Krasnodar, FC Lokomotiv, FC Rostov, FC Rubin v. Fédération Internationale de Football Association (FIFA)*, Award vom 12.06.2023, Rn. 155; CAS 98/200, *AEK Athens and SK Slavia Prague/Union of European Football Associations (UEFA)*, Award vom 20.08.1999, Rn. 163

Bewahrung der für den Sport essenziellen Grundprinzipien wie Gerechtigkeit, gegenseitiger Respekt und Gleichbehandlung sicherzustellen und damit ein faires und gerechtes („gutes") Ergebnis zu erzielen. Einzelfallgerechtigkeit kann hierbei im Wege einer normativen Korrektur auf Ebene 2, also der Prüfung des Werteachtungsgebotes als Verhaltensmaßstab, hergestellt werden. Dies einerseits im Wege eines wertungsgerechten, weil ein „faires" Ergebnis herstellenden, Rechtsfolgenverzichts als normative Restriktion des Fair-Play-Grundsatzes (vgl. hierzu das Beispiel auf Seite 124). Dies eben andererseits im Wege einer normativen Extension des Fair-Play-Grundsatzes, wenn das Unwerturteil auf Ebene 2 im Einzelfall den fehlenden Verstoß gegen das Regelkonformitätsgebot überlagert.

Nicht jeder Verstoß gegen Fairness und Fair Play zeitigt Rechtsfolgen, die gleichsam zwangsläufig zu einem Anspruch auf Herstellung von Fairness führen. Ohnehin ist zu berücksichtigen, dass eine absolute und vollkommene Fairness nicht zu erreichen ist, und aufgrund der Eigenart des Sportes, in dem etwa Schwächen des Gegners typischerweise taktisch ausgenutzt werden (wollen), auch nicht sinnvoll erscheint.

In der sport(schieds)gerichtlichen Praxis findet der Grundsatz von Fairness und Fair Play als eine von rechtsstaatlichen Grundsätzen und fundamentalen sportimmanenten Prinzipien wie Gleichbehandlung oder Diskriminierungsfreiheit geleitete Verfahrensvorgabe *(fair trial)* Anwendung. Darüber hinaus wird dieser mit kaum weniger gewichtigem Schwerpunkt zum Zwecke der Auslegung von Verbandsregelwerken (auch lückenfüllend und mit anspruchsbegründender Wirkung) sowie der Rechtfertigung der Anwendung wettkampforganisatorischer oder disziplinarischer Maßnahmen herangezogen.

Der Grundsatz von Fairness und Fair Play ist alles in allem unersetzlich und vital für die Bewahrung der sportimmanenten Werte und traditionell mit Sport in Verbindung gebrachten Tugenden. Seine beharrliche Pflege, basierend auf einem echten Begriffsverständnis sowie einer darauf aufbauenden konsistenten Anwendung, sollte daher allen Sportrechtsinteressierten und Sportrechtsanwendern ein besonderes Anliegen sein. Auf dem TAS/CAS entlehnte Einlassungen wie „from a general fairness perspective" darf daher nach Auffassung des Verfassers in sport(schieds)gerichtlichen Entscheidungsgründen und anwaltlichen Schriftsätzen gerne zugunsten einer differenzierten Herleitung und Anwendung des Grundsatzes von Fairness und Fair Play verzichtet werden.

Ein Safe Sport Code gegen interpersonale Gewalt im Sport

Prof. Dr. Martin Nolte und Dr. Caroline Bechtel

Interpersonale Gewalt ist Unrecht, verletzt elementare Grundrechte und hat keinen Platz im Sport. Sie ist ein Frontalangriff auf die Integrität des Sports und gefährdet seine Anerkennung durch Staat und Gesellschaft. Deshalb ist sie mit aller Entschiedenheit zu verhindern. Die Aufgaben zur Vorbeugung, Verfolgung und Sanktionierung interpersonaler Gewalt sind vielfältig. Deren Verteilung zwischen sportverbandlichen und staatlichen Akteuren entsprechen allgemeinen Grundsätzen des Verhältnisses zwischen Staat und Sport. Danach treffen Sportorganisationen zivilrechtliche Fürsorge-, Obhuts- und Garantenpflichten gegenüber ihren Mitgliedern sowie Teilnehmer*innen von Sportaktivitäten zum Schutz von Menschenwürde, Gesundheit sowie sexueller Selbstbestimmung. Dem Staat obliegen demgegenüber grundrechtliche Schutzpflichten, An- und Übergriffe auf Betroffene zu verhindern und schwere Verletzungen sogar mit strafrechtlichen Mitteln zu verfolgen. Hinzu treten vielfältige Formen der kooperativen Zusammenarbeit zwischen sportverbandlichen und staatlichen Akteuren beim Schutz vor interpersonaler Gewalt. An diese Grundsätze verfassungsrechtlich ableitbarer Verantwortungsteilung knüpft der von den Verfassern dieses Beitrags erarbeitete und fortentwickelte Safe Sport Code gegen interpersonale Gewalt (im Nachfolgenden: Code) an.

I. Ziele und Bedeutung

Das Ziel des Codes besteht in der Gewährleistung eines sicheren Sports durch Abwehr interpersonaler Gewalt. Als sicher im Sinne des Codes gilt der Sport dann, wenn die Menschenwürde, Gesundheit sowie sexuelle Selbstbestimmung aller Sportbeteiligten, insbesondere Sportler*innen, umfassend geschützt sind. Zu diesem Ziel erweitert der Code die sportverbandlichen Handlungsmöglichkeiten von Spitzenorganisationen und verbietet interpersonale Gewalt bereits unterhalb der Schwelle zu strafbarem Verhalten. Dahinter steht die Erkenntnis, dass die eigentlichen Prozesse des Normerlernens und der Normverwirklichung im organisierten Sport selbst und damit in sozialer Nähe verlaufen. Ohne diesen Resonanzboden zeigt das weit vom Ort des Geschehens entfernte Strafrecht wenig Wirkung.

Im Mittelpunkt des Codes stehen materielle Ver- und Gebote gegen interpersonale Gewalt sowie prozedurale Vorschriften zu Untersuchungs-, Disziplinar- und Rechtsbehelfsverfahren einschließlich konsensualer Streitbeilegungsmechanismen. Weitere Regelungen betreffen den Geltungsbereich des Codes, die Ziele und Aufgaben von Sportorganisationen im Kontext von interpersonaler Gewalt, zentrale Begriffe des Codes sowie besondere Betroffenenrechte, das Gebot der Vertraulichkeit sowie den Informationsaustausch.

Der Code richtet sich gegen alle Erscheinungsformen interpersonaler Gewalt in Gestalt physischen, seelischen sowie sexualisierten Missbrauchs oder von Vernachlässigung. Mit diesen Kategorien greift der Code empirische Erkenntnisse der Sozialforschung auf, orientiert sich an internationalen Begriffsverständnissen und normiert greifbare Tatbestände mit sportnahen Rechtsfolgen im Rahmen nationalen Rechts. Von besonderer Bedeutung für die Abwehr von interpersonaler Gewalt ist, dass diese bereits dann angenommen wird, wenn die Menschenwürde, Gesundheit oder sexuelle Selbstbestimmung gefährdet werden. Es bedarf also nicht erst des Eintritts einer Verletzung. Damit verzichtet der Code auf den oft schwer zu führenden Nachweis einer Kausalität zwischen einem Verhalten und einer Schädigung. Auf diese Weise soll einer späteren Verletzung von Rechtsgütern vorgebeugt werden.

Zur Erläuterung des Regelwerks dient eine Kommentierung aller einzelnen Bestimmungen. Diese Kommentierung verfolgt mehrere Ziele: Zum einen soll sie die – naturgemäß abstrakt zu haltenden – Bestimmungen für alle Regelunterworfenen und Regelanwendenden verständlicher machen. Denn nur dann, wenn Regelunterworfene die Bestimmungen des Codes verstehen, kann das Regelwerk seine verhaltenssteuernde Wirkung entfalten. Dies mag zwar eine Binsenwahrheit sein. Allerdings ergeben Evaluierungen der Verfasser,[1] dass das Verständnis von Personen über die für sie verbindlichen Regeln bisweilen Entwicklungspotenziale besitzt. Zum anderen sollen die Erläuterungen zu einer einheitlichen Auslegung und An-

1 Nolte, Martin (Hrsg.), Nationaler Anti-Doping Code. Eine faktenbasierte Evaluierung in Deutschland, Kölner Studien zum Sportrecht, Band 12, Köln 2018; *Nolte/Bechtel*, Nationaler Anti-Doping Code. Eine faktenbasierte Evaluierung der Entwicklungen, Kölner Studien zum Sportrecht, Band 15, Köln 2021.

wendung der Bestimmungen beitragen. Schließlich soll der Code nicht nur in einer Sportart bzw. einem Sportverband gelten, sondern eine bundesweite Geltung über die Grenzen einzelner Sportarten hinaus erfahren mit der Möglichkeit, auch internationale Impulse entfalten zu können.

Der Bedeutung des Codes als zentrales Regelwerk aller Sportorganisationen in Deutschland entsprechend, wird ihm eine Präambel vorangestellt. Sie zeigt das Selbstverständnis der betreffenden Sportorganisation, die Schutzzwecke sowie Motive für die Schaffung des Codes. Mit alledem reflektiert sie den Basiskonsens der Sportorganisation im Bereich interpersonaler Gewalt zum Schutz eines sicheren Sports. Die Nummerierung der einzelnen Vorschriften in Artikeln verweist auf die hohe Bedeutung des Codes.

II. Entstehungsgeschichte

Der Code wurde von den Verfassern dieses Beitrags im Rahmen eines neunmonatigen Serviceforschungsprojekts im Auftrag des Bundesinstituts für Sportwissenschaft (BISp) sowie in Kooperation mit dem Deutschen Turner-Bund (DTB) und der Deutschen Reiterlichen Vereinigung (FN) erarbeitet.[2] Das Ziel des Forschungsprojekts bestand in der Schaffung einer funktionierenden und rechtssicheren Grundlage für die Untersuchung und Ahndung interpersonaler Gewalt innerhalb der eigenen Strukturen dieser Spitzenverbände. Das war das erklärte Ziel des Codes.

Zu diesem Ziel erfolgte zunächst eine Bestandsaufnahme des bestehenden Regelwerks des DTB sowie der FN im Bereich interpersonaler Gewalt, um Regelungslücken zur Vorbeugung und Bekämpfung interpersonaler Gewalt zu ermitteln. Die Untersuchung ergab, dass sich beide Spitzenverbände zwar in ihren Satzungen entschieden gegen interpersonale Gewalt aussprechen. Allerdings fehlten klar umschriebene Ver- und Gebote und korrespondierende Verfahrens- und Sanktionsnormen. Die Möglichkeiten, Fehlverhalten im Bereich interpersonaler Gewalt zu untersuchen und zu ahnden, waren deshalb sehr eingeschränkt.

Vor diesem Hintergrund entwickelten die Verfasser dezidierte Ver- und Gebotsnormen sowie disziplinarrechtliche Sanktionsmöglichkeiten bei Fehlverhalten. Dabei orientierten sie sich an den Kategorien interpersonaler Gewalt nach Maßstäben der Weltgesundheitsorganisation sowie der Sozialforschung und verwendeten Formulierungen, die für konkretisierende

2 *Nolte/Bechtel*, Safe Sport Code. Ein mustergültiges Regelwerk gegen interpersonale Gewalt im Sport. Kölner Beiträge zum Sportrecht, Band 15, 2024.

Verhaltensregeln offen waren. Darüber hinaus gestalteten sie Verfahrensstufen zur Untersuchung und Disziplinierung von Fehlverhalten aus und verfolgten hierbei das Ziel, die Voraussetzungen für den Schutz und Ausgleich konfligierender Belange von Betroffenen, Beschuldigten sowie Sportverbänden zu schaffen. Schließlich normiert der Code das Verhältnis sportverbandlicher und strafrechtlicher Verfolgung von interpersonaler Gewalt und eröffnet außerdem Möglichkeiten konsensualer Streitbeilegung im Sinne des Ausgleichs zwischen Betroffenen und Beschuldigten (Ausgleichsgespräch) sowie nach Grundsätzen der Mediation und Schlichtung.

Bei alledem gingen die Verfasser vom Ist-Zustand aus, wonach die Untersuchungs- und Disziplinargewalt bei den Spitzenverbänden innerhalb ihrer Sportart liegt. Die Durchführung sämtlicher Schritte erfolgte in enger Abstimmung mit beiden Projektpartnern im Wege regelmäßiger Meetings und Online-Workshops sowie Anhörungen von Betroffenen und der Begleitung aktueller Fälle sexualisierter Gewalt. Ihre Geschichten und Erfahrungen konnten auf diese Weise in den Code einfließen. Um den Code darüber hinaus auf eine breitere wissenschaftliche, insbesondere auch interdisziplinäre Basis zu stellen und zugleich eine erhöhte Praxistauglichkeit des Codes zu erreichen, nutzten die Verfasser weitere Workshops, Diskussionen und Quellen wie:

- den wechselseitigen Austausch mit einem parallelen Serviceforschungsprojekt zur *Entwicklung und Implementation von Verhaltensregeln als Kernbaustein von Präventions- und Förderkonzepten: Gewaltprävention und Förderung pädagogischer Trainingsqualität im Deutschen Turnerbund,*[3]
- die kritische Diskussion mit ausgewiesenen Strafrechtswissenschaftlern, Kriminologen sowie Strafrechtspraktikern mit einer spezifischen Fach- und Sachkunde in den Bereichen interpersonaler, insbesondere sexualisierter, Gewalt, Verfahrensgestaltung sowie (konsensualer) Streitbeilegung,
- die Durchführung von Workshops mit Trainer*innen aus verschiedenen Sportarten im *Berufsverband der Trainerinnen und Trainer im deutschen Sport (BVTDS)*[4] sowie Fachgespräche mit Vertreter*innen (inter-)nationaler Sportinstitutionen, kirchlichen Betroffenenorganisationen und der Beauftragten für Fragen sexuellen Kindesmissbrauchs.

Nach Abstimmung mit dem Auftraggeber und beiden Kooperationspartnern fungierte das projektausführende Institut für Sportrecht der Sport-

3 https://www.bisp-surf.de/Record/PR020230300076; https://www.uni-muenster.de/Sportwissenschaft/Didaktik/forschung/praeventionvongewalt/materialien.html (jeweils zuletzt abgerufen am 30.04.2025).
4 https://bvtds.de/verband/startseite (zuletzt abgerufen am 30.04.2025).

hochschule Köln darüber hinaus als Kooperationspartner einer interuniversitären Tagung an der Universität zu Köln zum Thema *Sexualisierter Machtmissbrauch in Organisationen: Aufarbeitung und Prävention als Aufgaben des Rechtsstaats.*[5] Schließlich transferierte es (Zwischen-)Ergebnisse aus dem Projekt in den vom Bundesministerium des Innern und für Heimat (BMI) initiierten Stakeholderprozess zur Schaffung eines Safe Sport Zentrums sowie eine Tagung der Geschäftsführenden der Landessportbünde. Dies Alles mündete in der Erstauflage des Safe Sport Codes.[6]

Die Erstauflage des Codes war von Anfang an mustergültig konzipiert und damit auch auf andere Sportorganisationen übertragbar. Dessen Akzeptanz veranlasste den Deutschen Olympischen Sportbund (DOSB), die Verfasser zur Fortentwicklung ihrer Erstauflage zu bitten. Dieser Bitte entsprachen die Verfasser gern und erarbeiteten eine Zweitauflage des Codes unter Berücksichtigung zahlreicher Anregungen aus einem umfangreichen Konsultationsprozess, den der DOSB initiiert hatte.

Den Betroffenenrechten galt hierbei besonderes Augenmerk. So sieht Art. 8.3 in seiner neuen Fassung nunmehr ein Vetorecht für von interpersonaler Gewalt betroffene Personen vor. Nach dessen Konzeption steht die Durchführung des Untersuchungsverfahrens grundsätzlich unter dem Vorbehalt der Zustimmung der*des Betroffenen. Hinzu kommen besondere Betroffenenrechte nach Maßgabe von Art. 13 n.F. nach dem Vorbild rechtsstaatlicher Verfahrensgarantien unter besonderer Berücksichtigung ihrer hohen Schutzbedürftigkeit. Weitere Fortentwicklungen der Erstauflage betrafen schließlich eine differenzierte Verjährungsregelung im Spannungsfeld zwischen sportverbandlicher Aufklärungsmöglichkeit und rechtsstaatlicher Verfolgung von Unrecht insbesondere bei strafrelevantem Fehlverhalten. Auf diese Weise entstand eine Zweitauflage des Codes, den die Verfasser für den DOSB und seine Mitgliedsorganisationen erarbeiteten.

---

5 https://jura.uni-koeln.de/fakultaet/zentrale-einrichtungen/studien-und-karriereberatungszentrum/newsletter/oktober-2023/news-oktober-2023/tagung-sexualisierter-machtmissbrauch-in-organisationen-aufarbeitung-und-praevention-als-aufgaben-des-rechtsstaats-27102023; https://beauftragte-missbrauch.de/presse/artikel/793; https://staatsrecht.jura.uni-koeln.de/sites/staatsrecht/user_upload/Tagung_am_27.10.2023_in_Koeln.pdf (jeweils zuletzt abgerufen am 30.04.2025).

6 Allen Beteiligten an diesem Projekt gebührt ganz herzlicher Dank für eine durchweg konstruktive, kritische und zielorientierte Diskussion in allen Phasen dieses Projekts. Von herausragender Bedeutung waren bei alledem die wertvollen Beiträge beider Kooperationspartner, ohne deren Zusammenarbeit die Durchführung dieses Forschungsprojektes nicht möglich gewesen wäre. Unser herzlichster Dank gilt deshalb Frau *Eva Reinschmidt*, Ansprechperson Intervention von Gewalt im DTB, sowie Frau *Annika Schalueck*, Ansprechpartnerin für das Thema Safe Sport bei der FN, und Frau *Dr. Constanze Winter*, damalige Justiziarin der FN. Diese Ansprechpartnerinnen haben maßgeblichen Anteil daran, dass der Safe Sport Code in seiner ersten Fassung entstehen konnte.

III. Besonderheiten

Von besonderer Bedeutung für das Verständnis des Codes sind die weiterführenden Erläuterungen seiner einzelnen Artikel. Sie sind Bestandteil des Codes und richten sich sowohl an die Regelunterworfenen als auch an die Regelanwendenden. Als solche schaffen Sie die Voraussetzungen für eine funktionierende Verhaltenssteuerung und tragen dazu bei, eine rechtssichere und einheitliche Anwendung der einzelnen Regelungen des Codes zu gewährleisten.

Die Erläuterungen konkretisieren und veranschaulichen den Normtext, der naturgemäß abstrakt formuliert sein muss, um möglichst viele, auch ungewöhnliche Fallkonstellationen erfassen zu können. Aus diesem Grund beinhalten die Erläuterungen eine Vielzahl praxis- und anwendungsnaher Beispiele, verdeutlichen den Sinn und Zweck der Vorschriften und illustrieren die Hintergründe und das Zusammenspiel der einzelnen Bestimmungen zueinander.

Zahlreiche Erläuterungen des Codes veranschaulichen schließlich nicht nur dessen Regelungen, sondern entsprechen allgemeinen Grundsätzen und Prinzipien des Sportrechts, insbesondere sportverbandlichen Disziplinarregelungen und Verfahren. Erklärtes Ziel des Codes war gleichwohl die Konzeption eines mustergültigen Regelwerks. Deshalb sieht der Code die Möglichkeit vor, dass er von den Sportorganisationen, die den Code in ihr Regelwerk implementieren, entsprechend ihrer Verbandsorganisation und ihrer Strukturen ergänzt wird. Zu diesem Zweck wurden in dem Code zahlreiche Stellen in gelber Farbe hervorgehoben und mit eckigen Klammern versehen *[z.B.: „die Sportorganisation"]*[7], damit die Sportorganisation die betreffenden Stellen mit Blick auf ihre Organisation und Strukturen ergänzt. Die relevanten Passagen betreffen

- den Namen der Sportorganisation,
- die Bezeichnung von Personen, die dem Geltungsbereich des Codes unterliegen (Art. 1), sowie weiteren sportverbandliche Akteuren (Art. 3),
- die Bezeichnung der Gremien/Organe, die für die Durchführung des Untersuchungsverfahrens und des Disziplinarverfahrens zuständig sind sowie die Rechtmittelinstanz,

7 Für den vorliegenden Beitrag wurde auf die Hervorhebung der ausfüllbedürftigen Stellen in gelber Farbe verzichtet. Die entsprechenden Passagen sind im nachfolgenden Text kursiv und mit eckigen Klammern versehen.

- die Bezeichnung von Sofortmaßnahmen (Art. 9) sowie Sanktionen (Art. 11), die der Sportart und/oder den Besonderheiten der Sportorganisation entsprechen,
- die Bezeichnung von maßgeblichen Verbandsregelwerken (z.B. Verfahrensordnungen) und Fristen (z.B. zum Erlass von Sofortmaßnahmen, zur Einlegung von Rechtsmitteln, zur Verjährung).

Die Ergänzungsmöglichkeiten eröffnen ferner gewisse Gestaltungsspielräume für die Sportorganisationen. Diese sind nicht nur binnenorganisatorischen Themen wie etwa der sportverbandsinternen Zuständigkeitsverteilung geschuldet, sondern betreffen auch inhaltliche Konkretisierungsmöglichkeiten, beispielsweise im Rahmen der Aufgabenbeschreibungen für Sportorganisationen, die über die Intervention nach dem Code hinausgehen und die Prävention und Aufarbeitung betreffen.

Flankiert werden die ausfüllbedürftigen Stellen von weiteren Gestaltungshinweisen. Diese wurden von den Verfassern nach dem Vorbild entsprechender Hinweise zur Implementierungen Nationaler Anti Doping Kodizes sowie im Auftrag der 16 Landessportbünde erarbeitet, um die Umsetzung des Codes für deren jeweiligen Regelungsbereich zu unterstützen. Für den DOSB erfolgte sodann eine Überarbeitung der Gestaltungshinweise mit dem Ziel, die Ergänzungen durch und für die Sportorganisation zu erleichtern. Im Unterschied zu den Erläuterungen sind die Gestaltungshinweise gleichwohl kein Bestandteil des Codes.

Von zentraler Bedeutung für die Konkretisierung missbräuchlichen Verhaltens im Sinne des Codes sind ferner Verhaltensregeln, die von den Landessportbünden als Mindeststandard entwickelt wurden und nunmehr einen Anhang zum Code bilden sollen. Sie formulieren einen allgemeinen Wohlverhaltensmaßstab im Sport und stellen greifbare Regeln im Verhältnis zwischen Personen, insbesondere Athlet*innen und Trainer*innen bzw. Betreuer*innen, auf. Dieser Maßstab dient als Orientierungshilfe bei Auslegung und Anwendung des Codes für den Begriff der interpersonalen Gewalt bzw. eines missbräuchlichen Verhaltens.

Die Überschreitung der Verhaltensregeln als solche ist weder nach den Verhaltensregeln noch nach dem Code für sich genommen sanktionsbewehrt. Eine Sanktion nach dem Code kommt gleichwohl dann in Betracht, wenn die Überschreitung einer Verhaltensregel zugleich eine Gefahr oder Verletzung im Sinne des Codes begründet und damit interpersonale Gewalt vorliegt. Diese Verknüpfung zwischen Code und Verhaltensregeln erhöht die Praxistauglichkeit des Codes erheblich. Sie wird ermöglicht durch Verwendung der für Verhaltensregeln offenen Definition missbräuchlichen Verhaltens.

IV. Normtext mit Erläuterungen

Der nachfolgende Normtext mit Erläuterungen wurde von den Verfassern dieses Beitrags als Zweitauflage ihres Codes im September 2024 fertig gestellt. Er bildet die Grundlage für den DOSB Safe Sport Code, der mit wenigen Änderungen im Dezember 2024 von der Mitgliederversammlung des DOSB beschlossen wurde. Der Normtext mit Erläuterungen wird nur in der Open-Access-Version dieses Bandes wiedergegeben; er ist zusätzlich auch online unter www.boorberg-plus.de/Sportrecht verfügbar.[8]

8 https://www.dosb.de/sonderseiten/news/news-detail/news/gegen-gewalt-im-sport-dosbstellt-safe-sport-code-vor-1; https://www.dosb.de/aktuelles/news/detail/fazit-der-21-dosb-mitglieder versammlung-in-saarbruecken (jeweils zuletzt abgerufen am 30.04.2025).

V. Ergänzungen

Der vorstehende Normtext mit Erläuterungen aus dem September 2024 stellt den DOSB Safe Sport Code dar, der bis zur Mitgliederversammlung des DOSB im Dezember 2024 noch wenige punktuelle Anpassungen erfahren hat.[9] Sie betreffen redaktionelle Aspekte sowie wenige Sätze in den Erläuterungen und Gestaltungshinweisen. So wurde beispielsweise das Beweismaß für die Annahme eines Verstoßes gegen den Code an zivilprozessuale Formulierungen angepasst (Art. 7.2) sowie geringe Ergänzungen bei den Untersuchungsverfahren, insbesondere bei der Abstimmung mit Strafverfolgungsbehörden, vorgenommen (Art. 8.5). Weitere Anpassungen betrafen beispielsweise punktuelle Klarstellungen bei der Verhältnismäßigkeit von Sanktionen sowie damit verbundener Auflagen (Art. 11.5), Informationspflichten hinsichtlich etwaiger Sofortmaßnahmen (Art. 9.5) sowie Hinweise zur Besetzung von Untersuchungs- und Disziplinarorganen (Art. 8). Neu eingefügt ist schließlich die Möglichkeit zur Benennung einer neutralen Ombudsperson, an die sich die Verfahrensbeteiligten im Fall von Bedenken zur Verfahrensführung wenden können (Art. 21.2).

9 https://www.dosb.de/sonderseiten/news/news-detail/news/gegen-gewalt-im-sport-dosbstellt-safe-sport-code-vor-1; https://www.dosb.de/aktuelles/news/detail/fazit-der-21-dosb-mitglieder versammlung-in-saarbruecken (jeweils zuletzt abgerufen am 30.04.2025).

Herausgeber und Autoren

Prof. Dr. Björn Schiffbauer

Studium der Rechtswissenschaften in Passau und Köln; 2007 Erste Prüfung; 2011 Promotion im Völkerrecht an der Universität zu Köln; juristischer Vorbereitungsdienst in Köln, Asunción, Düsseldorf und Lima; 2012 Zweite juristische Staatsprüfung; danach Akademischer Rat an der Universität zu Köln; 2021 Habilitation ebendort mit der Lehrbefugnis für Öffentliches Recht, Völker- und Europarecht sowie Rechts- und Verfassungstheorie; Professurvertretungen an der Albert-Ludwigs-Universität Freiburg, der Philipps-Universität Marburg, der FernUniversität in Hagen und der Universität Rostock; seit Dezember 2022 Professor an der Universität Rostock und Inhaber der Professur für Öffentliches Recht, Europäisches und Internationales Recht.

Prof. Dr. Reinhard Klaushofer

Studium der Rechtswissenschaften in Salzburg; Doktorat 2001; 2011 Habilitation für die Fächer Verfassungs- und Verwaltungsrecht mit der Arbeit „Strukturfragen der Rechtsschutzbeauftragten"; seit Oktober 2015 Leiter des Österreichischen Institutes für Menschenrechte (ÖIM); Gastprofessuren an der Universität Klagenfurt und der Wirtschaftsuniversität Wien; 2017 Berufung an die Paris Lodron Universität Salzburg für die Fächer Verfassungs- und Verwaltungsrecht; von Oktober 2019 bis Februar 2025 Leiter des Fachbereichs Öffentliches Recht an der Rechtswissenschaftlichen Fakultät ebendort; Experte in zahlreichen nationalen und internationalen Gremien zu Menschenrechtsfragen; Leiter der Bundeskommission der Volksanwaltschaft für den Straf- und Maßnahmenvollzug und Mitglied der Unabhängigen Kontrollkommission Verfassungsschutz.

Prof. Dr. Christoph Degenhart

Studium der Rechtswissenschaften in München und Lausanne; juristische Staatsexamina in den Jahren 1973 und 1976; Promotion 1976; Habilitation 1980; anschließend Lehrtätigkeit in Erlangen; 1981–1992 Professor an der Universität Münster; 1992–2016 Professor an der Universität Leipzig und Inhaber des Lehrstuhls für Staats- und Verwaltungsrecht als Gründungsprofessur, inzwischen emeritiert; 1993–2000 Studiendekan der Juristenfakultät in Leipzig; 2010–2020 Richter am Sächsischen Verfassungsgerichtshof; weiterhin umfangreiche Tätigkeiten in der Wissenschaft, als Rechtsgutachter und Prozessvertreter.

Dr. Friedrich Hestermann

Studium der Rechtswissenschaft an der Humboldt-Universität zu Berlin und der Universitat de Barcelona/Spanien; danach wissenschaftlicher Mitarbeiter bei der Berliner Sozietät Ihde; parallel Promotion an der Universität Mannheim unter Betreuung von Prof. Dr. Philipp S. Fischinger LL.M. (Harvard) mit dem Arbeitstitel „Das Verbot politischen Verhaltens im Sport"; anschließend juristischer Vorbereitungsdienst am Berliner Kammergericht mit Stationen u. a. bei Hogan Lovells und dem 1. FC Köln; nun tätig als Rechtsanwalt bei der Sozietät White & Case in Berlin.

Marc Patrick Schneider

Studium der Rechtswissenschaften in Mainz und Siena sowie MBA Finanzmanagement der University of Wales; seit 2006 Rechtsanwalt und 2020 Fachanwalt für Sportrecht mit Beratungsschwerpunkten im Vereins-/Verbandsrecht, Sportkartellrecht sowie bei Strukturierungs- und Finanzierungsprojekten im Sport; seit über zehn Jahren Dozenten- und Vortragstätigkeiten sowie regelmäßige Veröffentlichungen mit Sportrechtsbezug; seit Oktober 2022 zudem u. a. Mitglied im Beirat der Deutschen Vereinigung für Sportrecht e. V.

Prof. Dr. Martin Nolte

Abitur in Lübeck, Sportsoldat der Bundeswehr in der Sportfördergruppe Warendorf; Studium der Rechtswissenschaften in Tübingen und Kiel, juristische Staatsexamina in Schleswig und Hamburg; Promotion und Habilitation an der Universität Kiel; Mitarbeiter am Lehrstuhl für Öffentliches Recht und Verwaltungslehre an der Universität Kiel und Repetitor sowie Privatdozent und Lehrbeauftragter an der Bucerius Law School in Hamburg und den Universitäten Irkutsk, Poznan sowie Hangzhou; Professor für Öffentliches Recht, insbesondere Staats- und Europarecht, sowie Sportrecht an der Hanseuniversität Rostock-Warnemünde, Stiftungsprofessor für Sportrecht an der Universität Kiel sowie Professor für Sportrecht an der Deutschen Sporthochschule Köln; Leiter des Instituts für Sportrecht an der Deutschen Sporthochschule Köln und Begründer der Gesellschaft für Verantwortung und Integrität im Sport.

Dr. Caroline Bechtel

Abitur in Karlsruhe, juristische Examina in Heidelberg und Stuttgart sowie Promotion an der Deutschen Sporthochschule in Köln; Lektorin im Verlag Kohlhammer in Stuttgart sowie Case Managerin und Leiterin des Referats Case Management bei der Deutschen Institution für Schiedsgerichtsbarkeit in Köln; Rechtsanwältin, Distribution Managerin bei der WDR mediagroup in Köln sowie Beraterin der Nationalen Anti Doping Agentur in Bonn; Mitarbeiterin und stellvertretende Leiterin des Instituts für Sportrecht an der Deutschen Sporthochschule Köln sowie Begründerin der Gesellschaft für Verantwortung und Integrität im Sport.